U0907799

句解人生

古典名句中的生命智慧

文嘉　编著

中国纺织出版社

内 容 提 要

本书精选的中国古代经史子集中的名言警句具有丰富的思想内涵，涉及人们生活、学习、做人、处世的各个方面，大多数除了本身具有艺术价值外，还具有劝世的功能。这些名句有的饱含人生哲理，读之能启人心智；有的慷慨陈词，忧国忧民，读之令人振奋；有的循循善诱，借物言志，读之令人顿悟；有的抒发豪情，正气凛然，读之令人奋进；有的论述精辟，句句中的，读之使人智慧；有的文字优美，意境雅致，读之如沐春风。相信读者阅后，在对人生的感受、思考、探讨和领悟过程中，会有所启迪，有所提高。

图书在版编目（CIP）数据

句解人生：古典名句中的生命智慧/文嘉编著．—北京：中国纺织出版社，2015.5 （2022.6重印）

ISBN 978－7－5180－1327－2

Ⅰ.①句… Ⅱ.①文… Ⅲ.①名句—汇编—中国—古代 Ⅳ.①H136.3

中国版本图书馆 CIP 数据核字（2015）第 001513 号

责任编辑：李伟楠　　特约编辑：邬震男　　责任印制：储志伟

中国纺织出版社出版发行
地址：北京市朝阳区百子湾东里 A407 号楼　邮政编码：100124
销售电话：010—67004422　传真：010—87155801
http：//www. c-textilep. com
E-mail：faxing@ c-textilep. com
中国纺织出版社天猫旗舰店
官方微博 http：//weibo. com/2119887771
三河市延风印装有限公司印刷　　各地新华书店经销
2015 年 5 月第 1 版　2022 年 6 月第 2 次印刷
开本：710×1000　1/16　印张：19
字数：315 千字　定价：58.00元

前言

一首首脍炙人口的诗，一阕阕华丽唯美的词，字字珠玑，句句绝唱，经由岁月的洗礼，将这一切美好形象化，意境深远，引人遐思。捧读在手，定是诗情满怀，画意萦绕，感叹时光的美好，钦佩古人的智慧，对古老的中国文化叹为观止。

2005 年 11 月，在访问中国之前，小布什在日本京都发表了关于民主与自由的重头演讲。在演讲的最后，他说："Thousands of years before Thomas Jefferson or Abraham Lincoln, a Chinese poet wrote that, 'the people should be cherished, the people are the root of a country; the root firm, the country is tranquil.'（在托马斯·杰斐逊或亚伯拉罕·林肯诞生的几千年前，就有一位中国诗人写道：'人民应该被珍视，人民是国家的根基。根基牢固，国家就安宁。'）"这句话出自《尚书·夏书》中的"五子之歌"，原文是"民可近，不可下。民惟邦本，本固邦宁"。

2009 年 11 月 16 日，美国总统奥巴马在上海科技馆四楼宴会厅发表演讲，他谦虚地说自己的中文远不如中国年轻人的英文，演讲期间他说："Consider the past you shall know the future.（温故而知新）"奥巴马借用《论语》中这句名言来阐述中美关系，意在说明中美之间 30 年建交所走过的路并不平坦，但总体上是顺畅的，富有成效的。

德国"足球皇帝"贝肯鲍尔早在青少年时代就特别喜欢老子和《道德经》，对老子哲学信仰到痴迷的程度。"千里之行，始于足下"是他最喜爱的格言。贝肯鲍尔带领德国足球队夺得大力神杯后却突然"隐退"，很多人不理解，在接受采访时，他引用中华名句"功成身退，天之道"来说明缘由。

美国前总统里根在一份国情咨文中，引用了"治大国，若烹小鲜"这句老子的至理名言。美国学者蒲克明十分肯定地说，老子的《道德经》必将成为未来大同世界家喻户晓的一部书。现时的德国、法国、英国、美国、日本等发达国家相继兴起了“老子热”，《老子》一书在这些国家被一版再版。有资料显示，今天的德国每四户人家就珍藏了一本《道德经》。

在外国人眼中，古老的中国文化不仅属于中国，也属于世界，早已成为世界历史文化遗产的宝贵财富。

从“人之初，性本善”到“有朋自远方来不亦乐乎?”，由“道，可道，非常道”至“天将降大任于斯人也”，从《归去来兮辞》到《兰亭集序》都熠熠地展示着它博大精深的魅力。

台湾作家张晓风说：“在读书之余，我们要把最高的敬意归给历代作者，是他们把世界上最美的事物记录了下来。是他们，用精粹简练的语言替众生说出了种种感受。是他们，给了整个民族共同的记忆。”

阅读经典名句，看到的尽是爱，智慧，自然，希望与阳光。一切美好的词汇，美好的事物，美好的情感……充溢着每一句，每一首。那么和谐，那么执着，那么崇高，那么圣洁，一字一句都是一首动听的歌，都是一个真实的故事，都拥有一个美丽而高尚的灵魂。

人生如句，生活似词，在世味杂陈的汹涌光阴里，古老的字字句句带来让人清醒的力量，促使你思考百态人世，省视自我，成功地抵达人生彼岸。

编著者
2014 年 11 月

目　录

第一章　生活篇

第一节　起居无常，惟适之安 …… 2

第二节　若夫圣人，量腹而食 …… 7

第三节　命里有时终须有，命里无时莫强求 …… 13

第四节　静则神藏，躁则神夭 …… 17

第五节　人欲劳于形，百病不能成 …… 23

第六节　采菊东篱下，悠然见南山 …… 27

第二章　美德篇

第一节　清水涟漪，香远益清 …… 34

第二节　君子养心，莫善于诚 …… 40

第三节　居丰行俭，在富能贫 …… 46

第四节　礼为翼者，所以行于世 …… 52

第五节　以仁为富，以义为贵 …… 58

第三章　修身篇

第一节　心慎杂余，则有余灵 …… 66

第二节　唯宽可以容人，唯厚可以载物 …… 70
第三节　竹死不变节，花落有余香 …… 75
第四节　以情恕人，以理律己 …… 81
第五节　以直报怨，以德报德 …… 89
第六节　作善日休，为善最乐 …… 93

第四章　处世篇

第一节　忧人之忧，乐人之乐 …… 102
第二节　崇人之德，扬人之美 …… 107
第三节　度德而处之，量力而行之 …… 114
第四节　欲远是非，慎交为先 …… 120
第五节　不流世俗，不争权势 …… 126

第五章　人才篇

第一节　人生百年，立于幼学 …… 134
第二节　读书何所求？将以通事理 …… 139
第三节　光阴可惜，譬诸逝水 …… 145
第四节　志行万里者，不中道而辍足 …… 151
第五节　千里始足下，高山起微尘 …… 156
第六节　习勤忘劳，习逸成惰 …… 161

第六章　谋略篇

第一节　识时贵知今，通情贵阅世 …… 168
第二节　君子有终生之忧，无一朝之患也 …… 173
第三节　不能循往以御变 …… 177

第四节 事莫待来时忍，欲莫待动时制 …… 181
第五节 制逆先制心也，心服则逆止 …… 186
第六节 欲攻敌，必先谋 …… 190

第七章 创业篇

第一节 自古天下事，及时难必成 …… 198
第二节 慎终如贻，则无败事 …… 202
第三节 若争小可，便失大道 …… 208
第四节 单丝不成线，独木不成林 …… 212
第五节 终日乾乾，与时偕行 …… 216

第八章 工作篇

第一节 谋夫孔多，是用不集 …… 222
第二节 好而知其恶，恶而知其美 …… 227
第三节 不知其思，无以讨之 …… 235
第四节 一人投命，足惧千夫 …… 240
第五节 位有贵贱，人无贵贱 …… 245

第九章 财富篇

第一节 足天下之用，莫先平财 …… 252
第二节 一线之费，亦所宜慎 …… 257
第三节 以其所有，易其所无 …… 260
第四节 有财贵善用，须要约己周人 …… 266

第十章　情感篇

第一节　父母之心，人皆有之 …… 272
第二节　四海之内，皆兄弟也 …… 276
第三节　相思之甚，寸阴若岁 …… 280
第四节　琴瑟在御，莫不静好 …… 286

参考文献 …… 292

第一章

生活篇

生活是什么？对于这个简单而又复杂、平凡而又特殊的问题，不同的人有着不同的看法，对生活的感悟也有所不同。有人看到追求的欢愉、有人体会感动的快乐、有人把生活当作体验的过程而不在乎悲喜，有人认真活着投入情绪于一时一物。但是共同之处在于，珍惜你的生活，否则你将被之抛弃。

第一节　起居无常，惟适之安

▷ 凡人睡，欲得屈膝侧卧，益人气力。

【句源】 凡人睡，欲得屈膝侧卧，益人气力。凡卧，欲得数转侧，微语笑，欲令至少语，莫令声高。

【出自】 南梁·陶弘景《养性延命录·杂诫篇》。

【句意】 睡觉时采取屈膝侧卧的体位，有利于人气力的恢复。

不少人睡醒，觉得头昏眼花，腰酸背痛，疲惫不堪，究其原因，主要是睡姿不当。有的人喜欢向右侧身睡，有的人喜欢向左侧身睡，也有的人喜欢仰着睡，甚至还有人喜欢趴着睡。

其中最为科学家推崇的是向右侧卧，双腿微曲。这样，心脏处于高位，不受压迫；肝脏处于低位，供血较好，有利新陈代谢；胃内食物借重力作用，朝十二指肠推进，可促进消化吸收。同时，全身处于放松状态，呼吸匀和，心跳减慢，大脑、心、肺、胃肠、肌肉、骨骼得到充分的休息和氧气供给。身心得到最大限度的放松，容易消除疲劳。

▷ 久卧伤气，久坐伤肉。

【句源】 五劳所伤，久视伤血，久卧伤气，久坐伤肉，久立伤骨，久行伤筋。

【出自】《黄帝内经·素问》。

【句意】 长久地躺着，血流不畅，就会伤气；长久地坐着，四肢不活动，就会肌肉松弛。

佳句赏析

凡事不能过于执着，否则必有伤害，对行住（立）坐卧也是如此。

不要以为睡懒觉是一种享受，“久卧”也会出病！真正是过劳过逸均可致病！睡眠不能过少，但也不是越多越好，一般八小时足矣。适量的睡眠才能达到宁神养气，确保益寿延年。如果喜欢贪睡，不仅醒来后觉得身体很疲乏，没有起到恢复体力的作用；而且新陈代谢降低，体表及内脏血管收缩，血流缓慢，气血运行不畅，易造成精神不振。

长期坐着不运动，肢体缺乏活动，肌肉缺乏锻炼，易发生肌纤维萎缩，肌肉力量减弱，使人消瘦乏力，食欲减退，体重减轻。例如长期贪恋麻将等游戏，就会“久坐伤肉”，感到极为不适。坐一段时间后应起来走动一下，使被牵拉的肌肉和韧带得以放松。注意千万不要猛然坐下或快速起立。

▷ 暮卧当常习闭口，开即失气，且邪从口入，久而成消渴及失血色。

【句源】 暮卧当常习闭口，开即失气，且邪从口入，久而成消渴及失血色。

【出自】 唐·孙思邈《千金要方·道林养性》。

【句意】 暮色降临卧于床第之后，要闭起口用鼻子来呼吸，不可张口喘气，不然的话会引发一些疾病。

佳句赏析

有些人在睡觉时喜欢张口呼吸，这样做对健康有一定害处，应予以纠正。我们睡觉的时候虽然身体处于一种放松的状态，呼吸和心跳的强度都减弱，但是依然在进行。睡觉的时候张着嘴，随着呼吸的进行，不仅空气中的部分物质（如灰尘，空气悬浊物等）进入体内，而且气流在口咽往返，醒来后会使人口干咽燥，甚至会引发许多呼吸道的疾病。

睡觉时闭嘴，空气会通过鼻腔进入体内，因为鼻孔中有鼻毛，可以挡住灰尘污物，能对吸入的空气起过滤的作用。而且这样也会减少身体的水分流失，对身体有一定的保护作用。

闭口夜卧是保养元气的最好办法，有益健康。

▷ 盛热亦必著单卧服，或腹胫以上复被，极宜人。

【句源】 盛热亦必著单卧服，或腹胫以上复被，极宜人。

【出自】宋·蒲处厚《保生要录·论衣服门》。

【句意】夏暑甚热天气，睡觉时也必须穿上单薄睡衣，或是在腹及足胫以上部位盖单被，这是最适宜于盛暑时的睡卧方法。

佳句赏析

炎夏气温较高，人们常常汗流浃背，恨不能一下子钻进冰窟，即使睡觉时，也是“以天为盖地为庐”，其实这是一种不科学的夏季睡眠方式。

睡觉时人的体温较之周围的环境低，即使是夏天也如此。而肚子和脚又是极为怕冷和薄弱的地方，忽视防寒保温，一旦着凉，就会肚子痛，从而闹肚子。所以，夏天尽管天热，睡觉也一定要用小薄被盖住身体，尤其是肚子。另外，在室外露宿或在冰冷的砖地板上睡觉也会影响人的健康。

▷ 梳头洗脚长生事，临卧之时小太平。

【句源】每夜尚贤先发后脚方寝，自曰：梳头浴脚长生事，临卧之时小太平。

【出自】宋·郭尚贤《清异录》。

【句意】睡觉之前，梳头洗脚可流通气血，使睡眠安稳，是养生长寿的好习惯。

佳句赏析

现代人承受着无比压力，结婚要有房子，工作要有表现，人际关系要良好……紧张的生活让人们犹如一根紧绷的弹簧，随时都会崩裂。所以，睡一个香甜的好觉对现代人来说极为重要。

睡前梳头可以促进血液循环，从前额及两旁一直梳到脑后，最好梳到使头皮发热。这样做可以疏通头部血液，改善睡眠。人们的脚掌上密布了许多血管，所以医学专家把脚掌称为人的“第二心脏”。洗脚对大脑是一个很好的刺激。睡前用温水洗脚 10～15 分钟，通过泡洗揉搓脚部，可以活血舒筋，宁心安神，能达到帮助入睡和消除疲劳的作用。

▷ 起居无节，半百而衰皆以斫丧精神，事事违道，故不能如上古之尽其天年也。

【句源】起居无节，半百而衰皆以斫丧精神，事事违道，故不能如上古之尽其天年也。

【出自】明·张景岳《类经·摄生类》。

【句意】生活起居没有节制，以致不到50岁即现衰者，都是因为损伤了精神，许多事都违背养生之道，故不能长保健康而尽终其自然的寿命。

佳句赏析

医学界一致认为，人的长寿原因之一就是“起居有常”。起居，不仅包括了适时起床、睡觉等内容，也包括平常对各种生活细节的安排。随着社会发展，人们已不能像古人那样“日出而作，日入而息”了，娱乐活动场所增加，娱乐形式繁多，正常人也难以应付，往往会增加身体和精神负担，导致发病。

人体各种生理活动都有“生物钟”，若能顺应生物钟的要求，则可达到健、寿、智、乐、美的境界；反之，则使人体受到不同的伤害，表现为疲劳、低智、抑郁、早衰、疾病，甚至死亡。若想有健康的身体，我们的生活起居必须“有常”，顺应生物钟的要求，尽量使工作、学习、休息、睡眠等保持规律。避免持续的精神紧张及情绪波动。

▷ 食饱不可睡，睡则诸疾生。

【句源】食饱不可睡，睡则诸疾生。

【出自】明·高濂《遵生八笺·延年却病笺上》。

【句意】饱食以后不可立即睡觉，因这易致食物积滞引发一些疾病。

佳句赏析

每当进食后，人体全身的血液多流进消化器官以帮助消化，对神经系统（主要是大脑）和运动系统供应减少，所以饭后会感觉力乏想睡觉。但此时睡觉对身体是不利的。如果饭后马上睡觉，而消化要占有大量的血液，脑部会因为缺少血液而使得睡眠不好甚至会出现危险；另一方面由于消化的蠕动缓慢，容易引发肠胃病；第三方面是钙容易积聚，易形成结石；第四方面易发胖。

由于工作和学习需要，中午不睡觉就会导致下午没有精神，降低效率。可在饭后做些轻微的活动，以利血液循环，然后稍作休息。

饭后散散步再休息，不但睡得好而且有益我们的身体健康。

▷ 坐而假寐，醒时弥觉神清气爽，较之就枕而卧，更为受益。

【句源】坐而假寐，醒时弥觉神清气爽，较之就枕而卧，更为受益。既有坐不能寐者，但使缄其口，闭其目，收摄其心神，休息片时，足当昼眠，亦堪遣日。

【出自】清·曹庭栋《老老恒言·昼卧》。

【句意】乏时坐着打盹（假睡），醒后更觉神清气爽，比上床就枕而睡更为有益。

佳句赏析

“昨天又加班到很晚，今天好困啊！”这是上班族常挂在嘴边的。许多超时与熬夜加班的上班族，长期饱受睡眠不足之苦，不仅影响工作效率，身体因疲累而发出的抗议警讯更不容忽视。大部分人会想到“喝杯咖啡”来提神，虽然它能使人在短时间内振作起来，但之后却导致更严重的精神与情绪低落。

经过整个上午的工作，疲倦感会慢慢增加，人的情绪较紧绷。如果能在中午时分小憩一下，下午工作时情绪会较愉快，且不易发脾气。大脑休息后，思考变得灵活，对事情处理也较有条理、判断更正确。

小睡片刻不仅可以使人恢复体力，还是健康人用来满足正常生理需要的一种方法。

经典名句

◉ **起居无常，惟适之安。**

【句意】生活没有固定不变的规律，以合理适度为好。

◉ **起居宜慎，节以安乐之条；却病有方，导以延年之术。**

【句意】起居要谨慎，用安乐的原则来调节它；拒病有方法，以延年的方术来引导它。

◉ **养生之诀，当以睡眠居先。**

【句意】保养身体的方法，当以睡眠为首要。

◉ **不觅仙方觅睡方**。

【句意】养生不必去找神仙的妙方而是要找安眠的方法。

◉ **能息心，自瞑目**。

【句意】心神安静了，自然能入睡。

◉ **夜卧不覆首**。

【句意】晚上睡觉不可用被盖住头部。

◉ **冬夜勿覆其头，得长寿**。

【句意】冬夜睡眠被子不盖住头部，可得长寿。

◉ **戒久睡，久睡倦神**。

【句意】不可贪睡，睡久了会使精神疲倦。

◉ **春夏宜早起，秋冬任晏眠**。**晏忌日出后，早忌鸡鸣前**。

【句意】春夏（季节）适宜早起，秋冬（季节）适宜晚起。但晚起不要在日出之后，早起不在在鸡鸣之前。晏眠：睡得很迟才起床。

◉ **坐如钟，立如松，卧如弓，走如风**。

【句意】坐着要像洪钟那样沉稳，站立要像松柏那样挺拔，睡觉要像箭弓那样弯曲，走路要像疾风那样轻快。

◉ **惟起居饮食日顺其常，福莫大焉**。

【句意】只要每天有规律地起居饮食，身体就会健康，这就是莫大的幸福。

◉ **闹里有钱，静处安身**。

【句意】闹市是赚钱的地方，只有安静的地方才能休养身体。

第二节　若夫圣人，量腹而食

▷ 食不厌精，脍不厌细。

【句源】食不厌精，脍不厌细。食饐而餲，鱼馁而肉败，不食。

【出自】《论语·乡党》。

【句意】粮食舂得越精越好，肉切得越细越好。厌：满足。脍：细切的肉。

追求心灵的生活，当然也要提倡健康的养生之道。众所周知，只有身体健康

才能更好地工作和生活。古往今来，有多少仁人志士因为健康状况欠佳，而没有完成自己的事业且没有实现自己的愿望。当然，也有很多人因为有健康的身体，不仅事业有成，而且享尽天伦之乐。

饮食营养能否更好地被人体消化吸收，一要食物被做得精细，二要饮食时注意细嚼慢咽。这样既有利于各种消化液分泌，食物易被消化吸收；又能稳定情绪，避免急食暴食，保护肠胃。急食则食下易化，暴食则会骤然加重肠胃负担，还容易发生噎、呛、咳等意外，是应当予以重视的。

▷ 食不语。

【句源】食不语，寝不言。

【出自】《论语·乡党》。

【句意】吃饭时不宜交谈。

佳句赏析

吃饭时，应该将头脑中的各种琐事尽量抛开，把注意力集中到饮食上。吃饭专心致志，既可品尝食物的味道，又有助于消化吸收，更可以有意识地使主食、蔬菜、肉、蛋等食品杂合进食，做到“合理调配”。同时，也可增进食欲。

倘若进食时，头脑中仍思绪万千，或边看书报边吃饭，没有把注意力集中在饮食上，心不在“食”。那么，就会影响咀嚼和消化液的分泌，食物未嚼烂而入胃，必然会增加胃的负担，这是不符合饮食养生要求的。另外，如果吃饭时说话、大声吵嚷或哈哈大笑，会使食物误入“歧途”，进入鼻腔或气管，引发咳嗽等问题。

▷ 食能以时，身必无灾。

【句源】食能以时，身必无灾；凡食之道，无饥无饱，是之谓五脏之葆。

【出自】《吕氏春秋·尽数》。

【句意】饮食能够有节制，身体必然不会有疾病。时：节制。

佳句赏析

这里的“节制”主要有两层含义：一是指进食的量，一是指进食的时间。也就是说，我们吃饭时要遵循一定的规律，切忌暴饮暴食。暴饮暴食是一种不良的饮食习惯，它会给人的健康带来很多危害。人的肠胃系统消化能力有限，一下子“塞”进去这么多且复杂的食物，势必会超过它的消化能力。这时人就会出现腹胀甚至恶心、呕吐等病症。

有规律地定时进餐，于胃肠的消化吸收功能是大有裨益的。如果饮食不定时而随意进食，或零食不离口，使胃肠始终处于充盈状态，得不到适当的休息，打乱了胃肠虚实交替的活动规律，便会导致胃肠功能的失调。长此以往，食欲势必逐渐减退，甚至患上厌食症，严重地影响身体健康。

因此，平日里，尤其是节假日，我们饮食更应该有所节制。

▷ 谷肉果菜，食养尽之。

【句源】 谷肉果菜，食养尽之。无使过之，伤其正也。

【出自】《黄帝内经·素问》。

【句意】 饮食一定要全面（谷、肉、果、菜），不能偏食。

现代家庭的饮食标准，不能以食物的高能量和精细程度来衡量，而应注意不同质量的食物搭配组合的合理性、完整性和整体性。就是以谷类为主食品，肉类为副食品，用蔬菜来充实，以水果为辅助。

从科学研究来看，谷类食品含有糖类和一定数量的蛋白质；肉类食品中含有蛋白质和脂肪；蔬菜、水果中含有丰富的维生素和矿物质。这些食物相互配合起来，才能满足人体对各种营养的需求。全面的饮食，适量的营养，乃是保证生长发育和健康长寿的必要条件。

这是现代人的饮食营养，是人们保健养生的最佳方法。

▷ 秽饭馁肉臭鱼，食之皆伤人。

【句源】 投地尘土不污者。不可食之。秽饭馁肉臭鱼。食之皆伤人。

【出自】 汉·张仲景《金匮要略》。

【句意】 肮脏的饭、腐烂的肉、腥臭的鱼，食用时皆对人体有害。

有些人很“节俭”，即使食物有异味、发生变质也不会扔掉，还以为经过高

温加热，食用无碍。结果，轻者闹肚子，重者跑医院。

饮食，宜食新鲜。新鲜、洁净的食物，既保持了其中的营养成分，又容易被人体消化吸收，同时还防止病从口入。若进食了腐败变质或被细菌、毒素污染的食物，必定会损害机体，导致胃肠等疾病的发生。

腐败、不洁、变质的食物不宜食用，食之有害。新鲜、清洁的食品才是人体所需要的。

▷ 食毕当漱口数过，令牙齿不败口香。

【句源】食毕当漱口数过，令牙齿不败口香。

【出自】汉·张仲景《金匮要略》。

【句意】饭后漱口数次，可使口气清香。

生活中最难缠的就是“口臭”。散发的气味不但令别人厌烦、使自己感到尴尬，而且会使自己不敢与人近距离交往，从而产生自卑心理，影响正常的人际、情感交流。

进食后，口腔内容易残留一些食物残渣，若不及时清除，往往引起口臭，或发生龋齿、牙周病。所以，经常食后漱口，能够保持口腔湿润度和清洁；刺激舌上味蕾，增强味觉功能；有效防治口腔及牙齿疾病，保护好口腔和牙齿，有益于增进食欲和帮助消化吸收。

▷ 食止行数百步，大益人。

【句源】食止行数百步，大益人。

【出自】唐·孙思邈《摄养枕中方》。

【句意】饭后行走百步，有益于人的健康。

生活中我们常常有这样的感受：饭后十分犯困，恨不能一下躺在床上，闭目养神。但这是一种不好的习惯，是扼杀健康的慢性杀手。进食后，如立即卧床休息睡觉会影响食物消化；如急步快走或剧烈运动，又会使血液流于四肢，影响消化吸收功能。所以，饭后宜做一些从容缓和的活动，有利于胃肠蠕动，促进消化吸收，其中以散步为最好的活动方式。

但饭后百步走并不适合所有人，体质较差和患有胃下垂、冠心病的人，不宜散步，而要在饭后平卧10分钟。

▷ 少饮为佳，多饮伤形损寿。

【句源】少饮为佳，多饮伤形损寿，易人本性，其毒甚也。

【出自】元·忽思慧《饮膳正要》。

【句意】（饮酒）少饮为佳，多饮则伤害身体，减少人的寿命。

饮用少量低度酒可以帮助人们促进血液循环，提高睡眠质量。过度饮酒，不但有损健康，更如“穿肠毒药”易夺取人的性命。

酒中乙醇对肌体的组织器官有直接毒害作用，对乙醇最敏感的器官是肝脏。连续过量饮酒会损伤肝细胞，干扰肝脏的正常代谢，进而可致酒精性肝炎及肝硬化。摄入较多酒精对记忆力、注意力、判断力及情绪反应都有严重伤害。饮酒太多会造成口齿不清，视线模糊，失去平衡力。此外，对心脏、胃的影响也是不容忽视的。

人们不可“以酒为浆”，无节嗜饮，致酒毒戕害脏腑，渗溢经络，影响健康而早衰。

◎ 国以人为本，人以衣食为本。

【句意】国家以人民为根本，人民以衣食为根本。

◎ 若夫圣人，量腹而食。

【句意】大凡圣人，按照自己的实际饭量去吃饭。

◎ 饮食不节以生百病。

【句意】饮食没有节度，就会生百病。

◎ 人知饮食所以养生，不知饮食失调亦以害生。

【句意】饮食有节则有益于身体，饮食失调则有害于身体。

◎ **人资饮食以养生，去其甚者自安适。**

【句意】保养身体要靠饮食，注意不要过度，身体自然就会安适。

◎ **饮食自倍，肠胃乃伤。**

【句意】饮食太多了，就会伤肠胃。

◎ **人饱食劳倦即伤脾。**

【句意】食得太饱、疲劳过度会损伤脾脏。

◎ **婴儿常病，伤于饱也。**

【句意】婴儿常因吃得太饱而生病。

◎ **若要小儿安，常带三分饥与寒。**

【句意】要想婴儿平安无病，就要让他吃得不十分饱，穿得不十分暖。

◎ **大渴不大饮，大饥不大食。**

【句意】太渴时不要喝太多，极饿时不要吃太多。

◎ **已饥方食，未饱先止。**

【句意】饿了才吃，食不过饱。

◎ **晚饭少吃口，活到九十九。**

【句意】晚餐少吃点，可以长寿。

◎ **不欲过饥，饥则败气。**

【句意】饿过头了会伤血和气。

◎ **饮食约而精，园蔬逾珍馐。**

【句意】饮食要少而精当，即使是粗茶淡饭也胜过美味佳肴。

◎ **人固不可一日无茶。**

【句意】每日都应当饮茶。

◎ **论功可以疗百疾，轻身久服胜胡麻。**

【句意】茶有治病的功效，常饮胜于吃芝麻。

◎ **美食须熟嚼，生食不粗吞。**

【句意】吃东西要嚼烂才吞下，不可草草了事。

◎ **怒后勿食，食后勿怒。**

【句意】刚发过怒不要进食，刚吃完不要发怒。

◎ **居住齐则色姝，食饮齐则气珍。**

【句意】生活有规律，气色就会好；饮食有规律，精神就会好。

◎ **厚酒肥肉，甘口而病形。**

【句意】浓酒肥肉，虽然味道很美，但对身体有害。

第三节 命里有时终须有，命里无时莫强求

▷ 爱之欲其生，恶之欲其死。

【句源】爱之欲其生，恶之欲其死，既欲其生，又欲其死，是惑也。
【出自】《论语·颜渊》。
【句意】爱一个人，就希望他活着；厌恶一个人，就恨不得他立刻死去。

占有欲过强，就会导致悲剧发生。无论是电视剧还是生活中，我们经常会看到（或听到）这种现象：在失去对方的爱之后，对方越是美好，越要毁灭对方，理由是“我得不到的，别人也休想得到”。也就是如果对方对我好，即使对方其他方面多么坏，我也希望他活；如果对方对我不好，即使对方其他方面怎样好，我也希望他死。这不仅关系个人修养的问题，更多的是反映了人的一种自私的心态。

这种心态不但会使自己迷惑，甚至可能使自己堕落，许多极端的恶劣事件都发生在由爱转恨之后的“恨之欲其死”。所以真正的爱情，不只是在相爱的时候珍惜、敬重、关爱，还在于爱情不在之后的彼此珍惜和尊重，不只是珍惜和尊重曾经相爱过的人，更在于珍惜和尊重曾经有过的那段感情。这样才会避免被失去的感情迷惑。

▷ 乐易者常寿长，忧险者常夭折。

【句源】乐易者常寿长，忧险者常夭折：是安危利害之常体也。
【出自】战国·荀况《荀子·荣辱》。
【句意】乐观的人长寿，忧虑的人短命。

现在社会中的人不论男女老幼，都会遇到或多或少的问题和压力。在这种情况下，有一个健康、乐观的心态就显得十分重要。而“调整”则是关键

中的关键。如何“调整”呢？有什么好办法吗？首先就要相信自己，有自信！所谓相信自己，就要让自己的长处得以充分发挥。你要相信自己是独一无二的！别人擅长的对你来说也许是困难的，但你拥有的别人也许终生都得不到。只要找出自己的优势，挖掘自身的潜力，相信自己，你可以做到最好。在遇到前所未有的困难时，不妨做一下心理暗示：这是你人生道路的一件小事，不用在意。

持有消极心态的人因常感忧伤，便认为人生就是苦；持有积极心态的人，虽也同样有许多忧愁之事，却显得轻松自由。

▷ 无论海角与天涯，大抵心安即是家。

【句源】 无论海角与天涯，大抵心安即是家。路远谁能念乡曲，年深兼欲忘京华。

【出自】 唐·白居易《种桃杏》。

【句意】 无论身处天涯海角，只要内心平静就能安然地把所在地当作家乡。

不禁想起苏东坡的“此心安处是吾乡”的诗句。是的，身之安处不一定是家，只有心之安处才是家。无论海角与天涯，大抵心安即是家啊！一生中会有许多个家，但只有那个心灵深处的家才是自己真正的家。

随缘便是一种健康的心态，也是一种意境，更是一种人生的态度，从更深的层次看，随缘是一种待人处事的思维方式。或者说，随缘是一种随着形势发展而行事的观念，也是一种与时俱进的体现和一种美满人生乐观的心态。《菜根谭》上说：“万事皆缘，随遇而安。”我们生在人世间，要学会随缘一世，一世随缘，这样才能活得自在。

▷ 仰天大笑出门去，我辈岂是蓬蒿人。

【句源】 会稽愚妇轻买臣，余亦辞家西入秦。仰天大笑出门去，我辈岂是蓬蒿人。

【出自】 唐·李白《南陵别儿童入京》。

【句意】 对天大笑得意地走出门去，难道我们这类人会是那种胸无大志的庸人吗？

佳句赏析

“我怎么体会不出仰天大笑那种得意的神态?”常常有人这样自言自语。其实，想做到这点并不难，只要你拥有健康的心态。

健康的心态需要有健康的身体。健康的身体不仅仅能够使你远离疾病的困扰，还能够让你有足够的精力和体力去完成自己的梦想；健康的心态要学会表达爱，爱的给予是一个人伟大品质与高尚人格的体现，爱的给予体现着人的责任感和善良，能够保持健康心态的人也恰恰正是有责任感、心地善良的人。而且，我们在付出的同时，也定会收获爱，接受别人的赞美与回馈，人的价值得以实现和升华；健康的心态要有平常心，世间万物的存在和发展都有其必然的规律。有些东西是我们能够通过自身的努力改变的，有些是怎么也改变不了的。正视这些，接受这些，享受这些才能让人快乐。切忌以下几点：贪婪、嫉妒、懒惰、自卑。拥有阳光般的心，就会拥有阳光般的人生。

▷ 不识庐山真面目，只缘身在此山中。

【句源】横看成岭侧成峰，远近高低各不同。不识庐山真面目，只缘身在此山中。

【出自】宋·苏轼《题西林壁》。

【句意】为什么不能辨认庐山的真实面目呢？因为身在庐山之中。（视野为庐山的峰峦所局限，看到的只是庐山的一峰一岭一丘一壑，局部而已，这必然带有片面性。）

佳句赏析

法国雕塑家罗丹说过：“我们的生活里不是缺少美，而是缺少发现。”生活里有着许许多多美好的事物，许许多多的快乐，关键在于我们能不能发现。而要发现它，关键在自己。

可见，生活得快乐不快乐，全在自己对生活的态度和理解。乐观的人就是这样变通地看待生活和问题，他们总能在困难和不幸中发现美好的事物。他们总向前看，相信自己能主宰一切，包括快乐和痛苦。

的确，自己不但可以创造财富，而且还是这些财富的指导者。生活是自己的，选择快乐还是痛苦都在自己。要想赢得人生，就不能总把目光停留在那些消极的东西上，那只会使你沮丧、自卑、徒增烦恼，还会影响你的身心健康。结果，你的人生就可能被失败的阴影遮蔽它本该有的光辉。

▷ 不以物喜，不以己悲。

【句源】不以物喜，不以己悲，居庙堂之高则忧其民；处江湖之远则忧其君。
【出自】宋·范仲淹《岳阳楼记》。
【句意】不因外物好坏或己之成败而或喜或悲。

佳句赏析

这句话的外在意思是不因为物（财物、外物）的丰富而骄傲和狂喜；也不因为个人的失意潦倒而悲伤垂头丧气，凡事都以一颗平常心看待。是笑看沧海桑田的淡定从容，也是在纷繁芜杂的世事面前一份可贵的对理想的坚持；是对花花世界的淡漠，也是对自身修为一往无前的追求，更是俯瞰一切有容乃大的人生哲学。为人若此，至化境也。

无论面对失败还是成功，都要保持一种恒定淡然的心态，不因一时的成功而骄傲自满，也不因一时的失败而妄自菲薄，无论何时都要保持一种豁达淡然的心态。

▷ 心似白云常自在，意如流水任东西。

【句源】道人曰："心似白云常自在，意如流水任东西。"
【出自】明·许仲琳《封神演义》。
【句意】心如白云在天空中自在地飘浮，意如流水随着地形任其流淌。形容随心所欲，无拘无束。

佳句赏析

生活中常常如此，你越在意别人的看法，就越无法随心所欲。给自己上太多的枷锁，囚于情感的牢笼中，使自己无法得到心灵的宁静。最好的办法就是，不要过于在意别人对你的评价，因为没有人比自己更了解自己。正如那句歌词“岁月不知人间多少的忧伤，何不潇洒走一回”。

随心所欲地走在生活中，就是要懂得“喜欢做”和“必须做”之间的关系；懂得超越自己的好恶，达到“不以物喜，不以己悲”；懂得以长远的眼光看问题，做到待人处事成熟稳重。

在心态宁静下积极生活，在积极生活中寻找宁静。

◉ **心和气平者，百福自集。**

【句意】人心平气和很多福事就自然而至。

◉ **人无忧，故自寿。**

【句意】无忧无愁的人长寿。

◉ **既来之，则安之。**

【句意】既然来了，就要在这里安下心来。

◉ **命里有时终须有，命里无时莫强求。**

【句意】命里有的肯定会有，命里没有的不必强求，一切听从命运的安排。

◉ **人见白头嗔，我见白头喜。**

【句意】别人发现头发白了生气，我见了却十分高兴。意谓拥有乐观心态。

◉ **塞翁失马，安知非福?**

【句意】塞外老翁丢失了马，谁知道是福还是祸呢?

第四节　静则神藏，躁则神夭

▷ 不图为乐之至于斯也。

【句源】子在齐闻《韶》，三月不知肉味，曰："不图为乐之至于斯也。"

【出自】《论语·述而》。

【句意】想不到音乐之美，竟能到如此境界啊！

音乐不仅能让你沉浸在美妙的境界中，回味无穷；而且还能调动你的情绪，改善你的心理状态。所以，现代人常常把音乐作为自己的心理医生，无论是高兴还是沮丧，首先想到的就是来一段"music"。

当精神状态不佳、情绪低落时，你可以选择明快的乐曲来倾听；当情绪被激怒或充满敌意时，你可以选择轻松的乐曲来倾听；当内心充满压力，你除了可以选听古典乐曲、交响乐曲、流行歌曲以外，还可以选听爵士音乐、摇滚乐等节奏感强的乐曲。

多听高尚的音乐，会使你的情趣高尚起来；多听铿锵雄壮的音乐，会使你的意志坚强起来，情绪高昂起来。音乐，就是具有这么大的魔力。

▷ 万事难并欢，达生幸可讬。

【句源】 执戟亦以疲，耕稼岂云乐。万事难并欢，达生幸可讬。

【出自】 南朝·谢灵运《斋中读书》。

【句意】 世上万事不能都如意，乐观的人才有好心情。讬（tuō）：同“托”。

乐观的人，即使面对困难，也会从中发现乐趣；悲观的人，即使沉浸在幸福中，也会担心将要发生不幸。人生一世，虽不是充满坎坷，也不会一帆风顺。不论你是乐观还是悲观，日子都是一天天在过，与其愁眉苦脸倒不如豁达一些，乐观面对一切。比如工作中老板对你说“你这件事情没做好”，你可以理解成“你觉不觉得这件事情可以再做得好一点”；老板说“你这样表现很差劲”，你可以转换成“你还有更大的进步空间”。换一个角度看问题，你会备受鼓舞，并将自己的工作做得更加完美。

拥有乐观的心态并不难，即使你是一个超级悲观的人，只要多多尝试摆脱消极的念头、置身于有成就和乐观的人群中，你一定也会成为“笑傲生活”的人。

▷ 沉忧能伤人，绿鬓变霜蓬。

【句源】 沉忧能伤人，绿鬓变霜蓬。一朝不得意，世事徒为空。

【出自】 唐·李白《怨歌行》。

【句意】 忧愁能损伤人的身体，使人变老，黑发变成白发。绿鬓：黑色鬓发。年轻人的头发黑而有光，其色似浓绿，故云绿鬓。

自己因冲动与父母吵架而内心痛苦，因孤身一人来到陌生的城市发展而忧伤

苦闷，因无法适应快节奏的工作而垂头丧气……这种心理异常就叫忧伤，它是青年人意志薄弱、性格不成熟的一种表现。忧伤，作为一种负情感，表现为情绪低下、好忧愁、多伤感、易消极悲观。忧伤情绪强烈的人，很可能在心理和生理上造成严重损害。

为了消除这种忧伤绝望的情绪，男人喝酒消愁，女人大力血拼（购物），或是找三五好友，把自己的烦心事、苦恼事统统吐露出来。但这种自我宣泄还不足以消除忧伤的情绪，还必须加强意志力的锻炼。人生的哲理在于：当你把困难看成是人生海洋里的层层恶浪时，一点儿小事就可能使你哀叹生活航道上的曲折艰难，但是，一旦你的人生旋律中注进了不畏艰辛的音符，即使面临层峦叠嶂的坎坷山路，你也会奋勇攀登。

▷ 人生在世不称意，明朝散发弄扁舟。

【句源】 抽刀断水水更流，举杯消愁愁更愁。人生在世不称意，明朝散发弄扁舟。

【出自】 唐·李白《宣州谢朓楼饯别校书叔云》。

【句意】 人生在世，不能活得称心如意，不如明朝散发，驾舟江湖漂流。

生活中没有“万事如意”，那只不过是一个美好的祝愿，不如意的事情常常发生，但我们不要把乌云总布在脸上，把牢骚总挂在嘴边，否则不仅周围的朋友不喜欢你，自己也将慢慢讨厌自己。

在生活最艰难的时刻，投身到大自然怀抱，它可以帮助你从中找到慰藉。另外与家人、朋友到郊外森林散步也是十分有益的。在日常生活中遇到痛苦与折磨时，流泪也是排除苦闷的方法，它可帮助你排泄不良情绪。因为人体在情绪激动时血液中会产生某种化学物质，流泪就是宣泄这种化学物质的方法之一。

▷ 停杯投箸不能食，拔剑四顾心茫然。

【句源】 停杯投箸不能食，拔剑四顾心茫然。欲渡黄河冰塞川，将登太行雪满山。

【出自】 唐·李白《行路难》。

【句意】 我停杯扔筷不想饮，拔出宝剑环顾四周，心里一片茫然。

一个人高兴的时候，肯定会有高兴的举动：手舞足蹈、愉快地笑。而一个人不高兴的时候，则会垂头丧气，两眼无神。心理学上有一个很重要的发现，就是想要改变情绪，改变心理，最快的方法就是改变身体状态。如果改变身体的状态，我们就可能改变当时的情绪。例如，一个人到了迪斯科舞厅，跳了 20 多分钟，会很兴奋，这时你如果问他，为什么这么高兴呢？他会说，跳舞当然高兴了。也就是说，没有发生任何特别的事情，也可以很高兴，只要他作出高兴的动作。想要自信怎么办？假装你很有自信。当然要作出自信的动作：雄赳赳，气昂昂，双眼有神，走路快速，腰板挺直。想想成功的人是怎么做的，他们通常都很有朝气，气定神闲。你也要这么做，这样就能感受到自信的情绪了。

要改变情绪，最快的方法就是改变身体状态。

▷ 可损之善，莫善忿欲。

【句源】《象》曰：山下有泽，损。君子以惩忿窒欲。可损之善，莫善忿欲也。

【出自】《周易正义》。

【句意】关于控制自己，莫过于抑制愤怒和情欲。

人都会发怒，却不知怒的危害之大。怒，既败坏人的事业，亦危害人的健康。人一怒，脑细胞大量损伤；怒，使家庭失和，眷属乖离，亲友厌避。易怒，使子女得不到好教养，造成父母对子女少关心爱护，使子女对父母恐惧怨恨，且会使儿童产生对环境的不安全感和养成任性易怒的坏习气。对病人来说，怒会加重病情，甚至突然死亡。怒是一点好处也没有的。

冲动是魔鬼。心中有了愤怒，理智在刹那间宣告瓦解，胸中怒火的猛烈，足以令你失去自我。

▷ 嗜欲喜怒之情，贤愚皆同。贤者能节之，不使过度；愚者纵之，多至失所。

【句源】徵对曰：“嗜欲喜怒之情，贤愚皆同。贤者能节之，不使过度；愚者纵之，多至失所。陛下盛德玄远，居安思危，伏愿陛下常能自制，以保克终之美，则万代永赖。”

【出自】唐·吴兢《贞观政要》。

【句意】嗜欲喜怒之情贤人和愚人都同样有，但贤人能节制，不使它超过限度；而愚人则放纵它，往往造成错误。

一个能够很好控制自己情绪的人，总是安详而快乐的；而不是像那些容易冲动和后悔的人，总是被自己的情绪所左右。

该如何控制自己的情绪？当不好的事情发生时，首先不要让情绪充斥着自己的身心，随后问问自己，发生这件事情对我有什么好处？我可以从中学到什么？从今以后我应该如何做才能避免发生这样的错误？比如自己被降级，这当然是非常痛苦的事情，先承认它是非常痛苦的，接受痛苦的反应是正常的，没有什么不好，为此而哭泣、委屈和不甘心等等反应都是可取的。在承认的前提下，你再做一些相应的调整，进行科学的宣泄就可以了，但不要去否定负面的情绪。

情绪不是宠物，我们不能过分地放纵它。

▷ 无故寻愁觅恨。

【句源】无故寻愁觅恨，有时似傻如狂。纵然生得好皮囊，腹内原来草莽。

【出自】清·曹雪芹《红楼梦》。

【句意】没有缘由地寻愁觅恨。

这是红楼梦中的一句话，描写人的一种心情。其实每个人都是如此。“无故”，没有原因的，“寻愁觅恨”，心里讲不出来，烦得很。每人每天都被各种各样、莫名其妙的烦恼包围，心灵永远没有平静的时候，甚至睡觉的时候，都在做各种各样奇怪的梦，似乎每天都在不安和烦恼中度过。

因为生活的压力，你愁工作、愁财富、愁子女，甚至有时候顾影自怜……总之，各种各样的烦恼层出不穷，永不停息。其实“天下本无事，庸人自扰之”。只要你不自扰，就没有愁事，也没有了心中的无名怨恨。

人生一世不容易，与其整日愁眉不展，倒不如洒脱一点。再大的事，天都不会塌下来。

◎ **静则神藏，躁则消夭。**

【句意】恬静可以保存精力，烦躁则精神衰损。

◎ **悲哀悉忧则心动，心动则五脏六腑皆摇。**

【句意】心绪不宁会损害身体各器官。

◎ **宜节烦恼以养神。**

【句意】保养精神应排除烦闷苦恼的情绪。

◎ **情志过极，非药可愈。**

【句意】过于剧烈的情感意向对身心产生的损害是无药可以治愈的。

◎ **智者之养生也，必和喜怒而安居处，节阴阳而调刚柔。**

【句意】聪明人养生，不使喜怒过甚而求安居静处，阴阳调和、刚和互济。

◎ **人有五脏化五气，以生喜怒悲忧恐。**

【句意】人有五脏化生五气，从而产生了喜怒悲忧恐五情。

◎ **暴怒伤阴，暴喜伤阳。**

【句意】过度发怒会损伤肝脏阴血，过度喜乐会损伤肺腑阳气。

◎ **喜怒无常，过之为害。**

【句意】喜怒不调，过度就为害身心。

◎ **养生以少恼怒为本。**

【句意】少恼怒是养生的根本。

◎ **嗔是心中火，能烧功德林。**

【句意】愤怒能毁掉一个人的事业。

◎ **不乐损年，长愁养病。**

【句意】总是闷闷不乐会消减寿命，整日愁眉不展会让疾病滋生。

◎ **人欺不怒，忿而再失矣。**

【句意】被人欺骗不要发怒，愤怒只能让人失去得更多。

◎ **药能医假病，酒不解真愁。**

【句意】药能医治假病，喝酒却不能解除真正的忧愁。

◎ **天地不可一日无和气，人心不可一日无喜神。**

【句意】天地不能一日没有和气，人心不能一日没有喜悦的神情。

第五节　人欲劳于形，百病不能成

▷ 体欲常少劳，无过度。

【句源】体欲常少劳，无过度。

【出自】晋·张华《博物志》。

【句意】人的身体要常有适当的劳动锻炼，切不可运动量过大过频。

运动是健康的源泉，但莫疲劳过度。事实上，适度的运动可以使生活和工作充满朝气和活力；可以帮助人们建立生活规律和秩序，提高睡眠的质量，保证充足的休息，提高工作效率；可以提高人体的适应和代谢机能，增加对疾病的抵抗力。但如果运动过度就会走向反面：疲劳，精力不继；紧张不安，食欲不振；持续出汗或大量出汗；引起感冒、发烧等。

运动可以使人健全体魄、防病防老、延长寿命；过度锻炼，则会伤害自己的身体，有损健康。

▷ 形不动则精不流，精不流则气郁。

【句源】形气亦然。形不动则精不流，精不流则气郁。

【出自】《吕氏春秋》。

【句意】人的身形如果没有任何运动、劳动、锻炼，则精气也不会有效地输布和流动。精气如不能流动则可导致气血郁滞不畅。

形体的动静状态与精气神的生理功能状态有着密切关系，静而乏动则易导致精气郁滞、气血凝结，久即损寿。运动可促进精气流通，气血畅达，增强抗御病邪能力，提高生命力。

人体运动主要围绕肩、腰、髋、膝、踝等关节来进行，且每一处关节部位分布有若干肌群，经常运动，既能消除脂肪，又能增强肌肉的力量。此外，经常从事体育锻炼，还可提高青少年的身高和其他生理功能。

▷ 流水不腐，户枢不蠹，动也。

【句源】流水不腐，户枢不蠹，动也。

【出自】《吕氏春秋》。

【句意】流动的水不会发臭，经常转动的门轴不遭虫蛀，都是由于不停地运动。枢：木门上的转轴。

这句千古名言道出了一个真理——动则不衰。运动的事物最具生命力。对人来说，生命在于运动。

实际上，即便是我们日常生活中的起居动作，如果稍加留意，认真准确地去做，久而久之，同样能起到健身防病的作用。每天清晨去跑步，晚上饭后去散步，在家里跳跳操，节假日去爬爬山……随时随地地活动各个关节，不仅要记得时常加润滑剂保养我们心爱的车，也要经常锻炼保养自己的身体。

经常运动，持之以恒，便可保持旺盛的生命力。

▷ 夜卧早起，广步于庭。

【句源】天地俱生，万物以荣，夜卧早起，广步于庭。

【出自】《黄帝内经·素问》。

【句意】每夜安卧后清晨起床，即于庭院中徐缓散步。

散步是动形养生中一种有益于身心的运动。古代养生家多提倡在清晨、睡前、食后或休闲时进行，以运动身形、和畅血气、调剂精神、促进健康而有利防病延寿。它对老年体衰者尤为适用，宜大力提倡。但有的根据具体情况适当进行“慢跑”也颇有益。

散步，可缓行可站立，站立后又可缓行，要有一种闲暇缓行、走走停停、悠然自得的心境。因为缓步可以运动筋骨，筋脉舒畅而四肢得以健运。每餐进食后宜缓行数百步，此则可发散脾胃之气而将饮物营养输布全身，以增强脾胃的消化吸收功能。在空闲的时候散步，可以使心神情志健运。睡前绕卧室行走数百步后始入睡，这是动中求静之法，可有助于睡眠。

▷ 冬练三九，夏练三伏。

【句源】冬练三九，夏练三伏。

【出自】谚语。

【句意】在冬季最寒冷的三九天要锻炼，在夏季最炎热的三伏天要锻炼。“三伏”是指初伏、中伏和末伏，约在7月中旬至8月中旬。“三九”是指冬至后的第三个九天，约在1月中下旬。

佳句赏析

这是前人在长期锻炼过程中总结出来的经验，有一定的科学道理。其实，在炎热的夏季，不爱体育锻炼的人，越是怕热越觉得热，越不活动，肌体适应外界环境的能力就越差。在热环境下锻炼，能使皮下毛细血管扩张，体腺开放加速，散热能力得以提高，使肌体有更强的调节体温能力，所以很多专家提倡“夏练三伏”。而三九天，恰恰相反，气温低、气压高、湿度小、风速大，经常伴随大风雪，这时很多人不愿意运动了，而是穿得厚厚的缩在房间里。但如果在这时你仍运动的话，就会加快血液循环，加快新陈代谢，寒冷感消失，也会少得感冒。

不管天气多冷或多热，都应坚持体育锻炼，这样才能使身体更好地获得“顺四时、适寒暑”的能力。但对于上了年纪的人来说，就要注意气候对自己的影响，在适宜的气候中稍作运动即可。

▷ 吾之所赖者唯形耳！无形则无吾矣，谓非人生之首务哉。

【句源】使吾无形，吾有何乐？是可见人之所有者唯吾，吾之所赖者唯形耳！无形则无吾矣，谓非人生之首务哉。

【出自】明·张景岳《景岳全书·治形论》。

【句意】我最为依赖的是身形，没有身形就没有我了。难道这不是人生的首要东西吗？

佳句赏析

“我要减肥”这句话在我们耳边经常听到，爱美之心人皆有之，想拥有完美的身形是人之常情。运动是保持身形最好的方法，也是减肥最有效的途径。肥胖者增加体育锻炼，不但可以达到增加体内脂肪的“支出”，使体型恢复的目的，而且还可以使身体的各器官得到锻炼，增强体魄。因此说，增加运动是非常适宜减肥的好方法。

运动量太小，达不到减肥目的，运动量过大会出现副作用，特别是伴有其他严重慢性疾病的肥胖者和老年人，一定要格外注意。一般来说，运动量要掌握在中等强度。运动后，脉搏数青年人每分钟不超过 150 次为宜，老年人以每分钟不超过 110 次为宜。运动后肌肉酸痛，睡眠、食欲正常。如果出现头痛、食欲不佳、失眠等症状，说明运动过量。

▷ 养生莫善于习动，夙兴夜寐，振起精神，寻事去做，行之有常，并不因疲，日益精壮。

【句源】 一身动则一身强，养生莫善于习动，夙兴夜寐，振起精神，寻事去做，行之有常，并不困疲，日益精壮。

【出自】 清·颜元《言行录》。

【句意】 养生的好举措莫过于经常运动，早起晚睡，振作精神，经常找事做，经常去运动，并不因而疲乏，且身体日益精壮健康。

生命就是要“动”。只有运动、锻炼，才可使各器官更加协调、诸动作更加灵活、大脑变得更加聪慧，也才可使心脏的收缩更有力。一句话“用则进，废则退”，而这正是生物学上的一条重要规律。

运动，可以去专门的健身中心，那里为人们提供各种健身器材，可根据自己的健身需求有针对性地选择，比如慢跑机等；也可以利用居民住宅区的健身设施做一些运动。一些体质薄弱，尤其是经常在办公室坐着、工作压力很大的白领，更应该时时健身。

◎ **能动能静，所以长生。**

【句意】 有动有静，可得长生。

◉ **劳苦胜于逸乐**。

【句意】劳苦比舒服更利于养生。

◉ **常亲小劳则身健**。

【句意】经常做点劳动或锻炼，有利于身体健康。

◉ **养身莫善于习动**。

【句意】保养身体的最好方法是养成爱运动的习惯。

◉ **人欲劳于形，百病不能成**。

【句意】人需要劳动，才可以预防百病。

◉ **运体以却病，体活则病离**。

【句意】人经常运动可防止生病，形体活动常可使疾病离身。

◉ **人体欲得劳动，但不当使极尔**。

【句意】身体须劳作活动，但不宜过分。

◉ **人欲小劳，但莫至疲及强所不能堪胜耳**。

【句意】人要有适当的劳动，但其强度要适中，切不可使自己感到疲劳或到达自身难以胜任的强度。

◉ **人食毕，当行步踌躇，有所修为为快也**。

【句意】人于饮食后，宜作从容不迫的步行，使自己感到舒适爽快就行。

◉ **动摇则谷气得消，血脉流通，病不得生**。

【句意】人运动、劳动可使脾胃有序地对饮食五谷进行消化、输布和吸收，使全身气血流通顺畅，使病邪无法入侵和肆虐。

◉ **行毕使人以粉摩腹上数百遍，大益**。

【句意】散步后还应按摩上腹数百遍，这样做有很大的好处。

◉ **心可逸，形不可不劳**。

【句意】心可以得到安逸，但身体不可以不参加劳动锻炼。

第六节 采菊东篱下，悠然见南山

▷ 万物之始，大道至简，衍化至繁。

【句源】万物之始，大道至简，衍化至繁。

【出自】春秋·老聃《道德经》。

【句意】万事万物刚刚开始的时候，大道是很简单的，到了后来，演变成了很复杂的局面。

佳句赏析

其实世上最复杂的东西往往由一个最简单的原理控制着。就像计算机，这么复杂，它的最基本的原理却很简单，就是0和1，也就是开和关。幸福与快乐源自于内心的简约，简单使人宁静，宁静使人快乐。

在人的一生中，也会有许多的追求和憧憬。追求真理，追求理想的生活和刻骨铭心的爱情；追求金钱，追求名誉和地位。有追求就会有收获，我们会在不知不觉中拥有很多，有些是我们必需的，而有些却是完全无用的。那些无用的东西，除了满足我们的虚荣心外，最大的可能，就是成为负担。

智者的简单，并非是因为贫乏而缺少内容，它是繁华过后的一种觉醒，是一种去繁就简的境界。简单的过程是觉醒的过程。大道至简，健康的人生一定是去繁就简的人生。

▷ 智者乐水，仁者乐山。

【句源】子曰：“知者乐水，仁者乐山。知者动，仁者静。知者乐，仁者寿。”

【出自】《论语·雍也》。

【句意】智者喜爱水，仁者喜爱山。

佳句赏析

智者也就是聪明人，反应敏捷而又思想活跃，性情好动就像水不停地流一样；仁者也就是仁厚的人，仁慈宽容而不易冲动，性情好静就像山一样稳重不迁。

我们会工作，会学习，但如果不会真正享受生活，就没有真正达到“智者乐水，仁者乐山”的境界。生活本是丰富多彩的，除了工作、学习、赚钱、求名，还有许许多多美好的东西值得我们享受：可口的饭菜，温馨的家庭生活，蓝天白云，花红草绿，飞溅的瀑布，浩瀚的大海，雪山与草原，大自然的形形色色，包括遥远的星系，久远的化石……

学会享受如山水般充满诗意与智慧的“心灵生活”，真正领会生活的诗意、生活的无穷乐趣，这样我们工作、学习起来，就会感到更有意义。

▷ 重生则轻利。

【句源】瞻子曰："重生。重生则轻利。"

【出自】战国·庄周《庄子·让王》。

【句意】十分重视养生长寿的人，则常轻视名利地位。

当我们把追求外在的成功或者"过得比别人好"作为人生的终极目标时，就会陷入物质欲望为我们设下的圈套。它像童话里的红舞鞋，漂亮、妖艳而充满诱惑，一旦穿上，便再也脱不下来。我们疯狂地转动舞步，一刻也停不下来，尽管内心充满疲惫和厌倦，脸上还得挂着幸福的微笑。当我们在众人的喝彩声中终于以一个优美的姿势为人生画上句号时，才发觉这一路的风光和掌声，带来的竟然只是说不出的空虚和疲惫。

人生来时双手空空，却是双拳紧握；而等到人死去时，却要双手摊开，偏不让其带走财富和名声……明白了这个道理，人就会对许多东西看淡。幸福的生活完全取决于自己内心的简约，而不在于拥有多少外在的财富。

▷ 晨兴理荒秽，戴月荷锄归。

【句源】种豆南山下，草盛豆苗稀。晨兴理荒秽，戴月荷锄归。

【出自】晋·陶渊明《归园田居》。

【句意】每天清晨起来清除杂草，夜晚月亮下山扛锄而回。晨兴：早晨起来。荒秽：指杂草。

努力地工作和学习，创造财富，发展经济，这当然是正经的事。享受生活，必须有一定的物质基础。只有衣食无忧，才能谈得上文化和艺术。饿着肚子，是无法细细欣赏山灵水秀的，更莫说是寻觅诗意。所以，人类要努力劳作。但劳作本身不是人生的目的，人生的目的是"生活得写意"。一方面勤奋工作，一方面使生活充满乐趣，这才是和谐的人生。

享受生活，不仅有音乐、沉思、谈天、读书、体育运动、喜庆的节日……甚至工作和学习本身也可以成为享受，如果我们不是太急功近利，不是单单为着一己的利益，辛苦劳作也会变成一种乐趣。让我们把眼光从"图功名""治生产"

上稍稍挪开，去关注一下上帝给予的种种美好。

▷ 独坐幽篁里，弹琴复长啸。

【句源】 独坐幽篁里，弹琴复长啸。深林人不知，明月来相照。

【出自】 唐·王维《竹里馆》。

【句意】 独坐在幽深的竹林里弹琴长啸。

热爱艺术，提高生活质量。艺术对人生来讲是很重要的因素，热爱艺术的人会增加很多情趣。如果喜欢绘画，你就懂得调色、选景，常常会获得审美的愉悦。见了蓝天、白云、小桥、流水，你会流连忘返；早春的柳芽、盛夏的荷蕊会使你如痴如醉；春天的蛙声，夏天的蝉鸣，令你叫奇叫绝；那皎洁的月亮高悬夜空，又会使你仰头凝目，不愿入睡。如果你会写诗，那跨越空间和时间而叠加起来的情感和体验，会使你热烈、疯狂。乐感强的人，一听到音乐身体就会有节奏地晃动，欣喜如狂。会舞蹈的人，一听到舞曲就会手舞足蹈，兴高采烈。

诗、画、摄影、歌舞都懂一点的人，享受生活的内容更为丰富，听得懂大自然神妙的音乐：登高山时能听懂高山的雄伟呼唤，临溪流则能闻听出溪流的喃喃之语，甚至闲坐有家中，也能神游物外，感受到大自然的音乐。这就是艺术的神力，艺术的神奇。

▷ 书咄咄，且休休。一丘一壑也风流。

【句源】 书咄咄，且休休。一丘一壑也风流。不知筋力衰多少，但觉新来懒上楼。

【出自】 宋·辛弃疾《鹧鸪天·鹅湖归病起作》。

【句意】 何必终日读书作“咄咄怪事”呢？倒不如姑且安享闲居的清福，隐居山林那也很高雅。

生活节奏越来越快，我们往往忙得不可开交。当有了闲暇时光后，还要拼命地追问自己哪里做得不好，过分地苛求自己，只能使我们更加累。

真正的享受生活是自己内心的满足与充实，并不是单纯的物质享受。现在的人已经走入了误区，以为高品质的生活就是高消费。其实，如果你的内心是祥和与充实的，你的生活才是真正的美好。如果你想享受生活就用欣赏的眼光看待一切，会发现自己是最幸福的。

经典名句

◎ **室雅何须大，花香不在多。**

【句意】房子的雅致并不在于面积大小，花朵的芳香并不在于花朵的多少。

◎ **纳爽耳目变，玩奇筋骨轻。**

【句意】呼吸清爽的空气，可以让人耳聪目明，玩赏奇特的景观可以让人筋骨轻松。

◎ **老妻画纸为棋局，稚子敲针作钓钩。**

【句意】相伴多年的妻子在纸上画着棋盘，年幼的儿子敲弯了钢针要做成鱼钩。意谓在日常生活中享受人生乐趣。

◎ **春秋多佳日，登高赋新诗。**

【句意】春秋两季，有很多风和日丽的好天气，这样的好日子就登上高山，吟诗作赋。

◎ **一壶浊酒喜相逢。古今多少事，都付笑谈中。**

【句意】大家一起喝着浊酒，为相逢而万分欣喜。古往今来，有多少天下兴亡之事，都不过成为人们的谈笑资料而已。

◎ **采菊东篱下，悠然见南山。**

【句意】在东篱下采摘着菊花，在闲适与宁静中偶然抬起头见到南山。

◎ **随富随贫且欢乐，不开口笑是痴人。**

【句意】富也好，穷也罢，能欢乐的时候就尽情欢乐，不懂得尽情享乐的，那才是痴人。

◎ **人闲桂花落，夜静春山空。**

【句意】人声静下来了，桂花无声地飘落。夜静了，春夜的深山更显得格外空荡。

◎ **仰观宇宙之大，俯察品类之盛，所以游目骋怀，足以极视听之娱，信可乐也。**

【句意】抬起头来看到宇宙的广大，低下头看到万物的繁多，借以纵目游观、舒展胸怀，足以尽情享受美好的景色、悦耳的音乐，实在是一大乐事啊。

◉ **传与风光共流转，暂时相赏莫相违**。

【句意】我要传告世人：要与美好的风光同转共乐，即使是暂时的玩赏也不要放过。

◉ **醉翁之意不在酒，在乎山水之间也**。

【句意】（饮酒的人）心思并不在饮酒上，而在于赏玩这里的山水。

◉ **到日仙尘俱寂寂，坐来云我共悠悠**。

【句意】到此仙尘人都心无杂念，（我）坐下来和白云一样安闲。

◉ **平畴交远风，良苗亦怀新**。

【句意】平旷的田野得到远风的吹拂，长势良好的幼苗也生意盎然。

◉ **乐骄乐，乐佚游，乐晏乐，损矣**。

【句意】以骄傲为快乐，以游玩为快乐，以饮食荒淫为快乐，便有害了。

◉ **晏安鸩毒，不可怀也**。

【句意】偷闲享乐就像毒药一样害人，因此不能存有贪图享乐的念头。

◉ **今朝有酒今朝醉，明日愁来明日愁**。

【句意】今天有酒今天就喝醉，明天的忧愁烦恼明天再说。

第二章

美德篇

我们中华民族在自己的发展历程中，形成了代代传承的美德，这些美德无疑是人类作为一个种群得以衍续的重要精神遗产。若天下之人都来修美德，则人与人不互相争斗，和睦相处，安定祥和，路不拾遗，夜不闭户，真乃是人间天堂。美德，如“清水涟漪，香远益清”。

第一节　清水涟漪，香远益清

▷ 父母唯其疾之忧。

【句源】孟武伯问孝。子曰：“父母唯其疾之忧。”

【出自】《论语·为政》。

【句意】父母最担忧的是子女生病。

乍一看来，令人费解，为什么说父母为儿女的疾病担忧就是孝呢？稍加体会，就会发现圣人果真和平常人不一样，他的回答深刻而精妙。

如果你能真正体会到孩子生病时父母那种担心、慌乱的心情，你便会懂得什么是孝，怎样才算尽了孝道。这种心境只有当自己为人父母时才能体会，当你恨不得代替儿女承受病痛的折磨时，你便会想到自己父母曾经的付出。如果对父母能付出当自己儿女生病时那种程度的关心与担忧，才算真正尽了孝道。

当然，如果我们把这句话理解成：既要保重自己，又要关心父母的健康，也许更全面一些。

▷ 父母在，不远游，游必有方。

【句源】子曰：“父母在，不远游，游必有方。”

【出自】《论语·里仁》。

【句意】父母在世，子女就不应该远离家乡；如果要出远门，也必须有一定的去处。

现在看来，并非只要父母还健在，儿女就不能离家求学、创业，只是说，父

母年迈没人照应，子女远游他乡时必须把父母安顿好，让父母衣食有着，这便是孝子之道。

离开了父母，不在父母面前尽孝，虽然对父母有所安顿，让父母衣食无忧，但仍要时时刻刻牵挂着父母，将对父母的爱心与孝心深系于怀。父母的衣食、起居、心情都应该是儿女牵挂在心的，不要让牵挂成为父母对儿女的单相思。随着父母年龄的增长，无论是身体还是心态都大不如从前，眼睛花了，腿脚不灵便了，甚至一些平常小事他们都觉得自己做不好了，此时，儿女便成了他们可以依靠的大树。

即使儿女认为走出家乡做出一番成绩才能更好地孝顺父母，也应当在出远门时，安顿好父母，让父母有所养。

▷ 事父母几谏，见志不从，又敬不违，劳而不怨。

【句源】子曰："事父母几谏，见志不从，又敬不违，劳而不怨。"

【出自】《论语·里仁》。

【句意】（子女）侍奉父母，如果父母有不对的地方应该婉转地劝告。见到自己的意见没有被父母采纳，仍然要尊敬父母，不违逆对抗，继续为他们操劳而不怨恨。几：轻微，婉转。劳：操劳。

曾有人说，天下有不是的子女，无不是的父母，其实也不尽然。无论是子女还是父母都会犯一些小的错误。作为一个孝子，对于父母的过错要尽力劝阻，如果父母不听劝导，即便是他们的错，子女也只能在一定程度上同父母争辩，而不应该口不择言地说一些伤害父母的话。

父母总以宽广的心胸包容着儿女的一切，那么父母有了过错，做子女的更应以感恩的心去体谅父母，包容父母的过错。

▷ 父母之年，不可不知也。一则以喜，一则以惧。

【句源】子曰："父母之年，不可不知也。一则以喜，一则以惧。"

【出自】《论语·里仁》。

【句意】父母的年龄不可不知道。一方面为他们的长寿而高兴，另一方面又为他们的衰老而恐惧。

佳句赏析

如果这是一份答卷，你可以得到多少分？（1）父母的年龄是多大？（2）父母的生日是哪天？（3）父母穿多大号的鞋？（4）父母喜欢吃什么，不喜欢吃什么？（5）父母吃剩下的饭菜你能吃下去吗？（6）父母身体健康吗？（7）如父母患病，所患何病、吃什么药、怎样吃？（8）如果你跟父母住在一起，那么你常陪父母聊天，和他们谈心吗？（9）你常常抱怨父母没本事吗？（10）父母不高兴时，你会哄他们开心吗？

答案是什么并不重要，重要的是你能在这些问题上有所反思，有所感悟。父母给予我们的太多，而我们报答他们的太少。正如毕淑敏在《孝心无价》中所言："有一些事情，当我们懂得的时候，已不再年轻。世上有些东西可以弥补，有些东西永无弥补。'孝'是稍纵即逝的眷恋，'孝'是无法重现的幸福，'孝'是生命与生命交接处的链条，一旦断裂，永无连接。"

回报父母，一定要抓紧！趁父母健在的光阴，不要来不及报答时才想到要报答。

▷ 色难。有事，弟子服其劳；有酒食，先生馔，曾是以为孝乎？

【句源】"子夏问孝。子曰：'色难。有事，弟子服其劳，有酒食，先生馔，曾是以为孝乎？'"

【出自】《论语·为政》。

【句意】（对父母）和颜悦色，很难。仅仅有了事情，儿女需要替父母去做；有了酒食，让父母先吃，难道能认为这样就是孝了吗？色：脸色。难：不容易。馔：意为饮食、吃喝。

佳句赏析

其实，仅仅替父母做事，将佳肴奉上，不一定就是做到了孝。态度决定一切，儿女下班回家，疲惫不堪，而父亲吩咐倒杯茶给他喝，做儿女的茶是倒了，但端过去时，沉着脸，将茶杯在桌子上重重一搁，用生硬的语调说："喝吧！"父母见到儿女如此态度，将作何感想？

孝敬，孝敬，要做到由内而外的敬，才能算是孝。中国有句古话"久病床前无孝子"，对父母尽孝可能会给自己的生活和事业带来极大的拖累，但谁都会在时光的流逝中逐渐衰老。如果父母长期卧病在床，生活不能自理，即便儿女心中孝顺，有时也难免流露出厌烦的神色，此时，父母心中的滋味恐怕难以言说。一方面为拖累了儿女而心中难过，另一方面便是对儿女隐隐的失望。

孝要表现在态度上，心中孝，态度敬，不要对父母感到厌烦，儿女欠父母的恩情一辈子都还不完。想想父母为我们所做的一切，或许你的心中就不会再有任何怨言。

▷ 事父母能竭其力。

【句源】子夏曰："贤贤易色，事父母能竭其力，事君能致其身，与朋友交言而有信；虽曰未学，吾必谓之学矣。"

【出自】《论语·学而》。

【句意】侍奉父母，能够竭尽全力。

自从呱呱坠地的那一刻开始，我们就被父母捧在手心里呵护着，不让受半点委屈。小时候，过着皇帝、公主般的生活；长大成人，即便无法成龙成凤，但也永远是父母掌心里的宝，在父母面前永远都可以如小时候一样撒娇、任性。无论我们做错什么，父母都会原谅。然而如今，又有多少人会尽心竭力地去照顾父母？要知道，上了年纪的父母不仅仅需要物质上的保证，更需要心灵上的关怀。

孝敬自己的父母，报答他们的养育之恩，不分时间与地点！绝不能因为追求自己的快乐而埋没了良知，留下一辈子无法弥补的遗憾！侍奉父母，不但尽力更要尽心。父母之恩，要用一生回报。

▷ 惟顺于父母可以解忧。

【句源】人悦之、好色、富贵，无足以解忧者，惟顺于父母可以解忧。

【出自】战国·孟轲《孟子·万章上》。

【句意】只有孝顺父母，才可以排除使人忧愁的事。

所有的语言都不能表达父母所赐予我们的生命，赐予我们的爱。父母就是最爱你的人、永不小看你的人，是那夏夜为你赶走蚊虫的人，是那黄昏路旁翘首盼你归的人。

对一个有孝心的人来说，孝顺父母，使父母能安度晚年，自己的内心才能得到安宁。而后，你才能全心全意地专心去深造自己的学业和开拓自己的事业。孝顺父母，你才可以在心理上获得平衡，得到安慰，即使遇到挫折也不会感到孤单、寂寞。

父母是我们的精神支柱，是我们的主心骨，是我们前进的动力。我们孝顺父母，父母喜至心生，我们何忧?!

▷ 孝在于质实，不在于饰貌。

【句源】所谓孝，在于质实，不在于饰貌。

【出自】汉·桓宽《盐铁论·孝养》。

【句意】孝敬父母在于内心充满敬意与爱心，不在于礼节上做得十分周全。

一个人孝敬与否，关键看他是否有真诚的心意，不能光看他的外在表现。如果只为了博得美名而去孝敬父母，那就与孝的精神完全背离了。

然而，今天又有多少人是真正用自己的内心去孝敬父母呢？在物质上，你可以给父母一幢别墅，一笔财富，一些精美的礼物，可你想过没有，父母最需要的是你的陪伴与关爱。其实尽孝很简单：如在外的游子时常给家打个电话，多报些平安，多跟父母聊聊；或者把看电视的主动权交给父母，陪他们一起看最喜爱的节目；抑或在饭后陪他们散散步……只要你细心，生活里处处有孝的踪影。

▷ 谁言寸草心，报得三春晖。

【句源】慈母手中线，游子身上衣。临行密密缝，意恐迟迟归。谁言寸草心，报得三春晖。

【出自】唐·孟郊《游子吟》。

【句意】谁说像小草一样的些微孝心，能够报答如春天阳光般的母爱呢？

随着我们年龄的增大，父母的脸庞也从年轻变得衰老，头发从乌丝变成白发，动作从迅捷变为缓慢了。当我们咿咿呀呀学舌、跌跌撞撞学步、懵懵懂懂明事的时候，父母总是叮嘱我们。当时听腻了的唠叨现在回想起来却是绵长的挂念和关怀。而现在父母老了，我们是否能照顾好他们呢？

其实，父母对我们的要求真的不多，也许我们一句随意的问候，煮一顿再普通不过的晚餐，睡前帮他们盖盖被子，天冷帮他们添衣服、戴手套……都能让他们感到很欣慰。人世间最难报的就是父母恩，愿我们都能以反哺之心侍奉父母，以感恩之心孝顺父母！

父母之爱是最真诚、最无私、最伟大的爱，如同春天里的阳光对待小草那样，是永远报答不完的。

◎ **不得乎亲，不可以为人；不顺乎亲，不可以为子。**

【句意】（在舜看来）儿子与父母亲的关系相处得不好，不可以做人；儿子不能事事顺从父母亲的心意，不可以做儿子。

◎ **人人亲其亲，长其长，而天下平。**

【句意】只要人人各自亲爱自己的双亲，各自尊敬自己的长辈，那么，天下自然就可以太平了。

◎ **慢人亲者，不敬其亲者也。**

【句意】不尊敬别人父母的人，肯定也不会敬重自己的父母。

◎ **出入扶持须谨慎，朝夕伺候莫厌烦。**

【句意】父母出入（门）要小心搀扶，早晚伺候父母不要厌烦。

◎ **爹娘面前能尽孝，一孝就是好儿男；翁婆身上能尽孝，又落孝来又落贤。**

【句意】孝敬父母就是好儿男，孝敬公公、婆婆，能落个既孝敬又贤惠的名声。

◎ **劳苦莫教爹娘受，忧愁莫教爹娘耽。**

【句意】不要让父母受苦受累，不要让父母分担你的忧愁。

◎ **家贫知孝子，国乱识忠臣。**

【句意】在家庭贫困的时候，才能发现真正的孝子；在国家危难的时候，才能识别真正的忠臣。

◎ **亲所好，力为具；亲所恶，谨为去。**

【句意】父母喜好的东西，子女要尽力为他们准备；父母厌恶的东西，要谨慎地为他们去掉。

◎ **父母呼，应勿缓；父母命，行勿懒。**

【句意】父母呼唤，要赶快答应；父母有命令，应赶快去做。

◎ **千万经典，孝义为先。**

【句意】成千上万部经典上都说，孝和义是人首先应当做到的。

◎ **要知亲恩，看你儿郎；要求子顺，先孝爹娘。**

【句意】养育子女才能了解父母的养育之恩；要求子女孝顺你，你就必须首先孝顺你的父母。

◎ **天地者，人之始也；父母者，人之本也。**

【句意】天地是从人类开始的，父母是人类的本源。

◎ **务本莫贵于孝。**

【句意】致力于根本莫过于孝。

◎ **孝，德之本也。**

【句意】孝道是道德的根本。

◎ **人之行，莫大于孝。**

【句意】人的品行中，最重要的是孝道了。

◎ **永言孝思，天经地义。**

【句意】永远孝顺父母是天经地义的事情。

◎ **大不正则小不敬。**

【句意】长辈自己不正派，晚辈就不会敬重。

◎ **万恶淫为首，百行孝为先。**

【句意】淫为祸害的种子，孝为善的根本。

◎ **亲爱我，孝何难；亲恶我，孝方贤。**

【句意】父母疼爱我，做到孝又有什么困难呢？父母讨厌我，仍尽孝，才为贤德。

第二节　君子养心，莫善于诚

▷ 修辞立其诚。

【句源】修辞立其诚，所以居业也。

【出自】《周易·乾·文言》。

【句意】言语应该建立在诚信的基础上。

“诚”有多种含义，如诚实、诚恳、忠诚等，但其核心意义是真实而不虚妄。诚是作用于人内心的道德规范，要求人们能够保守内心的本真，真实表露自己的心声，丝毫不加任何掩饰，真正做到表里如一。只有首先不欺骗自己，达到内心的真诚，才不至于去欺骗别人。诚的最高境界是“真”。人的言论应该以诚信为本。这里的诚信包括名实一致、言行一致、表里一致。名实一致，是说言论要与事实相符；言行一致，是说言论要与行动相符；表里一致，是说口里说的与心里想的相符，不能口是心非。

在这个谎言不再被称为谎言，而被美化为噱头、卖点、八卦、花边……的时代，要想做到保持自己的人格“修辞立其诚”，就要从生活中点点滴滴的小事做起。

▷ 轻诺必寡信。

【句源】 夫轻诺必寡信，多易必多难。

【出自】 春秋·老聃《道德经》。

【句意】 轻易向别人承诺的人一定很少讲信用。

凡是轻易承诺的人，必定缺少信用。这一点我们可以从两个方面来解读：一是一个人轻易承诺，也许这是一种缺少诚心的承诺。凡是没有经过深思熟虑就轻易许下承诺的人，在执行的过程中必然困难重重，很难遵守他的诺言，这种承诺本身也就缺少信用。二是一个人轻易承诺，别人看到他不能兑现承诺，那么就会对他失去信任。

换个角度来说，如果轻易对别人许下诺言，这些承诺或许会成为你前进和努力的方向与动力，但是诺言多了总会有实现不了的，这样就容易导致失信和失败，又容易在人群中留下轻浮和浅薄的坏印象。所以，不要轻易对人许诺。

▷ 人而无信，不知其可也。

【句源】 人而无信，不知其可也。大车无輗，小车无軏，其何以行之哉？

【出自】《论语·为政》。

【句意】做一个人却不讲信用，（我）不知道怎么能立身处世。可：可以立身处世。

信任是相互的。要得到别人的信任，首先自己就要讲信用，这样人们才会信任你。信用是个人最好的无形资产，只有得到人们的信任，别人才可能对你委以重任，办事才容易成功。

信用是一个人在社会上立足的前提，一个人无论是在工作中还是在生活中，都必须重诺守信，别人才会相信他，愿意与他打交道，这样，双方才有可能建立一种稳定的、长期的联系。事实上，一个人在社会中生活和工作，总要同他人打交道，要想做成功一件事，更需要他人的支持、帮助，因此良好的人际关系对人十分重要。而重诺守信，则是维系人际关系、增进情谊的重要一环。

▷ 君子贞而不谅。

【句源】子曰："君子贞而不谅。"

【出自】《论语·卫灵公》。

【句意】君子固守正道，而不拘泥于小信。贞：信。谅：信，这时指小信。

从经济学的角度来看，"两害相权，取其轻"，也就是为了某种更加有价值的东西，可以牺牲价值比较小的东西。但从道德观的角度来看，这种想法万万要不得。一旦以守信是否给你带来什么价值来衡量，那么守信本身还有什么意义和价值？所以生活中，不能因为是"小信"就可以不去遵守。

许多时候，也许你觉得是"小信"，而对于别人来说却是影响一生的"大信"。比如带个口信、送封信之类的事情，你可能觉得是"小信"，但对委托者来说，可能就是关系到其一生婚姻甚至命运的大事。所以即使是"小信"，也不能不守。如果你觉得是可有可无的小信，在你被委托的时候，应该坚决拒绝，或者不要轻易许下你不准备去兑现的小承诺。

▷ 失信不立。

【句源】子贡曰："必不得已而去，于斯二者何先？"曰："去食。自古皆有死，民无信不立。”

【出自】《论语·颜渊》。

【句意】一个人若失去信用，很难在社会上立足。

佳句赏析

“言必信，行必果”“一言既出，驷马难追”这些流传了千百年的古语，无不表达了中华民族诚实守信的品质。在中国几千年的文明史中，人们不但为诚实守信的美德大唱颂歌，而且努力地身体力行。

诚实守信、信守诺言是为人处世的一种美德，更是为人处世之本。所谓诚实，就是忠诚老实，不讲假话。诚实的人能忠实于事物的本来面目，不歪曲，不篡改事实，同时也不隐瞒自己的真实想法，光明磊落，言语真切，处事实在。

诚实的人反对投机取巧，趋炎附势，见风使舵，争功推过，弄虚作假，口是心非。一个人要想在社会立足，干出一番事业，就必须具有诚实守信的品德。一个靠弄虚作假、欺上瞒下、骗取荣誉与报酬的人，是要遭人唾骂的。

诚实守信首先是一种社会公德，是社会对做人的基本要求。

▷ 不精不诚，不能动人。

【句源】真者，精诚之至也。不精不诚，不能动人。故强哭者，虽悲不哀；强怒者，虽严不威；强亲者，虽笑不和。

【出自】战国·庄周《庄子·渔父》。

【句意】不真诚就不能打动别人。

佳句赏析

对别人诚信，首先自己要真诚。自然、率性而行的真情实感才能打动人心，一切违背人的“性命之情”的虚假矫情都是影响你成功的因素。“真”表示一种至诚的境界：真者，精诚之至也。不精不诚，不能动人。具体来说就是：

真正的悲痛没有哭声而哀伤，真正的怒气未曾发作而威严，真正的亲热未曾含笑而和善。而勉强啼哭的人虽然外表悲痛其实并不哀伤，勉强发怒的人虽然外表严厉其实并不威严，勉强亲热的人虽然笑容满面其实并不和善。

自然的真性存在于内心，神情的表露流于外在，这就是看重真情本性的原因。这种真心在内，神态在外，内外统一。“精诚所至，金石为开”是对这句话最好的注解。

▷ 巧诈不如拙诚。

【句源】孟孙曰：“夫不忍麑，又且忍吾子乎”故曰：巧诈不如拙诚。乐羊以有功见疑，秦西巴以有罪益信。

【出自】战国·韩非《韩非子·说林上》。

【句意】奸巧诡诈，不如笨拙诚实。

佳句赏析

“巧诈”是指欺狂而表面掩饰的做法。乍看之下，好像是机灵的策略，在短期内也可能会有很大的收获，但是时间一久，周围的人便会怀疑甚至有远离的可能性。相反，“拙诚”是指诚心地做事，行为或许比较愚直，但是会赢得大多数人的心。

如果做事情没有进行长远的打算，打一枪就换一个地方，虽然暂时能赢得一些小利，但时间一久你的“信用价值”就会人人皆知。所以，如果你打算把事业做大做久，还是要以诚信为本，因为只有诚信才能获得人心。

▷ 得黄金百，不如得季布一诺。

【句源】曹丘至，即揖季布曰：“楚人谚曰：‘得黄金百，不如得季布一诺。足下何以得此声于梁楚之间哉？’”

【出自】西汉·司马迁《史记·季布栾布列传》。

【句意】与其获得百斤黄金，不如得到季布的一个承诺。

佳句赏析

如果一个人言而无信，失去了别人对自己的信任，就如同失去了比千金还宝贵的东西。信用如此重要，故长期以来一直为人们所重视，有“一诺千金”之誉。

诚信对一个人、一个企业都是无形的财富，是一笔巨大的无形资本。一个人、一个企业坚持走正直诚实的道路，必定会实现良好的愿景。如果你以诚待人，在工作中树立起诚信的品牌，相信你一定会得到越来越多的支持和帮助，你的工作和事业也会开创出一个崭新的局面。反之，你将会被众人所隔离，成为一株在角落里生长的小草难以茁壮成长。

经典名句

◎ **惟天下之至诚，为能化。**

【句意】只有天下最真诚的心才能感化人。

◎ **不宝金玉，而忠信以为宝。**

【句意】不要把金玉当成宝物，而忠诚与信用才是宝。

◎ **精诚所至，金石为开。**

【句意】人的真诚所达到一定程度，能感动天地，使金石为之开裂。

◎ **君子诚以为贵。**

【句意】有修养的人把真诚看得非常重要。

◎ **去食去兵，不可去信。**

【句意】失去粮食，失去兵器，也不能失掉信用。

◎ **诚者，天之道也。思诚者，人之道也。**

【句意】真诚，是自然之理；心地真诚，是为人处世之理。

◎ **凡出言，信为先，诈与妄，奚可焉。**

【句意】说话办事，诚信在先；欺骗与胡说，那怎么可以呢？

◎ **忠诚是人生的本色。**

【句意】忠诚应是人生的本来面目。

◎ **文以行为本，在先诚其中。**

【句意】文士以德行为修养的根本，而在德行中真诚摆在首位。

◎ **诚能体而存之，则众善之源，百行之本。**

【句意】实行并保存真诚的心，这是人生美好的源头，行动美好的根本。

◎ **遇欺诈之人，以诚心感动之；遇暴戾之人，以和气薰蒸之。**

【句意】遇到欺骗狡诈的人，用真诚之心感动他；遇到粗暴、乖张的人，用和蔼的态度感化他。

◎ **不曲道以媚时，不诡行以邀名。**

【句意】不能违背人生准则以迎合时俗的好尚，不能以欺诈的行为以取得虚名。

◎ **百虑输一忘，百巧输一诚。**

【句意】考虑再周密若有疏忽就可能失败，技艺再精巧若缺乏真诚也无法成功。

◎ **修身处世，一诚之外更无余事**。

【句意】修养自身品性，处理好人与人之间的关系，唯一靠的是真诚。

◎ **诚者，圣人之本，百行之源也**。

【句意】真诚，是杰出人物的根本，也是使百业兴旺的源泉。

◎ **君子养心，莫善于诚**。

【句意】培养个人的品德，最主要的是个人的真诚。

◎ **廉者憎贪，信者疾伪**。

【句意】清廉的人憎恨贪婪，诚实的人厌恶虚伪。

◎ **不受虚言，不听浮术，不采华名，不兴伪事**。

【句意】不听动听的话语，不相信不切实际的方法，不谋取浮华的名声，不做虚伪的事。

◎ **智者不愁，多为少忧**。

【句意】聪明、有才智的人，谋划周到，不用发愁，多做实事就少一点忧虑。

◎ **百种奸伪，不如一实**。

【句意】再狡诈、虚伪，也不如诚实。

◎ **诚不悦人，其神媚焉**。

【句意】诚实不能讨人欢心，人们在骨子里都喜欢谄媚。

◎ **无信者疑，人休蔽之**。

【句意】没有信义的人多疑，人们不必蒙蔽他。

◎ **权重勿恃，名高勿寄，树威以信也**。

【句意】权力大不可以倚仗，名望高不可以托付，树立威严要讲究信用。

◎ **许人一物，千金不移**。

【句意】答应了的事情，想方设法也要做到。

第三节　居丰行俭，在富能贫

▷ 克勤于邦，克俭于家。

【句源】克勤于邦，克俭于家。

【出自】《尚书·大禹谟》。

【句意】在国家事业上要勤劳，在家庭生活上要节俭。

历史和现实都表明，一个没有艰苦奋斗、勤俭节约精神做支撑的民族，难以自立自强；一个没有艰苦奋斗、勤俭节约精神做支撑的国家，难以发展进步；同样，一个没有艰苦奋斗、勤俭节约精神做支撑的家庭，难以兴旺发达。

家庭要做到节俭，比如：饮水机不需要24小时都开着加热；买菜时要货比三家；没有重要的事情尽量不打电话，煲“电话粥”是最浪费金钱的行为；少进饭馆吃饭，同样的钱在家里可以做更多的饭菜。

我们制订计划、办事情，都要注意精打细算，能不花的钱坚决不花，能少花钱的尽量少花，坚决摒弃那种讲排场、比阔气、大手大脚、铺张浪费等不良行为。勤俭持家需要从生活中的点点滴滴做起。

▷ 俭，德之共也；侈，恶之大也。

【句源】 御孙曰：“俭，德之共也；侈，恶之大也。”共，同也，言有德者皆由俭来也。

【出自】 北宋·司马光《训俭示康》。

【句意】 节俭，是善行中的大德；奢侈，是邪恶中的大恶。

人的生活方式有多种，但适度节制物质消费，反对奢侈浪费一直是劳动人民和古圣先贤的道德追求。所谓奢侈，就是超越自身人力、物力、财力去过分追求享受。而过分追求享受必将带来的是过多的诱惑和过多的欲望，最终必然导致人格的扭曲和物质化。所以说“侈，恶之大也”。

勤俭节约无关富贵贫贱，它是高尚的品德情操在现实生活中的一种表现，无论是修身、治家还是管理国家，勤俭都是我们必备的美好品质和道德要求，勤和俭这两方面密不可分，只勤不俭，如漏器盛水，终将一空；只俭不勤，如流水断源，终会干涸。

▷ 民生在勤，勤则不匮。

【句源】 民生在勤，勤则不匮。

【出自】 春秋·左丘明《左传·宣公十二年》。

【句意】百姓生活的根基在于劳作，只有勤于劳作，财物才不会匮乏。

通过劳动，人类从盘错交织的古树走向陆地，从愚昧无知的远古走向现代文明。劳动，使人们拥有自己的财富，使人们成为财富的主人。

要想拥有财富，学生就要勤奋学习，少打一些网络游戏；职场中人就要早起床，少迟到，多做些业绩……

勤劳致富是亘古不变的道理。只要每个人尽力去做好自己的工作，对工作尽职尽责、精益求精，那么就会创造出大量的财富。切记：一个人懒的根源在于缺乏责任心、进取心和事业心，贪图安逸终究难成大业。

▷ 历览前贤国与家，成由勤俭破由奢。

【句源】历览前贤国与家，成由勤俭败由奢。何须琥珀方为枕，岂得真珠始是车。

【出自】唐·李商隐《咏史》。

【句意】纵观历史，大到邦国，小到家庭，无不是兴于勤俭，亡于奢靡。

古往今来，成功的创业者大都经过艰苦奋斗的阶段，所以比较注意勤俭节约。但是对守业者来说则正好相反，他们没有经历过创业的艰辛，容易贪图奢侈享乐。他们最终的命运必然是事业的衰败，财富的消失。这是几千年的历史所昭示的真理。

俗话说“富不过三代”：首代创业者一般都是兢兢业业，吃苦耐劳，勤俭持家，奋发向上，终于创下了偌大家业；二代人目睹父辈创业的艰辛，受到父辈的教育影响，还能够守住家业甚至还有发展；但三代、四代人则不然，他们从小享受父祖辈的福荫，倚仗父祖辈创下的基业，真的是心想事成，不但进取心消失殆尽，还有不少成了纨绔子弟，吃喝玩乐。长辈再不注意引导，溺爱娇纵，不成败家子都难。

我们决不能忘记历史，要永远记住“成由勤俭败由奢”的道理。不论在囊中羞涩的艰苦岁月，还是在生活富裕的年代，都应该发扬“艰苦朴素、勤俭节约”的传统美德。

▷ 由俭入奢易，由奢入俭难。

【句源】顾人之常情，由俭入奢易，由奢入俭难。

【出自】宋·司马光《资治通鉴·训俭示康》。

【句意】由俭朴节约的生活转变成奢华富裕的生活比较容易，而由过惯了奢华富裕的生活变成俭朴节约的日子会比较难。

“由俭入奢易，由奢入俭难。”有些人在生活富裕的时候往往不知道节俭，而在生活贫困的时候才想起了应该节俭。而且人的消费模式具有一个特点——稳定性，一旦形成，重新调整需要较长时间。就像喝惯了可乐，看不上白开水一样。这样就导致由苦日子转为好日子比较容易适应，因为在过苦日子的时候已经养成了节俭的消费习惯了；而由好日子变成苦日子却很难适应，因为好日子中形成的奢侈习惯在苦日子里会让人处处感觉不便。谁又能保证自己一辈子都能过好日子呢？因此，不管自己当前的经济水平怎样，养成节俭的良好习惯对一个人的一生是非常重要的。

▷ 富贵本无根，尽从勤里得。

【句源】富贵本无根，尽从勤里得。请观懒惰者，面带饥寒色。

【出自】明·冯梦龙《醒世恒言》。

【句意】富贵本来不能生根，都是要从勤俭中才能得到。

“富贵本无根，尽从勤里得”揭示了“富贵并不是固定地属于某些人，它们都是由勤奋努力得来”的道理。一个人不可能来选择自己的出身，但他完全可以改变自己的命运，可以让自己成为一个富人。因为，一个志在求富并付诸行动的人，是没有任何人能够拦得住他的，能够拦得住他的也只有他自己。

追求富贵、赢得富贵并不难，难就难在不能守住富贵。有些人一旦成为富贵之人就沾沾自喜，过起奢侈糜烂的生活。日子一久，甜尽苦来，只好再努力挣钱。

只有通过辛勤劳作才能获得财富，但是只知勤劳，不知节俭，富贵也不会长久。

▷ 一粥一饭，当思来处不易；半丝半缕，恒念物力维艰。

【句源】 一粥一饭，当思来处不易；半丝半缕，恒念物力维艰。宜未雨而绸缪，毋临渴而掘井。

【出自】 明·朱柏庐《朱子治家格言》。

【句意】 一粥一饭，应当想到，得来是不容易的；一丝一线，应常想到，这些东西生产出来是很艰难的。

穿衣吃饭是极平常的事情，一粥一饭、一丝一缕，更言其小，区区小数，所值几何？一般人往往不加珍惜，随意糟蹋。如今的时代，人们也要勤俭节约，不要铺张浪费。切莫把日常的事物看轻了，要知道父母谋衣谋食的艰难，桩桩件件来之不易。

无论是“俭”所节约或“奢”所浪费掉的物质财富，都是人类劳动的成果，都凝结着人类的血、汗和生命。所以提倡“俭”，本质上就是提倡尊重他人的劳动，就是提倡爱人。

◎ **救烦无若静，补拙莫如勤。**

【句意】 摆脱烦恼莫过于安静，弥补拙笨莫过于勤奋。

◎ **奢侈之费，甚于天灾。**

【句意】 奢侈的耗费比天灾还严重。

◎ **奢侈者，危亡之本。**

【句意】 生活不知节俭，是败亡的根源。

◎ **富贵本无根，尽从勤里得。**

【句意】 富贵不是天生的，全靠勤劳取得。

◎ **勤俭，富贵之本；懒惰，贫贱之苗。**

【句意】 节俭是使人富贵的关键，懒惰是使人贫贱的根苗。

◎ **居丰行俭，在富能贫**。

【句意】丰绰时坚持俭朴，富足时也不奢侈。

◎ **俭开福源，奢起贫兆**。

【句意】节俭为幸福开辟源泉，奢侈是贫困的预兆。

◎ **金玉非宝，节俭是宝**。

【句意】黄金宝玉不是宝贝，节俭比黄金美玉更宝贵。

◎ **年年防歉，夜夜防贼**。

【句意】年年防止歉收，夜夜防患盗贼。比喻随时要想到意外与不利。

◎ **俭则约，约则百善俱兴；侈则肆，肆则百恶俱纵**。

【句意】用俭朴来约束自己，一切好事都可能产生；奢侈而放纵自己，一切坏事便会滋长。

◎ **坐吃山空，立吃地陷**。

【句意】光吃喝而不事生产，即使粮食堆积如山，也总会吃光喝光。

◎ **一人知俭一家富**。

【句意】一个人懂得节俭便会成为富有之人。

◎ **君子以俭德辟难**。

【句意】君子用俭朴的德行来避免危难。

◎ **饱食终日，无所用心，难矣哉！**

【句意】整日吃得饱饱的，什么也不想，这可不行啊！

◎ **勉之期不止，多获由力耘**。

【句意】希望你永远都不要松懈，丰硕的成果是由于努力耕耘而获得的。

◎ **勤俭乃治家之本**。

【句意】勤劳、节俭是管理好一个家庭的根本。

◎ **俭节则昌，淫佚则亡**。

【句意】节俭就会昌盛，淫逸享乐就会败亡。

◎ **惟俭可以助廉，惟恕可以成德**。

【句意】只有节俭可以使人廉洁奉公，只有宽容可以使人养成好的品德。

◎ **兴家犹如针挑土，败家好似浪淘沙**。

【句意】使家业兴旺犹如用针挑土那样艰难，使家业衰落好似浪里淘沙那样容易。

◎ **人间万事凭双手**。

【句意】世间万事都是凭借双手做出来的。

◎ **粮收万石，也要粗茶淡饭**。

【句意】即使家庭富有，也要过着粗茶淡饭的简朴生活。

◉ **奢者狼藉俭者安，一凶一吉在眼前。**

【句意】奢侈便不可收拾，勤俭便可长久安乐。奢则错、俭便吉，这是很快就显现出来的。

◉ **常将有日思无日，莫待无时想有时。**

【句意】在富裕时要想到贫困的时节，不要等到贫困时再沉迷于对富裕时的回忆。

◉ **持满之道，抑而损之。**

【句意】保持满盈兴盛局面的道理，就是要一贯抑制奢侈，注重节俭。

◉ **但知勤作福，衣食自然丰。**

【句意】只要知道勤劳肯干，自然就可以丰衣足食了。

◉ **惰而侈，则贫；力而俭，则富。**

【句意】懒惰又奢侈，生活就会贫困；勤劳而节俭，生活就会富足。

◉ **凡不能俭于己者，必妄取于人。**

【句意】凡是自己不能勤俭节约的人，一定会随便拿别人的东西。

◉ **夫慈，故能勇；俭，故能广。**

【句意】有了这柔慈，所以能勇武；有了节俭，所以能大方。

◉ **观人家起卧之早晚，而知其兴衰。**

【句意】看一个家庭起床的早晚，便可知它的兴衰。说明每个家庭要想兴旺，必须早起晚睡，辛勤劳动。

◉ **每一食，便念稼穑之艰难；每一衣，则思纺绩之辛苦。**

【句意】每吃一顿饭，就会想到（农民）生产粮食的艰难；每穿一件衣，就会想到（织女）纺纱织布的辛苦。

第四节　礼为翼者，所以行于世

▷ 礼，与其奢也，宁俭。

【句源】林放问礼之本。子曰：“大哉问！礼，与其奢也，宁俭；丧，与其易也，宁戚。”

【出自】《论语·八佾》。

【句意】礼仪，与其奢侈，不如节俭。

礼多人不怪，怪就怪在为礼而礼。践行礼仪在于内心诚敬与否，不在于形式。例如见面握手，有的人生怕对方感受不到自己的热情，用力攥紧对方的手不放，仍嫌不够，还要剧烈摇晃、拥抱……这就是礼太奢，让人无所适从，只能适得其反，还不如简单诚恳地握一下，更容易让人接受和明白。婚礼，人们总是大操大办，讲究排场，似乎忘记了它的意义在于祝福新人。况且，这种奢侈的婚礼理念是一种过度的浪费，在一定程度上是一种炫耀傲慢的心态。如此奢办婚事，只会耗费钱财和精力，浪费资源和时间。

礼的根本不在形式，而在于内心。礼真，千里送鹅毛，礼轻情义重。

▷ 礼之用，和为贵。

【句源】有子曰：“礼之用，和为贵。先王之道，斯为美，小大由之，有所不行，知和而和，不以礼节之，亦不可行也。”

【出自】《论语·学而》。

【句意】礼的作用，最主要的是使人和谐共处。

人难免自私，人与人之间难免有冲突，如果人人自私无礼，社会自然永无宁日。礼的作用就是调节自我与他人之间的关系，增加人的文明性，减弱竞争的残酷激烈，提高社会的温情和谐度。有时，一声“对不起”，便能化解剑拔弩张的冲突，一句“不要紧”，便能给人送去一阵温暖的春风。

但过于讲求和气，凡事小心翼翼、唯唯诺诺，就算自己是对的，也不敢争，生怕得罪了别人，这就是“知和而和”，为了和气而和气。在自我和他人的天平上，这类人过于偏重于他人，是矫枉过正了。

礼的作用，是在自我和他人之间保持一种平衡。“以礼节之”要适度，既不能目中无人，也不要懦弱卑下，而应该不卑不亢。

▷ 质胜文则野，文胜质则史，文质彬彬，然后君子。

【句源】子曰：“质胜文则野，文胜质则史，文质彬彬，然后君子。”

【出自】《论语·雍也》。

【句意】质朴胜过文采，就显得粗野，文采胜过质朴，就显得做作。只有做到文采与质朴兼备，两者水乳交融，相得益彰，才是君子。

佳句赏析

人如果没有质朴之性，即使再有气质，也会令人讨厌；反过来，如果只有质朴之性，而气质全无，也是令人厌恶的。例如你热了，不管什么场合就把衣服脱下；你走路走累了，就把脚放在办公桌上；或者你饿了，吃饭时口中吧唧作响，喝汤时满嘴流油……诸如此类，你毫无遮掩，倒确实是质朴，但只是会让周围的人感到不愉快或者不舒服。

有些人为了得到“荣誉”，处处表现自己。在别人遇到困难时，一两句问候表示自己对他的关心，却没有力所能及地帮助他；在别人讲冷笑话时，为了表示自己能听懂，开怀大笑。所有的表现都是有目的的，让人感觉很做作。

这些年，大家痛感社会风气的浇薄、浮靡，于是转而寻求质朴方正的风气。文采斐然，风度翩翩，这就是礼要求我们去努力塑造的形象。

▷ 子食于有丧者之侧，未尝饱也。

【句源】子食于有丧者之侧，未尝饱也。

【出自】《论语·述而》。

【句意】孔子在有丧事的人身旁进食，从没有吃饱过。

佳句赏析

孔子在参加丧礼时怎么会吃不饱呢？因为服丧者有悲哀恻隐之心，而并非酒桌饭菜不够吃。这一礼仪对我们今天在参加葬礼时仍有借鉴作用。本来失去亲人就是一件极度悲伤的事情，如果我们去参加丧礼而不顾及周围的环境气氛，不顾及别人的感情，只顾自己的口腹之欲，是非常失礼的行为，也是对死者的不尊重。

办丧事，在于感谢亲朋好友对故人及家庭的关心，以及丧事料理的操劳。但是现在某些“孝子贤孙”却一味追求所谓的风光体面，大操大办，只为显示自己的能力和昭示他人“我是一个孝子”。

丧葬本是一件令人悲哀的事，可如果大操大办，“酒足饭饱”，举办丧事还有何意义？

▷ 子见齐衰者、冕衣裳者与瞽者，见之，虽少，必作；过之，必趋。

【句源】子见齐衰者、冕衣裳者与瞽者，见之，虽少，必作；过之，必趋。

【出自】《论语·子罕》。

【句意】孔子遇见穿丧服的人、当官的人或是盲人时，即使对方年少，也一定要从他的坐席上站起来；从他们面前经过时，则一定会改步快行。

以礼待人，不以对方的身份、地位而有所不同。对有官位的人，应该表示尊敬；对身上戴孝的人，他们是遭遇不幸者，也应该表示尊敬；对盲人，用今天的话来说，叫“弱势群体”，更应该表示尊敬。你不要打扰他们太久，不要惊扰了他们的伤痛，你应该悄悄地从他们面前经过。这就是一种礼仪，这就是对人的一种尊敬。

我们对于那些比自己富裕的人、比自己社会地位高的人、比自己有名的人容易表现出自己的尊敬之意，而对于那些比自己贫穷的人、比自己社会地位低的人、比自己学问低的人，不容易表达自己的尊重之意，这是值得我们经常反省的。

▷ 不学礼，无以立。

【句源】他日，又独立，鲤趋而过庭。曰：“学礼乎?”对曰：“未也。”不学礼，无以立。

【出自】《论语·季氏》。

【句意】不懂得礼仪礼貌，就难以有立身之处。

一个人要想在社会上立足，没有基本的礼仪是不行的。更何况在当今飞速发展的时代，社会化分工越来越细，各行各业的职业礼仪成了展示行业服务的窗口。

职业礼仪最重要的特征就是对象化。也就是说在不同的场合，不同的对象，对礼仪都有不同的要求，但共同的规律是不变的。比如，餐饮店业的礼仪与其他行业相比有其共性：热情服务，待客周到；但每一饭店又有自己的人员情况和文化理念，所以又有所不同。

我们在日常工作、生活中要切记这一点，更要做到有的放矢。不同的工作要有不同的职业装束就是这一点的体现。

人有礼则安，无礼则危。

【句源】人有礼则安，无礼则危，故曰：礼者不可不学也。

【出自】《礼记·曲礼》。

【句意】人有礼仪规范就会和谐，没有礼仪规范就会有危害。

在生活或工作中，若不想遭人嫉妒乃至怨恨，最好的行为便是“凡事以礼为先”。也许你不经意的一种行为：随地吐痰、出言不逊、耀武扬威……这些行为都会让人对你产生反感，你在别人心目中的形象就此大打折扣。

德国有一句谚语叫“脱帽在手，世界任你走”。有礼节不一定总能为你带来好运，但没有礼节却往往使你与幸运擦肩而过。要想在纷繁复杂的现代社会中走得更远、更好，就要时刻注意保持礼节。

礼，不妄说人，不辞费。

【句源】礼，不妄说人，不辞费。礼，不逾节，不侵侮，不好狎。

【出自】《礼记·曲礼》。

【句意】礼是不能随随便便取悦于人的，也不可说多余的话。

在我们的身边，总会有这样的一些人，为了获取朋友的好感或是得到上级的肯定，经常别人说什么自己就说什么，结果被别人所忽视，在朋友和上级心目中的地位也不会很高。还有一些人，他们喜欢向别人倾吐苦水，无论是情感危机、失恋、婚变；还是工作危机，工作上不顺心，对老板、同事有想法，统统向别人坦露。虽然这样的交谈可以让你们亲密无间，但时间一长就会令人感到乏味，何况天下没有不透风的墙，能够严守秘密的人很少。

说话要守“礼”，既要在尊重他人的意见的同时说出自己的心声，发表自己的见解，也要把握说话的内容和分寸。没有礼，一个人的语言再优美动听，也都不过是不可触摸的空话。

◎**恭而无礼则劳，慎而无礼则葸，勇而无礼则乱，直而无礼则绞。**

【句意】一味恭敬而不用礼来做指导就会疲劳，小心谨慎而不用礼来做指导就会畏惧，勇敢无畏而不用礼来做指导就会作乱，心直口快而不用礼来做指导就会尖刻。

◎**以礼为翼者，所以行于世也。**

【句意】把礼仪当作羽翼的人，用礼仪的教诲在世上施行。

◎**服美动目，行美动神。**

【句意】衣装服饰华美只能使人注目，行为美好才能令人敬重。

◎**礼让一寸，得礼一尺。**

【句意】（你）对人礼一寸，受人让礼让一尺。比喻以礼相让，事虽微而获益必大。

◎**礼之至者无文，哀之深者无节。**

【句意】最高的礼节没有一定的仪式，最深重的哀悼没有一定的法度。

◎**礼有经，亦有权。**

【句意】礼节有常规的，也要有变通。

◎**将求于人，则先下之，礼之善物也。**

【句意】将要对别人有所求，就首先要谦恭自抑，这在礼节上是善于处理事物。

◎**人恶礼不恶。**

【句意】别人不以礼待我，我仍以礼待他。

◎**让，礼之主也。**

【句意】对他人恭敬、谦让，这是礼仪中最主要的内容。

◎**礼者，人道之极也。**

【句意】礼仪，做人的根本目的和最高理想。

◎**人无礼则不生，事无礼则不成，国无礼则不宁。**

【句意】做人没有礼节就不能生活，做事没有礼节就不能成功，治国没有礼节国家就不能安宁。

◎ **礼义生于富足，盗窃起于贫穷。**

【句意】学习礼仪往往在富足之时，产生盗窃往往始于贫穷之际。

◎ **仓廪实而知礼节，衣食足而知荣辱。**

【句意】仓库充实就能懂得礼貌，衣食充足就能感知荣耀和耻辱。

◎ **待富贵人，不难有礼，而难有体；待贫贱人，不难有恩，而难有礼。**

【句意】对待富贵之人，有礼貌不难而难于事事得体；对待贫贱的人，有恩惠不难而难于处处有礼。

◎ **狎甚则相简，庄甚则不亲。**

【句意】过分亲昵就会态度怠慢，过分庄重就不会彼此亲近。

◎ **辞让之心，礼之端也。**

【句意】有了谦让的心，正是重视礼仪的开始。

◎ **礼之至者无文，哀之深者无节。**

【句意】礼的精神到了极点就不再重视形式，哀痛之情到了最深处就无法节制。

◎ **轻则寡谋，骄则无礼。**

【句意】轻佻的人缺少谋略，骄横的人没有礼节。

◎ **恭敬之心，礼也。**

【句意】对别人恭敬、尊重，是礼的表现。

◎ **非仁无为也，非礼无行也。**

【句意】不仁的事不干，不合礼的事不做。

◎ **乐至则无怨，礼至则不争。**

【句意】乐事做得好了人心无怨，礼事做得好了则人无所争。

◎ **在家不会迎宾客，出外方知少主人。**

【句意】在家不会接待客人，出去后才明白（自己）很少成为主人。

◎ **客来主不顾，应恐是痴人。**

【句意】主人见客人来了不去打招呼，恐怕这只能是愚人。

第五节　以仁为富，以义为贵

▷ 君子喻于义，小人喻于利。

【句源】子曰：“君子喻于义，小人喻于利。”

【出自】《论语·里仁》。

【句意】君子知道的是义理，小人知道的是私利。

对于义和利的态度，是孔子区分君子和小人的标准。在孔子眼中，道德高尚的君子重义而轻利，见利而为的小人重利而轻义。前者受人尊敬，而后者却让人生厌。

小人唯利是图。他心无旁骛，不顾一切地逐利而行，甚至为盈六欲而隐七情，为平欲壑，不择手段，不知廉耻，置一切道义于不顾，头尖尖的，寻找利益的气息，一路钻营。小人凡事以利的角度出发，如果达到了预期的目的，心里还能顺畅；一旦稍有差错，最容易产生怨恨心理，认为周围的人，在与自己作对。而在君子眼中，仁义重于金钱，当朋友需要资金周转时，即使自己囊中羞涩，也会竭尽全力帮助朋友。

孔子把“义”与“利”分别开来，并以此作为衡量君子和小人的标准，其良苦用心就是要让我们重义而轻利，不要唯利是图，只知道一心追求利益而舍了道义。

▷ 见利思义。

【句源】见利思义，见危授命，久要不忘平生之言，亦可以为成人矣。

【出自】《论语·宪问》。

【句意】面对利益时要考虑是否符合道义。

利，是人之所欲。人要生存，要解决衣食住行问题，就不能没有对利的追求。人还要求不断改善生存条件，过更好的生活。这都是人之常情。但是，对利的追求，应该受到一定的制约，应当不失德义。如若我们取了不义之利，则心不安，受之有愧；而且他人不服，法也不容，甚至后患无穷。宋代陈普说：“利出私情害万端，义循天理乐而安。”为了眼前一时的不义之利，古今中外多少英雄身败名裂甚至惹来杀身之祸。

为了一己私利而置德义于不顾的人，是有失人格的人。这类人定会为人所不齿，遭人唾弃。在日常生活中我们看见对自己有利的事，可多考虑一下义的方面。“义”就是“宜”：看看这个利是不是合理、合情、合法。

▷ 君子义以为上。君子有勇而无义为乱，小人有勇而无义为盗。

【句源】子曰：“君子义以为上。君子有勇而无义为乱，小人有勇而无义为盗。”

【出自】《论语·阳货》。

【句意】君子以义作为最高尚的品德。君子有勇无义就会作乱，小人有勇无义就会偷盗。

关于勇敢，不同文化修养的人和不同年龄的人会有不同的理解。比如对于小孩来说，只要是别人不敢做的，有人敢去做，就会被认为是勇敢的。长大后，对勇敢的理解有了变化，敢于去做有危险性的事被认为是勇敢，并且所做事情的危险性越高代表其越勇敢。孔子则认为，能够不顾一切地维护“义”的人才算是勇敢，这其中，能因为不义而感到羞愧的也算是勇敢，即“知耻为勇”。

一个人的勇敢如果不是为了维护正义，那就是匹夫之勇，是不值得尊敬的，因为那样的勇敢只能是一种暴力，一种违法乱纪的野蛮行为。用自己的勇气去偷去抢，那不是真正的勇士，是对别人生命和自己生命的一种糟蹋。一个真正勇敢的人在面临贫苦和苦难时，始终坚守“义”，不会因环境的影响而动摇。

▷ 放于利而行，多怨。

【句源】子曰：“放于利而行，多怨。”

【出自】《论语·里仁》。

【句意】为追求自己的私利而行动，就会招致更多的怨恨。

追求利不仅指追求钱财、物品、升官发财，而是只要对自己有好处的利就都去追求。然而以谋利为根本动机，以追逐利润为首要法则，对人心、对社会都具有极强的腐蚀性作用。奸商囤积居奇，不法生产者制造伪劣商品，股票投机者希望一夜之间变为暴发户，都是利欲腐蚀人心与社会的表现。因为利是生命中原始的占有冲动，往往会不顾人间道德侵害他人与社会。

人在社会上，一举一动，凡于自己有利益的才去做，没有利益的就不去做，这种人在社会上立不了足，只会招怨。因此，早有先见之明的孔子，提醒人们要清醒地认识到极端自私的求利心理与行为对人心、社会有腐蚀作用。

▷ 我欲仁，斯仁至矣。

【句源】子曰：仁远乎哉？我欲仁，斯仁至矣！
【出自】《论语·述而》。
【句意】我内心想到仁，仁自然就会来。

许多人都知道仁爱很好，很值得去追求，但是一看到“仁”的标准有那么多，往往会产生畏难情绪。因此，孔子在这里告诉我们“仁”的标准虽然很高，但不是高不可攀的，而是任何人都有能力可以争取达到的一个目标。追求“仁”的修养，不是有没有能力的问题，而是愿意不愿意的问题。学习和培养仁爱精神，可以从我们所接触的人开始，可以从每一件小事开始。“仁”并不是摸不着、看不到、很高远的，只要在观念上引发仁慈心，去爱别人，有一点爱心存在，就是仁爱，就可达于仁道。

▷ 仁者不乘危以邀利。

【句源】古人云：仁者不乘危以邀利，智者不侥幸以成功。
【出自】明·冯梦龙《东周列国志》。
【句意】仁义之人不会乘人之危而取利。

“取之有道”的这个“道”在今天的主要内涵是“法律法规”，依法取利，就是可贵的“取之有道”。说到底，也就是仁义之道——仁道。

“君子爱财，取之有道”，对于个人是这样，对于企业组织更是这样；否则，你的所得将是不“义”之财，不能长久，甚至会给你带来长远的伤害。

义利和合，义利兼顾，既知其分，又知其合，互相协调、制约，并使两者有一定张力，使人谋利时不忘义，以义制约、指导谋利，讲义时兼顾利，使其有谋利的积极性，并由谋私利而推及公利，这是人生应走之路。

◉ 念己之短，好人之长，近仁也。

【句意】常常想到自己的短处，喜欢别人的长处，这就接近仁爱了。

◉ 仁为众善本，贪是诸恶源。

【句意】仁爱为众多好事的根本，贪欲为各种坏事的源头。

◉ 仁者，爱人。

【句意】爱他人就是仁。

◉ 以爱己之心爱人，则尽仁。

【句意】以爱自己的心爱别人，就达到了仁的境界。

◉ 仁人无敌于天下。

【句意】仁德之人天下没有敌手。

◉ 君子上达，小人下达。

【句意】君子通晓高深的道理，小人通晓低级的道理。

◉ 志士仁人，无求生以害仁，有杀身以成仁。

【句意】有志的仁义之士，没有为求生而伤害仁德的，只有牺牲自身来成就仁义的。

◉ 厚者不毁人以自益，仁者不危人以要名。

【句意】有道德的人不损人而利己，有仁德的人不害人而求名。

◉ 穷鸟人怀，仁人所悯。

【句意】无处容身的鸟投入人的怀抱，有仁爱之心的人定会产生怜悯之情。

◉ 恻隐之心，仁之端也；羞恶之心，义之端也。

【句意】恻隐之心是仁的开端，羞恶之心是义的开端。

◉ 亲亲，仁也；敬长，义也。

【句意】亲爱父母亲便是仁，尊敬兄长便是义。

◉ 仁莫大于爱人，知莫大于知人。

【句意】仁爱，莫过于爱众人；智慧，莫过于了解人。

◉ 仁者安仁，知者利仁，畏罪者强仁。

【句意】仁爱的人享受仁义带来的快乐，智慧的人发扬仁义，害怕负罪的人勉强履行仁义。

◉ 贤者不必贵，仁者不必寿。

【句意】贤达之人不在乎富贵，仁爱之人不在乎长寿。

◉ **因人之力而蔽之，不仁。**

【句意】借着别人的力量获得成功又把别人踩下去，这是不道德的。

◉ **见义敢为，不计祸福。**

【句意】见义勇为，不去计较祸福。

◉ **仁者必有勇，勇者不必有仁。**

【句意】有仁德的人一定有勇气，有勇气的人不一定有仁德。

◉ **仁者不忧，智者不惑，勇者不惧。**

【句意】仁德的人不忧愁，明智的人不迷惑，勇敢的人不畏惧。

◉ **人皆有所不忍，达之于其所忍，仁也；人皆有所不为，达之于其所为，义也。**

【句意】人人都有不忍心干的事，把它推及到他所忍心去干的事上，就是仁；人人都有不肯去干的事，把它推及到他所肯干的事上，就是义。

◉ **仁者以其所爱及其所不爱，不仁者以其所不爱及其所爱。**

【句意】仁人把给予他所爱的人的恩德推及到他所不爱的人，不仁者把带给他所不爱的人的祸害推及到他所爱的人。

◉ **人能充无欲害人之心，而仁不可胜用也；人能充无穿逾之心，而义不可胜用也。**

【句意】一个人能把不想害人的心理扩展开去，仁就用不尽了；一个人能把不愿扒洞翻墙（行窃）的心理扩展开去，义就用不尽了。

◉ **以仁为富，以义为贵。**

【句意】以仁爱为人生最大的财富，以忠义为人生最珍贵的品质

第三章

修身篇

两千多年前，孔子就要求人们以德服人，以德待人，以德感染人，以自己高洁的人格魅力吸引人！而对于我们今人来说，若要做到“德馨怡人”，就要学会修身。所谓修身，就是不断完善人品操行，提高人生境界，令己身行端正、心念善美。“斯是陋室，唯吾德馨”，需从自身的方方面面做起。

第一节　心慎杂余，则有余灵

▷ 祸，莫大于不知足；咎，莫大于欲得。

【句源】 罪，莫大于可欲；祸，莫大于不知足；咎，莫大于欲得。故知足之足，常足。

【出自】 春秋·老聃《道德经》。

【句意】 天下最大的祸害莫过于不知足，最大的过错莫过于贪得无厌。

其实，人人都有欲望的机心，都想过美满幸福的生活，都希望丰衣足食，这是人之常情。但是，如果把这种欲望的机心变成不正当的欲求，变成无止境的贪婪，那我们就无形中成了机心的奴隶。在欲望的支配下，我们不得不为了权力、为了地位、为了金钱而削尖了脑袋向里钻。我们常常觉得非常累，但是仍觉得不满足，因为在我们看来，很多人比自己生活得更富足，很多人的权力比自己大。所以我们别无出路，只能硬着头皮往前冲，在无奈中透支着体力、精力与生命。

人生如白驹过隙，生命在拥有和失去之间很快就流逝了。如果你在自己的心中装满势利、欲望等消极的东西，你的心灵哪里还有空间去承载积极的事物呢?

▷ 人莫鉴于流水，而鉴于止水，唯止，能止众止。

【句源】 仲尼曰：人莫鉴于流水，而鉴于止水。唯止，能止众止。

【出自】 战国·庄周《庄子·内篇·德充符第五》。

【句意】 正在流动的水，是无法照出任何相貌的；但是静止的水，却像是一面镜子，能够虚心坦白地接受一切事物。

佳句赏析

很多时候，我们的内心都为外物所遮蔽、掩饰，浮躁占领了我们的整颗心，因此在人生中留下许多遗憾：在学业上，由于我们还不会倾听内心的声音，所以盲目地选择了别人为我们选定的、他们认为最有潜力与前景的专业；在事业上，我们故意不去关注内心的声音，在一哄而起的热潮中，我们也去选择那些最为众人看好的热门职业；在爱情上，我们常因外界的作用扭曲了内心的声音，因经济、地位等非爱情因素而错误地选择了爱情对象……我们都是现代人，现代人惯于为自己做各种周密而细致的盘算，权衡着可能有的各种收益与损失。但是，我们唯一忽视的，便是去听一听自己内心的声音。

快节奏的生活、工作的压力容易使人心境失衡，如果患得患失，不能以宁静的心灵面对无穷无尽的诱惑，就会感到心力交瘁或迷惘躁动。

养心，当此心如水，止水澄波，倾听自己的内心，选择我们最想要的。

▷ 养心莫善于寡欲。

【句源】 孟子曰："养心莫善于寡欲。其为人也寡欲，虽有不存焉者，寡矣；其为人也多欲，虽有存焉者，寡矣。"

【出自】 战国·孟轲《孟子·尽心下》。

【句意】 修养心性的办法最好是减少物质欲望。

佳句赏析

人对于物质生活不要过分奢求，要过得清简朴素一些；心理上尽可能排除个人的杂念，少些私心。人生在世不为个人私利操劳所累，把志向与事业融合在一起，心胸就会开阔起来。

生活在当今这个物欲横流的世界里，一些外界因素也无时无刻不在提醒着人们必须努力、努力、再努力；向前、向前、再向前。这样，才能跟上时代的脚步。正因为如此，大部分人就都以谁的欲望多、占有多为最终的评定标准。不然，就认为这个人很落伍，跟不上时代。成功的人会有成功的喜悦，但更多的是累。他们拼命工作，却忘记去观赏沿途的风景了。这样的成功又有什么价值呢？与此相反，一些人欲望不高却很实际，努力工作的同时，也注重留意身旁细微的快乐与幸福。他们比成功人士获得的无形却有意义的东西会多很多。

养心莫善于寡欲，但寡欲并非无欲，只是将心中的欲望减至最低，使心绪保持在平衡状态。因而，古时候能有庄子这样的圣人，吃不好、穿不好却自得其乐，而且修养极高。

▷ 和心，少念，静虑，先去乱神犯性之事。

【句源】但当和心少念，静虑，先去乱神犯性之事，此则啬神之一术也。

【出自】南梁・陶弘景《养性延命录・教诫篇》。

【句意】心神平和，少有非分之念，恬静无忧虑，可先免去扰乱心神、违逆人性的一些麻烦事。

养心首先要有“心”。“心”就是思想、观点、态度。这需要常年对科学、哲学、人生等众多书本知识和实践知识进行学习、观察、交流和总结。养心就是充分理解人生的各类问题，不断完善自己的思想、观点、态度等，让自己的精神更加充足、高尚，让人生更有意义。

养心，我们应多阅读各类书籍，开阔视野，多学习他人长处，多与别人交流。从精神上充实自己，培养良好的人生态度和心理素质。心常空空的，意常淡淡的，对一切不执着，是最好的养心方式。

▷ 心如大海无边际，广植净莲养身心。

【句源】心如大海无边际，广植净莲养身心。自有一双无事手，为作世间慈悲人。

【出自】唐・黄檗《禅诗三百首》。

【句意】此心如同大海无边无际，（我们）要好好地爱护身心，不能允许五欲六尘玷污我们的身心。

人的心真如大海一般，谁也无法看见它的边际。所谓人的佛性，也不过是说，人的心在广阔的空间和时间里，总会有觉悟的时刻。那觉悟的灵光就像一根草，你抓住了就可以得到拯救，而如果弃如敝屣，则只能在尘世中不断沉沦。纯净与污浊相对，美好则与丑恶相对。应该还给心灵一份清净。如果认识到了现实不够好，则应和现实保持距离，或出淤泥而不染，保持自己的身心纯洁。对修炼的人来说，应该让自己的心比整个世界更美好纯洁才对。

大多数人活着，都被外面的力量支配，或者被外面的东西染脏了自己的心，让自己的心成了丑恶现实的同谋。修炼应牢牢抓住自己心里最美好的部分，用最积极的态度面对世间的一切丑恶。

▷ 自静其心延寿命，无求于物长精神。

【句源】自静其心延寿命，无求于物长精神。能行便是真修道，何必降魔调伏身。

【出自】唐·白居易《不出门》。

【句意】平静内心就可延长寿命，不贪求就精神旺盛。

人生的许多烦恼都是因为人得不到想要的东西。其实，我们辛辛苦苦地奔波劳碌，最终的结局不都是只剩下埋葬我们身体的那点土地吗？伊索说得好：“许多人想得到更多的东西，却把现在所拥有的也失去了。”

欲望越多，痛苦也越多。人心不足蛇吞象，想想蛇吞象的样子，会是一种什么感受？咽不进，吐不出，要多别扭有多别扭。什么都想要，最后可能什么也得不到，反而一辈子将自身置于忙忙碌碌、钩心斗角之中。这样活着，未免太累！少一些机心，活得潇洒一些，就是对自己生命的一种珍爱。

◎ **福莫福于少事，祸莫祸于多心。**

【句意】福就福在少管闲事，祸就祸在过多胡思乱想。

◎ **静则神藏，躁则神夭。**

【句意】恬静可以保存精力，烦躁则精神衰损。

◎ **心安理得，海阔天空。**

【句意】自己认为所做的事是顺理成章的，心里就会很坦然，心情就会像大海般辽阔，像天宇般无边无际。形容坦荡的心胸像海洋和天空那样辽阔。

◎ **自古圣贤，皆以心地为本。**

【句意】自古圣人贤人，皆以心地高洁为根本。

◎ **心远地自偏。**

【句意】只要心远离了尘世，自然就会感到居处偏僻幽静。

◉ **徜徉于山林泉石之间，而尘心渐息**。

【句意】徜徉在山野林木、清泉怪石之间，胸中的尘心自然会慢慢平息。

◉ **因病得闲殊不恶，安心是药更无方**。

【句意】因为生病而得到了空闲，那么生病也实在不是什么坏事。静心安养是最好的药方，除此之外，再没有什么比这更好的药方了。

◉ **懒者常似静，静岂懒者徒**。

【句意】懒惰的人常常好像很安静，但真正静心修养的人，绝不是懒惰之徒。

◉ **哀乐而乐哀，皆丧心也**。

【句意】以快乐作为忧愁（的事情）与以忧愁作为欣喜（的事情），都是失去心性（的表现）。

◉ **大怒不怒，大喜不喜，可以养心**。

【句意】愤怒时不大怒，高兴时不狂喜，可以养心。

◉ **归心静然，可以长生**。

【句意】内心保持平静，可以延长寿命。

◉ **心不欲杂，杂则神荡而不收**。

【句意】心境不能杂乱，杂乱则精神恍惚而不能专心。

◉ **心慎杂欲，则有余灵**。**目慎杂观，则有余明**。

【句意】内心摒除杂念则自然清明。眼睛不看杂乱景物则自然清澈。

◉ **恬澹虚无，真气从之**。

【句意】安静愉快的精神生活，是保证身心健康的必要条件。

◉ **养心无别法，只寡言少食息怒数般**。

【句意】养心没有其他方法，只须做到尽可能少讲话、饮食适可而止和尽可能不发怒气这几点。

◉ **金有一分铜铁之杂，则不精；德有一毫人伪之杂，则不纯矣**。

【句意】金里搀进一分铜铁的杂质，就算不得纯精了；道德中带有一毫虚伪，就算不得纯洁了。比喻私心杂念影响人之德行的精纯。

第二节　唯宽可以容人，唯厚可以载物

▷ **君子成人之美，不成人之恶**。

【句源】君子成人之美，不成人之恶，小人反是。

【出自】《论语·颜渊》。

【句意】君子只成全别人的好事，不成全别人的坏事。

佳句赏析

孔子所说的“成人之美”即成全他人的好事，这种成全不仅包含与人为善，尽可能向他人提供方便，还包含要想方设法地去帮助他人实现其美好的愿望，甚至要有一种“杀身成仁”的牺牲精神。

成人之美是一种气度，一种胸怀，一种君子风范。它需要有宽广的胸襟和与人为善的心态。对于别人遇到的好事，要极力给予支持和赞赏；对于别人遇到的坏事，不要幸灾乐祸甚至落井下石。那些患得患失、一切都要算计自己能得到多少好处的人，是无法做到成人之美的。

▷ 君子固穷，小人穷斯滥矣。

【句源】子曰：“君子固穷，小人穷斯滥矣。”

【出自】《论语·卫灵公》。

【句意】君子于困境中能够固守理想，小人遇到困难就无所不为了。

佳句赏析

现代社会，每个人都有沉重的压力，这些压力来源于社会的每个角落。面对压力，君子有“固穷”的胸襟和气度，既来之，则安之。然而小人在遇到困难时却是盲乱的，常常胡作非为，铤而走险或投机取巧，甚至变节，苟且偷生。

潦倒时，小人将不满发泄于社会，仇视和嫉妒一切比自己优越的人，这样并不能走出困境，倒不如学君子“山崩于前而面不改色”的从容气度，反而能战胜眼前的困难。

▷ 君子坦荡荡，小人常戚戚。

【句源】子曰：“君子坦荡荡，小人常戚戚。”

【出自】《论语·述而》。

【句意】君子心胸广阔，小人忧心忡忡。

佳句赏析

君子光明磊落，不忧不惧，所以心胸宽广坦荡；小人患得患失，忙于算计，又每每庸人自扰，疑心他人算计自己，所以经常陷于忧惧之中，心绪不宁。

在行动上能表现出“君子坦荡荡”的气度，实在是一种境界。例如我们有的时候难免会说错话，做错事，君子会该承担的就坦然承担，该道歉的道歉，该纠正的纠正，该赔偿的赔偿。而小人则有一种患得患失的心态在作怪，且还缺乏一种承担的勇气，甚至为了自己的“前途”不断地踩别的同事，在上司面前说他坏话……

面对小人，君子坦坦荡荡；面对君子，小人终会搬起石头砸自己的脚。

▷ 人之有技，若己有之。

【句源】若有一介臣，断断兮无他技，其心休休焉，其如有容焉，人之有技，若己有之。

【出自】《尚书·秦誓》。

【句意】看见别人有本领，就像自己有一样。

佳句赏析

每个人都有嫉妒心，这是人的本性使然。但是不同的人面对嫉妒总会有不同的举动。有气量的人，将别人的成绩定为自己前进的方向，将别人的看家本领作为自己学习的内容。他总在欣赏别人，学习别人。而没有气量的人，总是处处挤兑他人。

生活中有些人容人之短易，容人之异也不太难，最难的是没有容人之才的气度。你有短处，我优秀，我可以包容你；你很另类，与我格格不入，我虽然不高兴，但还可以与你相处；然而你有才华，比我的本事大，这叫我怎么可以容忍呢？总有一天你会超过我的。于是，卑劣的嫉妒心来了。

嫉妒转为欣赏，便是一种坦荡；嫉妒转为恶魔，便是一种狭隘。

▷ 君子交绝，不出恶声。

【句源】臣闻古之君子，交绝不出恶声。

【出自】《战国策·燕二》。

【句意】君子即使与朋友绝交了，也不说对方坏话。恶声：伤害、诋毁的话。

佳句赏析

在日常生活中，人们难免会与某个人或团体产生矛盾，当这些矛盾发生之后，有的人便能以一种平和的、积极的心态来处理问题；而有的人则常常撕破脸皮，恶语中伤对方。在很多情况下，人们总是觉得既然已经与对方“交绝”，那么出些“恶声”以泄心头之恨对自己并不会有什么影响，实际情况却恰恰相反。朋友分手后，若是咒骂对方，只会显示自己品格的低下。因为别人都会认为你们是志趣相同才走到一起的，若对方品格低下，你能好到哪儿去呢？若是你辩解自己当初没有看清对方的真面目，别人就会怀疑你是否有识人之明。何况，于背后批评或口出恶言，让对方知道后，必然加深双方的隔阂，而惹来对方的报复。

朋友不成仁义在。而且，从某种程度上讲，“交绝”之后，不出有关对方的“恶声”何尝不等于在出自己的“美声”呢？

▷ 无妒者稀，容人者释忿哉。

【句源】人害者众，弃利者免患也。无妒者稀，容人者释忿哉。

【出自】唐·李义府《度心术》。

【句意】没有嫉妒心的人很少，能宽容他人的人可消融愤恨。

佳句赏析

嫉妒是宽容的大敌，如果能用平生的勇气浇灭妒火，就一定会行进得异常轻快从容。当然，宽容不是纵容，宽容并不排斥批评，更不是鱼龙混杂是非不清。宽容更多存在于生活交往的细节中，是处在原则之外的一种涵养和禀性。

在一起共事，相互之间难免发生摩擦或矛盾，别人会有意无意伤害到自己。这些大都是为了工作，或者是生活中的小事引发。“退一步海阔天空”，过去的就让它过去吧，不怨恨别人，和别人之间的怨恨也就会消失，不然的话，冤冤相报何时了。

▷ 胜败兵家事不期，包羞忍辱是男儿。

【句源】胜败兵家事不期，包羞忍耻是男儿。江东子弟多才俊，卷土重来未可知。

【出自】唐·杜牧《题乌江亭》。

【句意】战争的胜败是很难预料的，能够经受失败、挫折等羞辱的考验才是真正的大丈夫。事不期，是说胜败的事不能预料。

佳句赏析

大丈夫能屈能伸，应有忍受屈辱的胸襟气度。项羽遭遇挫折便灰心丧气，含羞自刎，怎么算得上真正的"男儿"呢？到死，他还未找到自己失败的原因，只是归咎于"时不利"而羞愤自杀，这有愧于他的"英雄"称号。

真正的强者并不一定体现在表面上。生活中，外表上装模作样，恃才逞强，处处锋芒毕露，时时刻刻咄咄逼人，未必是真的强者，未必能成就大业。能忍受一时的屈辱，是胸襟开阔的表现，这才是成就大业者必须具备的品质。

▷ 将相顶头堪走马，公侯肚里好撑船。

【句源】将相顶头堪走马，公侯肚里好撑船。

【出自】《增广贤文》。

【句意】将相的头顶上可以走马，公侯的肚子里可以撑船。

佳句赏析

有一个笑话说人最不喜欢吃的是什么，答案是"吃亏"。确实，没有人喜欢被占便宜，被人欺负。但恰恰这时最能体现你的胸襟，你的气度。

真正做大事业、有大成就的人，都需要有宽大的胸襟和容人的雅量。不但能包容各种人，还能容人之长、容人之短、容人之功、容人之过。刘邦因为有容人之量，而能统领天下；李世民因为不计前嫌，宽恕他人的过错，才能成为一代明君。今天的领导者气度越宽大，越能使众人归心，为己尽力。

大丈夫能屈能伸，能大能小，能高能低。即使在交往中吃点小亏也无所谓，宰相肚里能撑船，难道自己的心胸小得连一个针头也插不进去吗？

经典名句

◎唯宽可以容人，唯厚可以载物。

【句意】只有宽宏大度才可以容纳人，只有深厚的大地方可以承载万物。

◉ **是非不必争人我，彼此何须论短长。**

【句意】人与人之间应互相宽容，不要过于计较谁是谁非，谁短谁长。

◉ **敬为人德之门，傲为聚恶之府。**

【句意】恭敬是进入德行的门户，骄傲是招来恶果的府第。

◉ **人不知而不愠，不亦君子乎?**

【句意】别人不了解自己，而自己也不怨恨，不也算得上是君子吗?

◉ **大丈夫能屈能伸。**

【句意】大丈夫在失意时能暂且忍耐，在得意时能充分施展本领。

◉ **君子量不极，胸吞百川流。**

【句意】君子的气量没有边际，心胸可以容纳百川。

第三节　竹死不变节，花落有余香

▷ 岁寒，然后知松柏之后凋也。

【句源】子曰："岁寒，然后知松柏之后凋也。"

【出自】《论语·子罕》。

【句意】天冷的时候才晓得松柏树是最后落叶的。

一个人是否有真才实学，只要经过实践的检验就见分晓。同样，一个人是否具有高尚的节操，就要看他在不同环境里的表现如何。

平日里，大家都是一样地吃饭睡觉、工作学习，没有太大的差别。只有遇到了极端的境况，才能看出一个人的节操和品格。在逆境中不气馁，奋发向上；面对困顿或充满利益诱惑时，始终坚持追求纯真、正义、坚忍的人生境界，经受住名、利、情的各种考验；在他人急切需要证人证明某件事时，能够挺身而出，做那棵昂然挺拔的松柏。

俗话说"时势造英雄"，其实，只要在关键时刻不退缩，每一个人都是英雄。

▷ 富贵不能淫，贫贱不能移，威武不能屈。

【句源】富贵不能淫，贫贱不能移，威武不能屈，此之谓大丈夫。

【出自】战国·孟轲《孟子·滕文公下》。

【句意】高官厚禄收买不了（我），贫穷困苦改变不了（我），权势武力威胁不了（我）。

佳句赏析

一个对荣华富贵垂涎三尺，不择手段追求享乐的人，一般来说很难保持气节。因为这种人意志薄弱，缺少骨气，忍受不了贫穷的生活，容易在困难面前低头，没有以贫为乐的达观精神，面对困境怨天尤人。抱有这种心态和价值观的人，是不会在困境面前保持气节的。反过来，他们更容易在是非困难的考验面前，见利忘义，出卖良心，亵渎正义。

▷ 穷则独善其身，达则兼善天下。

【句源】古之人，得志，泽加于民；不得志，修身见于世。穷则独善其身，达则兼善天下。

【出自】战国·孟轲《孟子·尽心上》。

【句意】不得志时就洁身自好修养个人品德，得志时就可以造福天下百姓。穷，多指身处逆境；达，显达、发达。

佳句赏析

一个人在穷困潦倒时虽然不能做出什么丰功伟绩，也应该在逆境中锐意进取，注重自身品德、能力的提高，坚守个人的节操，努力做到道德上的自我完善；一旦摆脱困境，取得显贵地位，就应该关心和捐助公益事业，心怀天下，关心他人疾苦，造福百姓。一个真正的成功人士应当如此。

平凡的人们可以在生活中寻求“穷则独善其身，达则兼善天下”，体会成功的快感。例如工作时，每人都要做好自己的工作，能力小的时候就要把自己的工作做好，不给别人增加麻烦也就相当于帮助了别人，而有能力的时候就要帮助别人解决问题。

▷ 富贵不淫贫贱乐，男儿到此是豪雄。

【句源】 道通天地有形外，思入风云变幻中。富贵不淫贫贱乐，男儿到此是豪雄。

【出自】 宋·程颢《偶成》。

【句意】 身处富贵不娇纵，身临贫贱依然能保持乐观，男子汉能做到如此才是真正的豪雄。

佳句赏析

不管一个人以前做过什么事情，关键时刻能为正义挺身而出，他也算踏进了英雄的行列。与犯罪分子进行斗争、保护国家财产、为正义事业鞠躬尽瘁等大义大勇并不是生活里人人都可以做到的，这需要时机，需要勇气，需要大无畏的精神，但人人都有机会成为生活里的豪杰。富贵于身时不胡作非为；贫困缠身时仍能乐观面对一切事物，无论在什么处境，我们都可以展现君子的风范。

▷ 廉耻，士君子之大节。

【句源】 廉耻，士君子之大节，罕能自守者，利欲胜之耳。

【出自】 宋·欧阳修《廉耻说》。

【句意】 廉洁知耻是一个君子最重要的节操。

佳句赏析

俗话说“当官不为民做主，不如回家卖红薯”。如果执政者、执法者不能将手中的权力变为人民的权利，处处为人民谋利益、办实事，那做官还有何意义呢?

对做官者来说，最重要的就是坚守自己廉洁、知耻的节操。面对财利的诱惑时，能够控制自己的欲望，走出“欲”的围城。立身清白，不贪取非分、不合乎道义的财物。

▷ 不要人夸颜色好，只留清气满乾坤。

【句源】 吾家洗砚池边树，朵朵花开淡墨痕。不要人夸好颜色，只留清气满乾坤。

【出自】明·王冕《墨梅》。

【句意】不必让别人夸赞我开得如何艳丽，只把清香留在天地间。清气：清香，比喻清高的气节。乾坤：天地。

“走自己的路，让别人去说吧。”只要自己有所坚持，别人的评价都不会影响你。

节操是一个人道德品质的外在表现，是由内而外散发的芳香。如果刻意地去表现自己的节操，用现在的话讲就是“做作”，令人十分厌恶。节操应如深谷中的兰花，不会因为无人欣赏、无人发现、无人过问而失去芳香。

一个人的节操，不是一时一事的表现，也不是表面的伪饰，而是要名副其实，恪守终身，并能坚持到底。

◉ **竹死不变节，花落有余香。**

【句意】即使竹子死了，它的骨节也不会改变；即使花凋落了，也还能继续飘香。

◉ **见利不亏其义，见死不更其守。**

【句意】不要见利忘义，宁可牺牲生命也绝不改变自己的操守。

◉ **死犹未肯输心去，贫亦其能奈我何！**

【句意】死亡不能使自己出卖身心，贫困的生活更不能使自己有所动摇，表现了坚贞不屈的民族气节。

◉ **丈夫儿、富贵等浮云，看名节。**

【句意】大丈夫富贵可轻视，名节要看重。

◉ **穷不忘操，贵不忘道。**

【句意】人虽穷，但要保持操守，位虽贵，但不要忘记道义。

◉ **清风高节，争光日月。**

【句意】纯洁的品格，高亮的气节，可与日月争辉。

◉ **时穷节乃现，一一垂丹青。**

【句意】在危困关头才显出人的节操，他们将一一流芳百世。

◎ **花经雨后香微淡，松到秋深色尚苍**。

【**句意**】花儿经雨打之后香气就变得淡了，而松柏到了深秋之时仍然青翠碧绿。

◎ **桃李虽艳，何如松苍柏翠之坚贞**。

【**句意**】桃李虽然艳丽，怎比得上苍翠的松柏的坚贞挺拔。比喻为人要轻华丽外表而重坚贞的品性。

◎ **贞操与日月俱悬，孤芳随山壑共远**。

【**句意**】坚贞的操守与天宇的日月一样高悬，独特的香花随着千山万壑共同传播远方。

◎ **高尚之士，不以名位为光宠；忠正之士，不以穷达易志操**。

【**句意**】高尚的人，不拿名位作为夸耀和骄纵的手段；忠义正直的人，不因穷困或显达而改变志向操守。

◎ **乐莫乐于返故乡，难莫难于全大节**。

【**句意**】一个人最快乐莫过于回到久别的家乡，最难做到的莫过于完全保持大节。

◎ **如冰之清，如玉之洁**。

【**句意**】（节操）像冰一样清莹，像玉一样洁净。

◎ **君子独处，守正不挠**。

【**句意**】有德行的人单居独处，也坚守正道，不肯屈从。

◎ **兰在幽林亦自芳**。

【**句意**】兰在僻静的山林中依然散发着芬芳。比喻人在独处时也要保持高洁的品质。

◎ **安求一时誉，当期千载知**。

【**句意**】怎能只求得一时的荣誉，应当求得流芳后世才对。

◎ **保初节易，保晚节难**。

【**句意**】保持起初一时的气节容易，一生一世保持气节难上加难。

◎ **不学蒲柳凋，贞心常自保**。

【**句意**】不要像蒲花柳絮那样随风飘荡，应当永远保住自己坚贞的节操。

◎ **处高心不有，临节自为名**。

【**句意**】身处高位而不贪得，面临生死关头，自能保持气节。

◎ **春荣谁不慕，岁寒良独希**。

【**句意**】谁不喜欢欣欣向荣的春天呢？但傲立于冬寒中的松柏更加可爱。比喻人贵于能在逆境里保持自己的气节。

◎ **大丈夫见善明，则重名节如泰山；用心刚，则轻死生如鸿毛**。

【**句意**】大丈夫把名誉气节看得像泰山一样重，把个人的生死看得像鸿毛那样轻。

◎ **但得贞心能不改，纵令移植亦何妨**。

【句意】只要能不改变自己的坚贞节操，就是把它移植到别处，也没有关系。

◎ **当及未衰时，晚节早自励**。

【句意】应当趁年龄尚在壮年时期，提早磨砺自己的晚节。

◎ **端人贵洁己，宁使霜露侵**。

【句意】品德高尚的人把锻炼自己的节操看成是第一重要的，就是在困难时节也不动摇。

◎ **盖棺始能定士之贤愚，临事始能见人之操守**。

【句意】一个人是好是坏，只有到生命结束时才能作出结论；一个人是否有操守，只有在患难到来时才能看出来。

◎ **高尚之士，不以名位为光宠；忠正之士，不以穷达易志操**。

【句意】高尚的人，不以名誉地位为荣耀；正直的人，不因得意或失意而改变自己的操守。

◎ **何以保贞坚，赠君青松色**。

【句意】怎样才能永葆自己坚贞的节操呢？那就要向经得住严寒考验的青松学习。

◎ **积正不倦，必生节义之志**。

【句意】孜孜不倦地累积正道，必然产生正义的节操和远大的志向。

◎ **骥不骤进而求服兮，凤亦不贪餧而妄食**。

【句意】千里马不急于要求为人驾车，凤鸟也不会由于饥饿而随便乱吃。比喻高尚的人不会为衣食之计改变自己的节操。

◎ **见利不亏其义，见死不更其守**。

【句意】不要见利忘义，宁可牺牲生命也绝不改变自己的操守。

◎ **节士不以辱生**。

【句意】富有气节的人，不会在屈辱中求生存。

◎ **君子得位则昌，失位则良；小人得位则横，失位则丧**。

【句意】高尚的人得到重用，就更加有作为，失位也能保持自己的节操；而小人得势之后，就要横行霸道，一旦失势就什么都完了。

◎ **君子修道立德，不为穷困而改节**。

【句意】高尚的人能努力锻炼自己，树立高尚的品德，不会因为穷困而改变节操。

◎ **良将不怯死以苟免，烈士不毁节以求生**。

【句意】良将不会因怕死而苟且避祸，有志之士不会因贪生而丧失气节。

◉ **名节，道之藩篱，藩篱不守，其中未有能独存者也**。

【句意】名誉节操是道德的篱笆，这道篱笆守不住，其他一切都谈不上了。

◉ **名节之于人，不金币而富，不轩冕而贵**。

【句意】有名望和气节的人，就是没有金钱也是富有的，就是不做官也是高贵的。

◉ **男儿自有守，可杀不可苟**。

【句意】男子汉自有操守，宁可杀身，也不损失大节。

◉ **平生仗忠节，今日住风波**。

【句意】平生有坚贞的节操，今日就能经得住风浪的考验。

第四节　以情恕人，以理律己

▷ 信言不美，美言不信。

【句源】信言不美，美言不信。善者不辩，辩者不善。

【出自】春秋·老聃《道德经》。

【句意】真实的话未必好听，华丽、动听的话未必真实。信言：真实的话。美：华丽。

生活中，真实的话往往最伤人。但是听了逆耳之言绝对不可生不平之念，身处逆境之中也不要有不平之心，因为逆言和逆境都足以激发我们的斗志，以“不美之信言”不断地洗礼自我。良药苦口能治病，“信言不美”能利于自我的修行。切不可学某些肤浅之辈，一听逆耳忠言就拂袖而去，一遇不如意之事就怨天尤人；反之，假如一味喜欢听“美言”，人家一夸奖就得意扬扬，失去了对人生真实的了解，生活也会随之变得放荡，在无形中就削弱了自己奋发上进的精神。这种人最容易沉湎于自我陶醉的深渊中，长此以往就等于自饮毒酒而毁掉自己的生命，即使活着也等于失去了生存的意义。

▷ 以约失之者鲜矣。

【句源】子曰：“以约失之者鲜矣。”

【出自】《论语·里仁》。

【句意】用礼来约束自己，再犯错误的人就少了。约：约束，这里指“约之以礼”。鲜：少的意思。

谨慎的人过失比较少，放荡的人则容易犯错。所以，只有时刻进行自我约束、自我管理，才能减少失败。

要时刻反省自己的良知，用自己的良知与处世标准进行自我约束和管理。因为一个人做了违背道德信义的事，首先受到的是来自内心的惩罚，而正直和诚实就是一个人的良知，是一个人心中的审判官。良心的惩罚是最痛苦的煎熬，是人生痛苦的根源之一，背负着良心的惩罚会让你寝食难安。要做到坦荡荡，唯有让自己的心充满正直、诚实之情。当正直和诚实的阳光照耀着你的心灵时，阴霾就会远离你的世界。其实，每个人心中都有一杆秤，缺斤少两的事内心都称得一清二楚，无论别人知不知道，自己的道德栅栏永远立在那里。

自我约束其实有时是慎独的一种表现。一切应从自己开始，检点、约束自己，时刻进行自我约束与自我管理，用自己审视的目光严苛地审查自己。做事先做人，正人先正己。

▷ 过则勿惮改。

【句源】孔子曰：“君子不重则不威，学则不固。主忠信，无友不如己者，过则勿惮改。”

【出自】《论语·学而》。

【句意】有了错误不要回避，要勇于改正。

人非圣贤，孰能无过，过而能改，善莫大焉。

有了过错就要设法改正，这虽然是一个非常简单的要求，但是对于有些人，特别是有身份的人来说，往往是很难做到的。因为在现实生活中，他们往往会文过饰非，明明错了也坚持不改，甚至用新的错误去掩盖旧的错误；更有一些人，为了面子，坚持不改正自己的错误，使许多原本简单的问题复杂化，其结果不但伤害了自己，更伤害了别人。

什么是真正的过错？如果有过错而不肯改，这就是真正的过错。

▷ 君子之过也，如日月之食焉：过也，人皆见之；更也，人皆仰之。

【句源】子贡曰：“君子之过也，如日月之食焉：过也，人皆见之；更也，人皆仰之。”

【出自】《论语·子张》。

【句意】君子的过错好比日食、月食。他一犯错，人人都看得见；他改正过错，人人都会仰望着他。

佳句赏析

不但君子之过人人都能看到，包括小人在内的一切人犯了错误也是人人都能看到。所以人一旦犯了错误，还是坦率地承认比较好。然后尽量找到错误的原因，再加以改正并避免再犯。这才是最好的对待错误的态度和方法。

为什么君子犯了错误容易引起别人的注意呢？这就好比一件黑衬衫，即便沾上了一点脏东西，也不那么醒目，可是一件白衬衫一旦沾上了一点脏东西，就会非常明显。人们心里有一个期望值，总认为君子是不应该犯错误的。即使犯了错误，也愿意原谅他们。因为许多人犯错误是无意的，或是不可自控的，或一时大意，所以只要愿意改正，人们都愿意谅解。但是犯了错误而拒绝改正，那就是故意为恶，所以会得到人们的谴责和痛恨。

人们一般对老师、领导、社会名流、大众明星等，都会有这样的期望值，所以这些人一旦有错，往往也很容易被无形放大。因此这些人应该特别注意自律。

▷ 毋意，毋必，毋固，毋我。

【句源】子绝四：毋意，毋必，毋固，毋我。

【出自】《论语·子罕》。

【句意】不要凭空猜测，不要独断专行，不要固执己见，不要自以为是。

每个人都有想象力，都可以猜测事理。一般而言，在事情尚未发生、理由尚未查明之前，我们喜欢发挥想象力，猜测真正的情况。但是，猜测成为习惯之后，主观意志往往胜过客观真相，甚至加以曲解，指鹿为马，颠倒黑白。世界上任何事情都没有必然，都是相对的，变化的，并非我希望做到怎么样就怎么样。凡是牵涉到别人的言行的，都要谨慎为之，以免膨胀的自我否定别人，形成各种不必要的困境。

所以，生活中我们对自己要毋意：凡事不能只凭主观想象，要破除执妄，看清事物的本相。毋必：世事无常，没有什么是一定发生的。事物不会按照你的预见丝毫不错乱地走。因此放松，再放松，尽心即可，无愧即可。毋固：凡事应留出一点儿余地，以便回旋，以免物极必反。毋我：抛弃“我”的观念，就事说事，就人论人。

▷ 巽与之言，能无说乎？绎之为贵。说而不绎，从而不改，吾末如之何也已矣。

【句源】子曰：“法语之言，能无从乎？改之为贵。巽与之言，能无说乎？绎之为贵。说而不绎，从而不改，吾末如之何也已矣。”

【出自】《论语·子罕》。

【句意】恭维赞扬的话，谁听了会不高兴？但要能对其进行冷静的分析才可贵。只感到高兴而不去冷静分析，只听从规劝却不改正，我真不知道该怎么办。

这里孔子主要强调了怎样对待别人的规劝和赞扬的问题。生活中，我们接受别人对自己的规劝从来就不少，也知道应该按照规劝去做，可惜却很少实行。其中最主要的原因，还是缺乏足够的自我控制能力，也就是缺乏足够的自我修养和理性约束能力。一个人会被别人的赞美冲昏头脑，甚至分不清哪些赞美是真心的，哪些是虚假的；哪些是对自己成绩的肯定，哪些只是对自己的鼓励。不能够正确对待赞美，那是很容易迷失自己的。

人真是一个奇怪的动物，对于遵纪守法的规劝，明明是对的，却容易当成是耳旁风，对于许多虚假的恭维之词，明明知道是假的，却依然甘之若饴。

一个人要能真正学会理性看待别人的赞美和批评，不是一件容易做到的事情。

▷ 克己复礼。

【句源】颜渊问仁。子曰：“克己复礼为仁。一日克己复礼，天下归仁焉。为仁由己，而由人乎哉？”

【出自】《论语·颜渊》。

【句意】克制自己，使自己做的每一件事都符合礼的要求。

佳句赏析

生活中总有诸多的失意、落寞，看不惯的人和事实在太多，遭人误解，被人诽谤，甚至被别人小耍一两回也是常有之事。对此，那种动不动就骂娘，或以牙还牙、或以拳相向、或自暴自弃的冲动，实在是不明智之举。做人就应当学会心存坦然、宽容，意寄旷达、宁静，情系深沉、真挚。这是做人的一种境界，也是学会克制的前提。

其实，克制也很简单。当你置身于狂热的球迷之中，面对赛场的风云突变，不跟着起哄，不吹口哨，不扔汽水瓶，这就是一种克制；民主生活会上，面对种种意见、批评，甚至无中生有的诘难，你眼不瞪、眉不皱，这种功过任人评说，有则改之、无则加勉的度量就是一种克制；在家庭里，你面对妻子、丈夫的小题大做、喋喋不休，却一点儿不发脾气，仍然笑容可掬地端盘洗碗，审视孩子的加减乘除，这份理解和忍耐就是一种克制；别人踩了你的脚，你竟对那人宽容一笑；你申报的高级职称再次落空，依然不闹情绪，埋头工作……所有这些，都是一种克制。

克制体现出成熟美。一个成人如果不懂得克制，往往被人看不起，认为你经受不住痛苦、挫折和失败。试想一个人遇事老是沉不住气又怎能挑起重担，干出一番大事业呢？

▷ 君子泰而不骄，小人骄而不泰。

【句源】子曰：“君子泰而不骄，小人骄而不泰。”

【出自】《论语·子路》。

【句意】君子安静坦然而不傲慢无礼，小人傲慢无礼而不安静坦然。

佳句赏析

非常赞同孔子的这一观点，人应该坦然自若而不应该傲慢无礼。一个人要做到安静坦然，首先必须能沉着冷静，不浮躁，也不胆怯；其次，必须能开阔心胸，不轻易生气动怒。一个人要做到不傲慢，首先必须懂礼貌；其次，必须懂得尊重别人，懂得谦虚谨慎。

一个人在公共场所旁若无人地大声喧哗，或自我感觉良好地滔滔不绝，都不是一种很安静坦然的表现。除非你是聚会的召集人、主持人或表演嘉宾，否则，在公共场所还是安静坦然些比较好。与人交谈，声音要低一点，让对方听到即可。交谈时要注意对方的感受，不要说起来就没完没了。别人不开口，不一定是欣赏你的口才，也许是出于礼貌才不好意思打断你乏味的长篇大论。

▷ 傲不可长，欲不可从，志不可满，乐不可极。

【句源】 傲不可长，欲不可从，志不可满，乐不可极。

【出自】《礼记·曲礼上》。

【句意】 骄傲不可滋长，欲望不可放纵，意志不可自满，享乐不可过甚。

一个人难免会骄傲自满、贪得无厌，因此要律己，面对事物要懂得谦虚自守，要有理性的态度。取得一点成绩不足为奇，也许你付出了辛勤的汗水，也许时机已经成熟，也许这是一种巧合，不管怎样，要理性地看待荣誉，不要被胜利冲昏头脑。暂时的成绩不足以让你目中无人，天高地厚唯我独尊。“山外有山，人外有人”，还是规矩一些，以平常心看待个人取得的成绩为好。

凡事要把握好度，傲、欲、志、乐都要适度，不能助长、放纵、满溢、极端。

▷ 枉己者，未有能直人者也。

【句源】 如枉道而从被，何也？且子过矣：枉己者，未有能直人者也。

【出自】 战国·孟轲《孟子·滕文公下》。

【句意】 使自己变得不正直的人，是不能够使别人正直的。

良好的品德可以影响身边的人，要做公众的领头人，其道德水准就应该高于社会平均水准，事事处处皆应垂范在先，作出榜样。只有这样，别人才愿意信任你，敬仰你，进而跟随你并向你学习。

但是如果自己本身没有德行，说一套，做一套，不为朋友着想，不从实际出发；还有的甚至欺压他人，视他人利益于不顾，这样别人就不会信服你，更有可能照猫画虎，各存私心，最后导致整个社会风气的败坏，“直人”不再。

▷ 自恃，无恃人。

【句源】田鲔数其子田章曰：“主卖官爵，臣卖智力，故自恃无恃人。”
【出自】战国·韩非《韩非子·外储说右下》。
【句意】靠自己，不要靠别人。

佳句赏析

生活就像一棵树，要懂得自我灌溉，这样才会成长。俗话说“靠天，靠地，不如靠自己”。是的，人要靠自己。一个人要靠自己，并不是说不需要别人帮助，也不是说不去帮助别人。只是朋友不可能永远陪伴你左右，父母也不可能永远是你停泊的港湾。

出名要趁早，独立也要趁早。每个人都应该具有独立思考和独立处理问题的能力。生活中的各种矛盾，复杂的人际关系，都需要自己独立面对。

别指望不劳动而有收获，要学会自立，别太依赖别人，凡事要自己动手。

◉ **利居众后，责在人先。**
【句意】谈享受要在众人之后，尽责任要在别人之先。
◉ **舍己从人，最为难事。**
【句意】牺牲自己以利人，这是最难做到的事。
◉ **律己是以服人，量宽是以得人，身先是以率人。**
【句意】严格要求自己，能服人；宽宏大量，能得人心；自己带头，能率领别人。
◉ **宠利无居人前，德业毋落人后。**
【句意】在名利上不要处在别人的前头，在道德修养上不要落在别人的后头。
◉ **责己则改短，论人则取长。**
【句意】责备自己就改正自己的缺点，议论别人就汲取别人的长处。
◉ **以责人之心责己，恕己之心恕人，不患不到圣贤地位。**
【句意】用责求别人的心责求自己，宽恕自己的心去宽恕别人，不怕达不到有贤德的人的地步。

◎**宁人负我，无我负人，此待己之道也。**

【句意】宁可别人对不起我，我不能对不起别人，这是对待自己的原则。

◎**接物见霁月光风，持身则严霜烈日。**

【句意】待人接物要像雨后明月和初晴的风那样柔和，要求自己要像严寒霜雪和炽烈的太阳那样严厉。

◎**律己宜带秋风，处事宜带春风。**

【句意】约束自己应该像秋风那样严厉，处理事情应该像春风那样温和。

◎**未量他人，先量自己。**

【句意】不要一味指责别人，而应先检点自己。

◎**以情恕人，以理律己。**

【句意】用情原谅别人，用理约束自己。

◎**居心要宽，持身要严。**

【句意】心胸要宽广，对己要严格要求。

◎**古之君子，其责己也重以周，其待人也轻以约。**

【句意】古时的君子，他们要求自己严格而全面，对待别人则宽容而简约。

◎**责己厚，故身益修；责人薄，故人易从。**

【句意】严于律己，故有益于自身修养；宽以待人，故使别人易于服从。

◎**平生只会量人短，何不回头把己量？**

【句意】一辈子只会计较别人的缺点，为什么不回头看看自己有什么缺点呢？

◎**责人者，必先自责；成人者，必先自成。**

【句意】要责备别人，首先要自己对自己进行责备；要成就别人，首先要自己取得成就。

◎**临事须替别人想，论人先将自己想。**

【句意】一事当前要先替别人想，议论别人首先要想想自己。

◎**傲当矫之以谦，肆当矫之以谨。**

【句意】骄傲应以谦虚来矫正，放肆要用谨慎来矫正。

◎**明人不做暗事。**

【句意】光明正大的人，不做见不得人的坏事。

◎**人能克己身无患，事不欺心睡自安。**

【句意】人能克制自己就没有灾祸，做事不昧着良心就自然能安睡。

第五节　以直报怨，以德报德

▷ 投我以木桃，报之以琼瑶。

【句源】投我以木桃，报之以琼瑶。匪报也，永以为好也。
【出自】《诗经·卫风·木瓜》。
【句意】别人在我困难时哪怕给了我一个木瓜，我也要以美玉来报答。

对于拥有一颗体恤的心的人来说，他可能认为自己没做什么事情，只是一时兴起的一个小小动作，是个不足以提起的小事，但对那些知恩图报的人来说，那个小小的举动可能是个大大的帮助或者恩惠。

感恩并不一定感谢大恩大德，也不一定是重金馈赠。是别人不经意间的提醒或鼓励，是热情的电话问候或祝福。

越是在困难的时候，我们越要记住曾经帮助过我们的人，哪怕是仅给过我们一碗水、一个微笑的人。

▷ 记人之善，忘人之过。

【句源】记人之长，忘人之短；记人之善，忘人之过。
【出自】晋·陈寿《三国志·蜀书·秦宓传》。
【句意】记住别人的善行，忘掉别人的过失。

人有恩于我，不可忘；人有怨于我，不可不忘。古人告诫我们要以最真的诚意牢记善行和义举，以最大的宽容和忍耐忘却仇恨。这是一种积极的人生态度，更是一种可贵的待人之道。

在生命的历程中我们会碰到许多对我们有恩的人：引导、栽培我们成长进步的老师、领导；共经风雨的朋友、同事；披星戴月的公车司机；田间地头耕作的农夫……细想一下，自己生活在众人德泽的怀抱里，这份恩情我们怎能遗忘？

现实生活中，由于每个人思考角度不同，难免有一些误会、摩擦；或因一时迷于名利，办了糊涂事。如果我们不能忘记他人的过失，一直心存怨恨，不但对身体无益，影响健康，而且自己始终活在怨恨的阴影里，小则纠缠于日益紧张的人际关系中，大则会冤冤相报，困在不断升级的恶斗恐怖之中，伤身害命。

冤家宜解不宜结，现实生活中要有忘怨的度量，有放下的智慧。

▷ 而所与对敌，或值人杰。

【句源】而所与对敌，或值人杰，加众寡不侔，攻守异体，故虽连年动众，未能有克。

【出自】晋·陈寿《三国志·诸葛亮传》。

【句意】然而（诸葛亮）所面对的敌军统帅，正好是杰出的军事家（司马懿）。

在我们所生存的社会里，到处都充满着拼搏和竞争，任何时候你都有可能遭遇强敌，他们是你前进中的障碍，甚至会将你彻底击败。然而“塞翁失马，焉知非福”，对手的力量会让一个人发挥出巨大的潜能，创造出惊人的成绩，尤其是当对手强大到足以威胁你的前途的时候。

面对劲敌，心中要萌发一定要战胜对手的信念。信念越强、越坚定，能量越大，行动力越强。没有对手的人生索然无味，没有拦路虎的坦途令人丧失斗志。所以，我们不但不应该憎恨对手与压力，反倒要感谢对手与压力，因为正是压力与对手才使我们变得坚强，变得聪明，变得对社会有了适应能力。

▷ 谁知盘中餐，粒粒皆辛苦。

【句源】锄禾日当午，汗滴禾下土。谁知盘中餐，粒粒皆辛苦。

【出自】唐·李绅《悯农》。

【句意】又有谁知道盘中的饭食，每一粒都是（农民）辛苦得来。

佳句赏析

我们每天都吃着又香又甜的大米饭，吃不了的就倒掉，丝毫不觉得在浪费。如果想象一下农民在地里为庄稼除草松土，热汗滴到了苗下泥土里的情景，你还忍心浪费碗中的米饭吗？如果没有农民辛苦地劳作，我们怎么会有饭吃呢？因此，我们不但要学会节俭，珍惜农民的劳动果实，更要学会感恩。

生活中有些人，常常把自己拥有的东西视为理所当然，因此心中毫无感恩之念：既然是理所当然的，何必感恩？一切都是如此，他们应该有权利得到。其实正是因为有这样的心态，这些人才会觉得生活索然无味。

▷ 一日为师，终身为父。

【句源】忠臣无境外之交，弟子有束修之好。一日为师，终身为父。

【出自】《太公家教》。

【句意】哪怕只教过自己一天的老师，也要一辈子当作父亲看待。比喻十分尊重老师。

在生活中人人会遇到很多老师，如尝试一份新工作不知从何入手时，有人耐心指点，并把他学到的知识毫无保留地告诉你，他就是你的老师；如不懂得搭配服饰向人请教时，她把自己的秘诀告诉你，向你传授方法，她就是你的老师；如天生胆小，即使与人谈话也是细声细气，有人鼓励你、帮助你，寻找机会让你自我锻炼，而这个人就是你的老师。

老师，不仅仅是学校里传授我们知识的人，只要他能教给我们技能，教给我们做人的道理，无论是谁，他都永远是我们的老师。我们一辈子不要忘记他的恩情，要好好报答他。

▷ 受人滴水之恩，必当涌泉相报。

【句源】受人滴水之恩，必当涌泉相报。

【出自】《增广贤文·朱子家训》。

【句意】受了别人的一滴水这样小的恩惠，就应当以涌泉一样的恩情还人！

蜜蜂从花丛中采完蜜，还知道嗡嗡唱着道谢；树叶被清风吹着，还知道飒飒响着道谢。生活中，人人都需要感恩。感恩就是对给予自己关怀和帮助的人抱有感激之心、感谢之情、回报之举。

如果恩人处于困境之中，即使自己能力有限，也要全力以赴，以实际行动告诉他，再困难自己也要与他共进退；如果恩人施恩不图回报，我们也要将这份情感时常挂念于心中，不能像写在沙尘中的文字一样，大风吹过便消失得无影无踪。

有良知的人懂得感恩，只有那些恨多于爱、迷失在欲望中的人才会失去感恩之心。

▷ 报怨短，报恩长。

【句源】恩欲报　怨欲忘　报怨短　报恩长

【出自】清·李毓秀《弟子规·泛爱众》。

【句意】抱怨不过是一时，报恩才是长远的事。

俗话说“淡看世事去如烟，铭记恩情存如血。”回首从前，我们往往感慨多于感激，抱怨多于报恩。如果不小心和人结了怨仇，应求别人谅解，及早忘掉仇恨，抱怨的时候要短，报恩的时间一定要长。

得到他人赏识作出一番成绩的人常常怀有感激之情。因为如果没有他人慧眼识英才，即使自己再有潜力也会被埋没。虽然是金子总会发光，可谁知道要等到何时呢？

在影视界中，我们经常会听到这样的声音：“我对导演的知遇之情是不能用语言表达的。”“如果没有某某（演员）对我的大力推荐，我是不会取得今天的成绩的。”真的，如果没有这些伯乐对演员的挖掘，他们也许会在五年、十年，乃至二十年后才被人们所认识。对于恩人，演员报答的最好方式就是提高演技，用成绩向别人证明恩人对自己的选择没有错。

我们不是演员，但也有许多要感谢的人，感谢领导对自己的赏识，感谢朋友对自己的信任，感谢合作伙伴对自己的大力支持……俗话说“大恩不言谢”，语言不足以表达自己的感恩之情，唯有在日后的工作和生活中用自己的忠心、真心、诚心来回报他们的知遇之恩。

◎ 人有恩于我不可忘，而怨则不可不忘。

【句意】别人对自己有恩惠不可忘记，别人与自己的怨恨则必须忘掉。

◉ **将恐将惧，惟予与女，将安将乐，女转弃予。**

【句意】在你担惊受怕的时候，只有我帮助你；但你到了安乐的时候，反而要将我抛弃。

◉ **一饭之德必偿。**

【句意】受人一顿饭的恩惠一定要报答。

◉ **以德报德，则民有所劝；以怨报怨，则民有所惩。**

【句意】用恩德报答恩德，这样做好事的人就会受到鼓励；以仇恨报答仇恨，这样做坏事的人就会受到惩戒。

◉ **以直报怨，以德报德。**

【句意】以公正报答仇恨，用恩德报答恩德。

◉ **无言不雠，无德不报。**

【句意】没有什么话不对，没有什么德不报答。

◉ **借得大江千斛水，研为翰墨颂师恩。**

【句意】向大江借千斛水，研磨成墨汁赞颂师恩。

◉ **不以我为德，反以我为仇人。**

【句意】不但不感谢我说我好，反而骂我以我为仇。

◉ **小人专望人恩，恩过辄忘。**

【句意】小人专门期望他人的恩惠，但受恩后就忘。

◉ **君子不轻受人恩，受则必报。**

【句意】君子不轻易受人恩惠，若受恩于人，则必定想法图报。

第六节　作善日休，为善最乐

▷ 施舍不倦，求善不厌。

【句源】施舍不倦，求善不厌。

【出自】春秋·左丘明《左传·昭公十三年》。

【句意】资助困难的人毫不厌倦，勉励从善永不满足。

一个人做一两件善事不难，难的是坚持做一辈子善事，这种坚持的背后就是

拥有一颗善心。善心可以导致善行，善心支配善行！有善心，对处于困难中的人就不会袖手旁观，常常向落难者伸援手，给失利者加把劲；有善心，从来不因为帮助别人而感到厌倦，而且不断勉励自己坚持行善。人之初，性本善。善心是每个人与生俱来的，只是在不同环境中生活，才逐渐变得自私自利。

人们喜爱太阳，是因为它永远消耗自己，无偿地供给光和热；人们喜爱花，是因为它无私地为美化人间而盛开。一个有善心并做善事的人，永远受人们的欢迎。

▷ 从善如登，从恶如崩。

【句源】从善如登，从恶如崩。

【出自】春秋·左丘明《国语·周语》。

【句意】遵循善道就像登山一样艰难缓慢，走邪路就像山崩一样容易迅疾。从：效法。比喻学好很难，学坏极容易。

佳句赏析

通俗的解释就是人如果选择了走正道，那么自己的地位也就像登梯子一样会越登越高；如果选择了走邪道，那么就如同走上了一条不归路，因为恶势力最终的结局都是要崩溃的。一个人学好很难，因为在成长的道路上他有很长的路要走，有很多的困难要克服，学好就意味着要不断地克服自己的惰性，不断地控制自己的欲望。一个人学坏却很容易，因为社会上有很多的诱惑在向你招手，只要在成长的道路上稍有疏忽，就会出偏差。

从善就像登山一样，需要坚强的毅力和勇气，是一项非常辛苦的工作。从恶就像山崩一样，速度很快！

▷ 从善如流。

【句源】君子曰：从善如流，宜哉！

【出自】春秋·左丘明《左传·成公八年》。

【句意】乐于听取正确的意见，接受善意的规劝，像流水那样快而自然。从：听从；善：好的，正确的；如流：像流水一样。

从善如流就是一种美德。凡是事业上有所建树的人，无不从善如流，虚心纳谏，诚恳地接受别人的意见和建议。因为每个人所认识事物的好与坏都不相同，所能接受的就更加不同。所谓从善如流，就是要接受自己认为的好的东西，在别人的开导下或者自己的领悟中去完善自己不足的地方，使自己更接近完美。

一个人如果过分自信就成了自大，没办法从别人的意见中发现有价值的东西。因为太过自信了，所以认为自己就是最正确的，就是最好的，不断标榜自己的好、自己的独到、自己的清高，这样的人是没办法做到从善如流的。说白了，还是个人的修为不够。以一颗谦虚的心听取别人的意见，你会获得意外的收获。

▷ 人有急难，倾财救之。

【句源】贫士请药，常多折券，人有急难，倾财救之。

【出自】唐·李肇《唐国史补》。

【句意】别人有急难时，应拿出全部钱财去救助。

帮助别人不是一句简单的话语就可以做到的，有时是对你的考验，需要你去抉择。有些人，如果认为自己条件优越，就会向需要帮助的人伸出援助之手；如果自己也面临困境，就往往会将个人利益放在第一位，助人之心就会被抛到九霄云外去了。而有些人在救济真正需要帮助的人时会倾囊而出，尽管自己并不富有，却毫不吝啬。

一个人能将道德要求置于个人利益之上，这种献身精神是被人们普遍敬重的。

▷ 福在积善，祸在积恶。

【句源】怨在不舍小过，患在不预定谋。福在积善，祸在积恶。

【出自】秦汉·黄石公《素书》。

【句意】不断地为善就是积福，不断地作恶就是积祸。

佳句赏析

什么是“善”？“善”就是诚实、善良、宽厚、无私等优良的品德。什么是“恶”？“恶”就是虚伪、恶毒、刻薄、仇视、自私等恶劣的品德。有优良品德的人，在奉献爱心、与人提供方便的过程中，自己所能收回的善意、同情、扶助也愈多。而品行恶劣的人，平时就对他人指责、猜忌、恶语相向，当自己遇到困难时，不但得不到理解与帮助，对别人来说反而是一件快意之事。

人的福与祸不是简单的时运问题，自古有识之士就已经认识到“得道者多助，失道者寡助”这个道理了。行善者，他所结下的善果芬芳馥郁，香泽万里，令人心向往之。作恶者，必将收获苦果，被人所鄙弃。

▷ 但行好事，莫问前程。

【句源】 但行好事，莫问前程。

【出自】《增广贤文》。

【句意】 做好事不求报答。但：只是。

佳句赏析

法国浪漫主义文学家罗曼·罗兰说过，清白的良心，是一个温柔的枕头。凡事但求问心无愧，做自己认为正确的事、该做的事，不必去想是否会有回报，一切自有规律可循，却不是你我所能左右的。控制我们所能控制的部分，剩下的，就由它去吧。

当有人处于困难中时，我们伸出援助之手拉他一把。以满腔的热情，真心实意地多帮助别人，特别是为那些有困难、身处逆境的人多做些事。以自己的良心做事，不以回报为目的，才是真正的善。

▷ 败子回头金不换。

【句源】 你可知道？愚只是个败子回头金不换。

【出自】 清·文康《儿女英雄传》。

【句意】 不走正道的人改邪归正后极其可贵。

佳句赏析

人生总有很多意外，也许是一件事、一个人，甚或一句话，都会改变你看待事物的角度和自己的世界观。有些人见死不救，背信弃义，为名誉而不顾多年友情出卖朋友；为金钱而不顾自己的清高做尽坏事；为利益而不顾家人劝阻自甘堕落。

堕落的人翻然悔悟，痛改前非，很难得。对他来说，要做到“浪子回头金不换”可不是件容易的事情。“浪子”身上的劣行“冰冻三尺，非一日之寒”，他们必须不断与自己的恶习作斗争，必须付出比别人更大的努力，才能追回浪费的时间。而且，身边的人要对“浪子”给予更大的信任，热情地伸出援助之手，让“浪子”醒悟过来，认清善与恶，美与丑，重新做人。

从善，用真正的行动，从爱护自己开始，从善体亲心开始，从关爱身边的每一位朋友开始……

经典名句

◎ **心田培一点，子种孙收**。

【句意】心中培养善念，子孙自有收获。

◎ **恩不论多寡，当厄的壶浆，得死力之酬**。

【句意】恩惠不论多寡，给人渡过困厄的一壶浆饭，可以得到献身之士。

◎ **吉人为善，惟日不足**。

【句意】善人做善事，总唯恐时间不够用。

◎ **为善无近名**。

【句意】做善事不是为了冀求名声。

◎ **作善日休，为善最乐**。

【句意】做好事每日吉庆，做好事最快乐。

◎ **善人流芳百世，恶人遗臭万年**。

【句意】行善者美名流传后世，作恶者遗臭万年。

◎ **善不积不足以成名，恶不积不足以灭身**。

【句意】好事做得多了，才会成就名声；坏事做得多了，就会自身灭亡。

◎ **心不负人，面无惭色。**

【句意】不做对不起别人的事，就不会有惭愧之感。

◎ **善者，一日不教，则失而入于恶；恶者，勤而教之，则可使至于善。**

【句意】对于善良的人，一日教育，就会使他失去善心而变为恶人；对恶人勤加教育，就可以使他改造成善良的人。

◎ **上焉者善焉而已矣，中焉者可导而上下也，下焉者恶焉而已矣。**

【句意】上等人是从善罢了，中间一类人可因导引而向上或向下变化，而下等人则是从恶罢了。

◎ **且存方寸地，留与子孙耕。**

【句意】现在存有方寸之地，留给子孙耕种。比喻把善良美好之心，传留给后代继承。

◎ **保者倦矣，施者未厌。**

【句意】报答恩情的人都厌倦了，可施与恩惠的人却还没有满足。

◎ **为善者不云利，逐利者不见善。**

【句意】做善事的人从来不谈利益，而追逐利益的人却从来不见他做善事。

◎ **君子见人之厄则矜制之，小人见人之厄则幸之。**

【句意】君子见到有人陷入困境，就会心生怜悯；而小人看见有人陷入困境，则会幸灾乐祸。

◎ **与不期众少，其于当厄。**

【句意】给人东西，不在多少，而应当在别人正困难的时候给予。

◎ **人而好善，福虽未至，祸其远矣。**

【句意】人如果乐于为善，福虽然还没有到来，但与祸的距离却已经很远了。

◎ **前人栽树，后人乘凉。**

【句意】以前的人栽了树木，后来的人用它乘凉。比喻前人为后人造福。

◎ **一德立而百善从之。**

【句意】高尚的道德确立起来了，各种善行就会相应产生。

◎ **愿为飞絮衣天下，不道边风朔雪寒。**

【句意】我愿意化作漫天飞扬的木棉花絮，给天下人当作衣裳，让他们不再抱怨风雪的寒冷。

◎ **英雄心性由来热，待竟苍生衣被功。**

【句意】英雄志士向来都是满腔热血，他们的心愿就是要为天下百姓谋福利。

◎ **施不在丰，期于救乏。**

【句意】施与不在丰厚，只望能帮助人解决困难。

◎ **渴时一滴如甘露，醉后添杯不如无。**

【**句意**】在他人饥渴难耐时给予的一滴水，犹如甘露；在他人醉酒后再添酒，不如不添。意谓在别人急需时给予帮助才有意义。

◎ **求人须求大丈夫，济人须济急时无**。

【**句意**】求人要求光明磊落的人，接济人要接济那些急时没有办法的人。

◎ **救人一命，胜造七级浮屠**。

【**句意**】救人一条命，胜过建一座七层的佛塔。

第四章

处世篇

在社会上生存，套用一句名言就是“出来混，迟早要还的”。这句话有些因果报应的色彩，但却是事实。待人交友不用真心，很难得到别人的感情；做事不尽全力，成功的概率也会小很多。谨言慎行、淡名泊利、对人用心、对事尽力，方为处世正道。

第一节　忧人之忧，乐人之乐

▷ 不患人之不己知，患不知人也。

【句源】子曰：“不患人之不己知，患不知人也。”

【出自】《论语·学而》。

【句意】一个人不怕人家不了解你，最怕你自己不了解别人。

佳句赏析

一个人最大的毛病，莫过于只知有己，不知他人，处处都不肯为别人着想。尤其是在得意忘形的时候，只知道海阔天空地吹嘘自己，而忘记他人。就算心目中还有他人存在，但一心想抬高自己，面孔上总不免有些傲态，别人看见了，以为你在向他示威，心里就要产生反感。更坏的是别人感觉不如你，从而妒忌你，那你就要大大地吃亏了。

一个人不应该只顾自己，也要为他人着想，最好学会换位思考，把自己放在对方的位置上考虑问题。只有将心比心，才能知道对方所需，也才能和他相处融洽。

学会换位思考，真心站在别人的立场上为他人着想，你才会得到别人更多的尊敬和爱戴。

▷ 躬自厚而薄责于人，则远怨矣。

【句源】子曰：“躬自厚而薄责于人，则远怨矣。”

【出自】《论语·卫灵公》。

【句意】对自己从重责备，对他人从轻责备，如此这样可以远离他人的怨恨。

佳句赏析

眼睛长在身上，最经常的用途却是用来丈量别人，久而久之，这种生理的

“缺陷”就会形成心理上的毛病。俗话说，孩子都是自己的好，自己看自己十全十美，没有任何缺点；但对待别人，优缺点一览无遗，而且缺点还会被放大。

而圣人就是圣人，他看到了人们善于发现别人的缺点而不自知的毛病，于是说做一个人，尤其是做一个君子，重要的是要严格地要求和责备自己，而对人则采取宽容的态度，在责备和批评别人的时候应该尽量能够做到和缓宽厚，这样，自然不会招致怨恨了。

在当今世界里，如果大家都坚持这样的标准，则纷争少矣，怨恨少矣。

▷ 己所不欲，勿施于人。

【句源】子曰：“出门如见大宾，使民如承大祭。己所不欲，勿施于人。”

【出自】《论语·颜渊》。

【句意】自己不想要的东西，切勿强加给别人。

这句话道出了为人处世的真谛。一个人应该用自己的心推及别人：自己想要愉快地生活，就希望别人也能得到愉快的生活；自己期望在工作中顺风顺水、人情练达，同时也希望别人事业顺利、与人相处融洽；不希望别人这样对待自己，那自己就不要这样对待别人。总之，从自己的内心出发推及他人，从而理解和对待他人。

这句话也揭晓了人际关系中的重要原则。倘若自己所讨厌的事物硬推给他人，不仅会破坏与他人的关系，也会将事情弄得僵持而不可收拾。一切以自己的利益为中心，忽略他人的利益和感受，终究会遭到别人的冷漠与排斥。

人生在世除了关注自身的存在以外，还应关注他人的存在，人与人之间是平等的，切勿将己所不欲施于他人。

▷ 善气迎人，亲如弟兄；恶气迎人，害于戈兵。

【句源】善气迎人，亲如兄弟；恶气迎人，害于戈兵。

【出自】春秋·管仲《管子·心术》。

【句意】待人和蔼，就亲如兄弟；对人态度恶劣，就无异于操刀相见。

投之以桃，报之以李。在待人态度的问题上，“礼尚往来”仍为一条重要准

则。你对他微笑，他也对你微笑；你对他恭敬，他也对你恭敬；你对他恶语相讥，他也会对你冷嘲热讽……

生活中我们会接触不同的人，有同学、朋友、长辈、兄妹、领导、同事……怎样的态度往往决定了你日后的成败乃至前途。态度热情，朋友喜欢亲近你，长辈喜欢见到你，领导喜欢提拔你……反之，无礼的态度会让你失去一切。所以无论你交往的对象是谁，都要以一颗诚挚、火热的心来友善地对待他。

和蔼的态度会让你产生吸引力，使人喜爱、敬慕你，愿意接近你。

▷ 围师必阙，穷寇勿追。

【句源】归师勿遏，围师必阙，穷寇勿追。

【出自】春秋·孙武《孙子兵法·军争篇》。

【句意】包围敌人一定要留个缺口，对穷途末路的敌人不要紧追不舍。阙（quē）通“缺”，缺口。

陷入绝境的敌人，不要去逼迫他，如果继续给予打击，敌人势必无所顾忌，将会与你拼命。“狗急跳墙，兔子逼急了也会咬人。”所以，做人处世时也要给对方留有回旋的余地，不要把别人逼到绝处，即使是对手也要留点面子，不要赶尽杀绝。否则他一着急，自己豁出去不算，也把你拉出去做垫背，这就太不划算了。

为他人留条后路，否则，最终伤害的将是你自己。

▷ 爱人者，人恒爱之；敬人者，人恒敬之。

【句源】孟子曰：“君子所以异于人者，以其存心也。君子以仁存心，以礼存心。仁者爱人，有礼者敬人。爱人者，人恒爱之；敬人者，人恒敬之。”

【出自】战国·孟轲《孟子·离娄下》。

【句意】关心别人的人，也会得到他人的关爱；尊敬别人的人，也会得到他人的敬重。恒：常常。

人们普遍有这样一个心理：“你敬我一尺，我敬你一丈。”似乎只有对方先

“低头”，两人才会友好相处，否则，井水不犯河水，老死不相往来。其实，自己先弯腰又何妨，相处之道贵在将心比心，你怎样对待别人，别人就会用怎样的态度对待你。

与人相处并非难事，也许你的一句问候、一声祝福、一次举手之劳，就会打开你通往友善世界的大门。爱与敬是一种双向的关系，只有付出，才有收获。

▷ 水至清则无鱼，人至察则无徒。

【句源】 故曰：水至清则无鱼，人至察则无徒。冕而前旒，所以蔽明；黈纩充耳，所以塞聪。

【出自】 汉·班固《汉书·东方朔传》。

【句意】 水太清，鱼就不能存身，对人要求太苛刻，就没有人能当他的伙伴。

佳句赏析

人不能过于精明，否则就会缺少朋友。精明者，往往过分计较他人的缺点，容不得他人有小小的过错或性格上的差异，要求他的一举一动都符合或者满足自己的标准。但是人都有自己的个性，有不同的观点和待人处世的方式，因此彼此意见分歧、出现摩擦以致矛盾就是必然的结果，此时如果不能以一种宽容的精神调和其间，事势就将无法收拾，结局便是众叛亲离。

宽容是一种胸怀，一种睿智，一种乐观面对人生的勇气。宽容别人，就等于宽容自己。互相宽容的朋友一定百年同舟；互相宽容的夫妻一定百年共枕；会宽容的人，心灵必然纯净，生活必然快乐。

▷ 善疑人者，人亦疑之；善防人者，人亦防之。

【句源】 郁离子曰：“善疑人者，人亦疑之；善防人者，人亦防之。善疑人者，必不足于信；善防人者，必不足于智。”

【出自】 明·刘基《郁离子·卷六·任己者术穷》。

【句意】 善于猜忌别人的人，别人也在猜忌他；善于提防别人的人，别人也在提防他。

佳句赏析

“害人之心不可有，防人之心不可无”，这本是我们在交往中对待他人的一个底线，但太过投入，难免会有以小人之心度君子之腹的嫌疑。不仅对别人无信任可言，还心生猜疑：猜忌朋友在背后说你的短处；猜忌同事在老板面前说你的不是；猜忌爱人私存小金库；猜忌所托之人没有实心实意地为你办事……并且，时时刻刻都在提防对方，以防陷入圈套。别忘了，人人都是智者，你对他善疑、善防，他也不会真心对你。

只有先与人为善，克服猜疑与提防的心理，才能换来别人对你的真诚与肯定。

经典名句

◎ **己所不欲，岂可嫁祸于人。**

【句意】自己不愿接受的东西，怎么可以转嫁给别人?

◎ **损人即自损也，爱人即自爱也。**

【句意】损害别人，就是损害自己；爱护别人，就是爱护自己。

◎ **与人方便，自己方便。**

【句意】给予别人便利，自己也就得到便利。

◎ **忧人之忧，乐人之乐。**

【句意】要为别人的忧虑而忧虑，为别人的快乐而快乐。

◎ **敬一人，则千万人悦；慢一人，则千万人怨。**

【句意】尊敬一个人，就会使千万人喜悦；怠慢一个人，就会使千万人抱怨。

◎ **敬他还自敬，轻他还自轻。**

【句意】尊敬别人会使自己受到尊敬，轻视别人会使自己受到别人的轻视。

◎ **不可以律己之律律人。**

【句意】不能够用要求自己的标准去要求别人。

◎ **凡人不可貌相，海水不可斗量。**

【句意】看人不能光凭外貌来判断，海水不能用斗来衡量。

◎ **戒之戒之，出乎尔者，反乎尔者也。**

【句意】警惕啊，警惕！你怎样对待人，人也怎样对待你。

◎ **人好刚，我以柔胜之；人用术，我以诚感之；人使气，我以理屈之。**

【句意】别人以刚强的办法，我以柔和的办法战胜他；别人使用权术，我以诚实的态度感化他；别人动气了，我以道理使他折服。

◎ **平生不做皱眉事，世上应无切齿人。**

【句意】自己不做伤天害理的事，就不会有憎恨你的人。

◉ **待小人不难于严，而难于不恶；待君子不难于恭，而难于有礼。**

【句意】对待品德不端的小人，对他们抱严厉的态度并不困难，困难的是在内心不憎恨他们；对待品德高尚的君子，做到尊敬并不困难，困难的是对他们真正有礼。

◉ **身危者骇，人勿责之。**

【句意】身处险境的人恐惧，人们不要指责他。

◉ **以信接人，天下信之；不以信接人，妻子疑之。**

【句意】诚心诚意地对待别人，全天下的人都会信任你；不诚心诚意地对待别人，就算是自己的妻子儿女也会怀疑你。

◉ **君子以细行律身，不以细行取人。**

【句意】君子在小事上严格要求自己，但不以小事来苛求别人。

◉ **毋以贫故，事人不谨。**

【句意】不要因为别人贫穷，就对人简慢。

◉ **勿以身贵而贱人。**

【句意】不要因为（自己）身份高贵就轻视他人。

◉ **不以富贵而骄之，寒贱而忽之。**

【句意】不因自己富贵而对他们傲慢，不因他们微贱而轻视他们。

◉ **冤家宜解不宜结。**

【句意】有仇的人应该和好，不应该继续结仇。劝人处世不必过于计较。

◉ **你敬人一尺，人敬你一丈。**

【句意】你对别人尊敬，别人对你也会更尊敬！意谓尊重是互相的。

◉ **先人而后己者安，适己而劳人者危。**

【句意】先为他人后为自己的人得平安，只顾自己舒适而使别人劳累的人易招祸。

第二节　崇人之德，扬人之美

▷ 知者不言，言者不知。

【句源】知者不言，言者不知。塞其兑，闭其门，挫其锐，解其纷，和其光，同其尘，是谓玄同。

【出自】春秋·老聃《道德经》。

【句意】聪明人不乱说，乱说的人不聪明。

说话是一种学问，也是一种为人处世的方法，我们讲话应该看场合、时间。在规劝别人的时候，能够考虑到当时的环境或对方的心理，给别人一个合适的台阶退下来，不要直接断人后路，让别人难堪。否则，就会产生矛盾和误会，只能使自己失去朋友，遭受挫折。因此，应该学会旁敲侧击，从侧面入手。当对方不需要得到间接回答时，我们就应该回答得简洁明了，这样才能达到说话的目的。

▷ 浸润之谮，肤受之愬，不行焉，可谓明也已矣。

【句源】子曰："浸润之谮，肤受之愬，不行焉，可谓明也已矣。"

【出自】《论语·颜渊》。

【句意】像水那样慢慢浸润的谗言，像切肤之痛那样的诬告，在他面前都行不通，可以称得上是明察了。

许多人攻击他人的手段非常高明，一点一滴，有时讲一句毫不相干的话就会使人对被攻击者的印象大大改变，而身受攻击的人此时只觉得好像皮肤上轻轻被抓了一下而已。然而这种喜欢搬弄是非、挑拨怨仇，到处说别人坏话的人，即使能够伤到别人，那也只是暂时的，最终都会使自己受害。俗话说，"纸里包不住火"，若要人不知，除非己莫为，说别人的坏话，迟早都会传到别人的耳朵里面去，结果必将引来仇恨和报复。而他人之所以被谗言攻击，是因为一些人禁不住谗言的蛊惑，不能准确地分辨它的善恶。

一个聪明人不管是当面还是背后，总是会说别人的好话；对那些不是亲眼所见的谗言，将它们看得真真切切，不会成为伤害别人的工具。

▷ 道听而途说，德之弃也！

【句源】子曰："道听而途说，德之弃也。"

【出自】《论语·阳货》。

【句意】在路上听到传言就到处去传播，这是道德所唾弃的。

佳句赏析

道听途说、散布流言是可怕的。三人成虎，众口铄金。它能将没有的说成有的，将小的说成大的，甚至将谣言说成事实！

一些事情亲眼看见也不一定就是真相，更何况是道听途说呢？有句歌词说得好，“伤人的话总出自温柔的嘴”，一点没错。舌头——也就是语言，如果把它说好就能说得让人开心，否则，恶语伤人六月寒。

不论是听到消息还是向人传达消息，我们都要用睿智的筛子将获得的信息筛选过后，才能讲出来，切莫道听途说。

▷ 可与言而不与之言，失人。不可与言而与之言，失言。知者不失人，亦不失言。

【句源】子曰：“可与言而不与之言，失人；不可与言而与言，失言。知者不失人，亦不失言。”

【出自】《论语·卫灵公》。

【句意】该你提醒别人的时候，你没有把话说到，这是失人。不应该你说的时候，你却跟人家说了，这就是失言。一个智者，既不会失言也不会失人。

佳句赏析

有人天生一副热心肠，对谁的问题都爱过问，这样的人常常犯了失言的错误；有的人很谨慎，说话生怕得罪他人，怕说得造次，于是对什么人、什么事都不开口，明知道自己该提醒对方注意，但是就是因为自己的谨慎而迟迟不肯开口，这样的人容易犯失人的错误。

无论是失言还是失人都不是一件令人愉快的事，因而有人把说话当作是今天人们社交中最难的事。但是我们的交流又不得不借助于语言的表达，也许说话真的如做人一样难。做好自己的本分，千万不要自作聪明，用自己想当然的想法去理解别人的心理，否则失人比起失言来讲更可怕。

▷ 忠告而善道之，不可则止，毋自辱也。

【句源】孔子曰：“忠告而善道之，不可则止，毋自辱焉。”

【出自】《论语·颜渊》。

【句意】在规劝朋友时，要娓娓道来，不一定要苦口婆心地说。如果这样还说不通，就要适可而止了，不要等到人家不耐烦而自取其辱。

佳句赏析

即使再亲密的朋友，也不会因为你的“诚恳劝谏”而心无怨恨。虽然他们有不对的地方，但也未必就喜欢听别人的建议。如此一来，你劝告的次数过多，没有掌握“度”，他反而会与你慢慢地疏远，甚至会变成冤家。

管不住自己的舌头的人，不仅容易伤人，而且容易惹祸。慎言不是不说话，慎言是当说话时就说，不该说话时不要说。当你劝告别人时，若不顾及别人的自尊心，那么再好的言语都是没有用的。

▷ 三思而后行。

【句源】季文子三思而后行。子闻之曰：“再，斯可矣。”

【出自】《论语·公冶长》。

【句意】指经过反复考虑，然后再去做。三：概数，表示多次。

佳句赏析

做事不经过反复考虑，过后总有后悔的时候。如果一个人总是滔滔不绝地讲话，说得多了，话里就自然而然地会暴露出许多问题。比如你对事物的态度，你对事态发展的看法，你今后的打算等，会从谈话中流露出来，被你的对手所了解，从而制定出相应的策略来战胜你。而且，你的话多了，其中自然会涉及其他人。

由于所处的环境不同，人的心理感受不同，而同一句话由于地点不同、语气不同，所表达的情感也不尽相同，别人在传话的过程中也难免会加入他个人的主观理解，等到你谈的内容被谈话对象听到时，可能已经大相径庭，势必造成误解、隔阂，进而形成仇恨。

另外，人处在不同的状态下，讲话时心情不同，话的内容也会不同，心情愉快的时候，看事看人也许比较符合自己的心思，故而赞誉之词可能会多；有时心情不愉快，讲起话来不免会愤世嫉俗，讲出许多过头的话，招来很多麻烦。

喜时之言多失言，怒时之言多失礼。古人很早就认识到“祸从口出”的道理，所以才指出，对于开口说话一定要持谨慎态度，“三思而后行”。

▷ 其言之不怍，则为之也难！

【句源】子曰：“其言之不怍，则为之也难。”

【出自】《论语·宪问》。

【句意】一个人大言不惭，那他实践起来一定很困难。

我们知道世上最可怕的字就是“早知道”和“如果”，因为后悔药的药方还没有人研制出来。一言既出，驷马难追，如同覆水难收的道理一样。所以，一个人说话一定要注意，大言不惭，夸夸其谈，自鸣得意，最后往往会陷入尴尬的境地。

话不可以随便乱说，应该一字一句地斟酌才对。警惕自己的舌头，如同慎重地对待珍宝一样；使自己的舌头保持沉默，人生将会得到很大的好处。

话一旦说出口，就像射出的箭，再也不能收回了，更何况你还没有兑现你的承诺。

▷ 言之大甘，其中必苦。

【句源】又有甘言焉，言之大甘，其中必苦。

【出自】春秋·左丘明《国语·晋语一》。

【句意】话说得太甜蜜动听，说话者就必定别有用心。

社会是复杂多变的，我们周围的环境也可能存在着很多危险，在任何情况下都有可能对我们构成威胁。因此，一个懂得保护自己的人，在与陌生人接触的过程中应该学会察言观色，仔细观察对方的面部表情，从眼神中揣摩对方心理状态、情绪等信息，尤其对他所说恭维的话绷紧一丝心弦，这样才不至于上当受骗。

俗话说“小心驶得万年船”，只要我们在接人待物时能够严谨、仔细，多思考对方的甜言蜜语，我们就不会轻易犯错误，就会使奸诈的人没有可乘之机。

▷ 利刀割肉疮还合，恶语伤人恨不销。

【句源】利刀割肉疮犹合，恶语伤人恨不销。

【出自】宋·释普济《五灯会元·洪州法昌倚遇禅师》。

【句意】利刀割肉留下的创伤还能愈合，恶语伤人造成的怨恨不会消除。

佳句赏析

人生苦短，为什么要用“恶言恶语”去伤害别人，给自己的人生留下太多的遗憾及不快？

俗话说：蚊虫遭扇打，只为嘴伤人。以尖酸刻薄之言讽刺别人，只图自己嘴巴一时痛快，往往会引来意想不到的灾祸。人与人之间原本没有那么多的矛盾纠葛，往往只是因为有人为逞一时口舌之快，说话不加考虑，只言片语伤害了别人的自尊，让人下不来台，别人心中怎能不燃起一股邪火？有了机会便反咬一口，也是情理之中的事。

骂人给自己带来的可能是舒心，给别人送去的则是伤害。

▷ 处世戒多言，言多必失。

【句源】居家戒争讼，讼则终凶；处世戒多言，言多必失。

【出自】清·朱柏庐《朱子治家格言》。

【句意】人生在世，千万不要说话过多，话说多了必定会有失误。

佳句赏析

许多人总是不加思考、滔滔不绝地讲话，很少考虑别人的感受和自己将面临的后果。有的人性情直爽，动不动就向别人倾吐苦水，虽然这样的交谈富有人情味，但他们没有想到并不是所有的人都能够严守秘密。直到这些不可与人言的隐私成为对头手中的把柄时，他们才会翻然醒悟，追悔莫及。

有的人喜欢争论，一定要胜过别人才肯罢休，结果当时确实在口头上胜过了对方，却深深损害了对方的“尊严”。对方可能从此记恨在心，后果不堪设想。有的人喜欢当众炫耀，陶醉在别人羡慕的眼光里，岂不知在得意忘形中，某些人已经眼睛发红，那些心理不平衡的人，表面上可能是一脸羡慕，背后却开始做小动作……

“言多必失”的教训实在太多，所以，不要再希冀用言辞来给别人留下深刻的印象，你说得越多，你所能控制的也就越少，说出愚蠢的话的可能性也就越大。

◉ **君子扬人之善，小人扬人之恶。**

【句意】君子赞扬别人的优点长处，小人则散布别人的坏话。

◉ **君子一言，快马一鞭。**

【句意】比喻一句话说定，不再反悔。

◉ **崇人之德，扬人之美，非谄谀也。**

【句意】推崇别人的美德，宣扬别人的美事，并不算是阿谀奉承。

◉ **不传无轻之谈，无听毁誉之语。**

【句意】不要传播毫无根据的言论，不要轻听毁谤或赞誉的语言。

◉ **毁誉从来不可听，是非终久自分明。**

【句意】毁谤与赞誉从来都不必认真去听，是与非最终自然会有分晓。

◉ **耳不闻人之非，目不视人之短，口不言人之过。**

【句意】耳朵不去探听别人的错处，眼睛不去盯着别人的短处，嘴巴不议论别人的过失。

◉ **是非来入耳，不听自然无。**

【句意】是是非非的言论传入耳朵，不去听它自然就没有事。

◉ **是非吹入凡人耳，万丈江河洗不清。**

【句意】是非吹入庸夫俗子的耳朵里，万丈江河的水也无法洗清。

◉ **言行者，立身之基。**

【句意】一个人的语言行动是立身处世的根基。

◉ **勿吐无益身心之语，勿为无益身心之事。**

【句意】不要做、不要说无益于身心的话和事。

◉ **盛喜中勿许人物，盛怒中勿答人书。**

【句意】太高兴时不要许诺别人物品，太愤怒时不要答复别人的书信。

◉ **喜时之言多失信，怒时之言多失体。**

【句意】高兴时说的话多丧失信用，发怒时说的话多有失大体。

◉ **有所不言，言必当；有所不为，为必成。**

【句意】有些话不说，说出的话一定恰当；有些事情不做，做出的事一定成功。

◉ **利口伪言，众所共恶。**

【句意】以漂亮流利的语言说出一些虚伪的话，这是人们都厌恶的。

◎ **君子之言，寡而实；小人之言，多而虚。**

【句意】君子的话少但很实在；小人的话多但空而无物。

◎ **出言不当，反自伤也。**

【句意】话说得不恰当，反而伤害了自己。

◎ **以快一时之论，而不知其祸之至于此也。**

【句意】只图一时谈论痛快，却不知道造成的祸害达到这种地步。

◎ **舌为利害本，口是祸福门。**

【句意】舌头是利害的根源，嘴巴是祸福的门户。

◎ **日出万言，必有一伤。**

【句意】每天说许多话，必然有些话会损伤人。

◎ **两喜必多溢美之言，两怒必多溢恶之言。**

【句意】双方欣喜之时往往会有很多过分夸奖的话，而双方发怒之时也往往会有很多过分贬损的话。

◎ **当面锣对面鼓。**

【句意】锣对着锣，鼓对着鼓。比喻有话当面讲，说话要算数。

◎ **打开天窗说亮话。**

【句意】比喻坦率地说真话。

◎ **心口如一，犹不失为光明磊落丈夫之行也。**

【句意】光明磊落的人，应该是心里所想的和口头所说的完全一致。

◎ **恶言不出于口，忿言不反于身。**

【句意】不说难听的话伤害别人，那就不会有难听的话伤害自己。

◎ **言而当，知也；默而当，亦知也。**

【句意】说话说得得当，是充满智慧的表现；不说话的时候能够保持沉默得当，也是充满智慧的表现。

第三节　度德而处之，量力而行之

▷ 靡不有初，鲜克有终。

【句源】天生烝民，其命匪谌。靡不有初，鲜克有终。

【出自】《诗经·大雅·荡》。

【句意】做事无不有个好开端，但很少有人能坚持到底。

这句话告诉我们许多事情都有好的开始，但坚持下去、坚持到底就难了。这就是为什么很多事情虎头蛇尾、半途而废，甚至走了过场的原因。

“坚持”这两个字，说起来确实容易，但在实施的过程中却困难重重。在工作开始的一段时间里，一个人是勤奋的、努力的、充满热情的，但缺乏持之以恒的坚定信念，缺乏慎终如始的自律能力，不能自重、自省、自警、自励，经不住各种事物的诱惑。在这样的情况下有些人选择了放弃，给自己的成功关闭了一扇窗户。

所以，做事成功的秘诀就在于善始善终，贵在坚持。

▷ 图难于其易，为大于其细。

【句源】 图难于其易；为大于其细。天下难事，必作于易；天下大事，必作于细。

【出自】 春秋·老聃《道德经》。

【句意】 克服困难应从容易处开始，做大事应从细微之事着手。

万事开头难，难在哪里？难在你心里没底，不知道从何入手，更不知道用什么方法做才最有效率。待解决了这些问题，相信你就没有难办的事了。

早在几千年前，圣人就已告诉了人们处世的捷径。天下的难事一定开始于简易；天下的大事一定从小事开始。因此处理任何事情时，必须先从细小、容易处着手。这就好比士兵在战场上，一旦找到了敌人防线的“突破口”，就会形成“势如破竹”的局面，而敌军一方则是“兵败如山倒”。选择薄弱点，并不意味着避重就轻。解决问题是一个循序渐进的过程，我们先做最有把握的事情，然后由易而难。这期间我们对工作越来越熟悉，自信心加强，下一步工作会更加得心应手。即使困难越来越大，我们也能够沉着应付，不失方寸。

先从最容易、最有把握的地方做起，这是一个提高工作效率的重要方法。

▷ 当断不断，反受其乱。

【句源】 因天时，与之皆断；当断不断，反受其乱。

【出自】《黄帝四经·兵容》。

【句意】凡事该做决断时却犹豫不决，往往使自己受到伤害。

佳句赏析

犹豫不决，表示割舍不了某些眼前的好处，或者自己正沉溺于过去的习惯，不敢面对新的挑战。事实上，越顺从的人，在做取舍时越困难；越安于现状的人，越舍不得眼前的好处。他们会在得与失之间徘徊，在进退之间举棋不定，从而让大好的机会悄然而逝。

处世果断的人，在遇到紧急情况时，能够当机立断，善于抓住时机，毫不迟疑地采取措施和行动；处事果断的人，能在最短时间内收集信息，认真思考后对未来作出抉择；处世果断的人，有敢于对事后果负责的勇气和魄力。

前瞻后顾，畏畏缩缩的人，总是使自己陷入迷茫状态，无法摆脱事件的干扰。

▷ 舟循川则游速，人顺路则不迷。

【句源】舟循川则游速，人顺路则不迷。

【出自】唐·马冯《意林·唐子》。

【句意】船顺流而行就快，人顺路而走就不会迷失方向。

佳句赏析

凡事都有其内在的客观规律，而任何的客观规律都是按其特有的轨道运行，不以人的意志为转移。所以，我们做事要遵循规律，否则会走许多弯路。轻者，做事情不顺利；重者，会因此受到客观规律的惩罚。

在社会这个大环境中，已经有了许多约定俗成的规律，先来后到、论资排辈、枪打出头鸟……太冒尖，别人会把你当成焦点，有意无意地用各种方式来攻击你，但太安静、不合群，大家也会无情地淘汰你。

在一个小范围内，根据年龄、资历、学识、能力、秉性等会分为上、中、下三等。应该尊敬上，团结中，尊重下。久而久之，掌握了处世之道，也就有了一定的人脉。

▷ 凡百事之成也必在敬之，其败也必在慢之。

【句源】凡百事之成也必在敬之，其败也必在慢之，故敬胜怠则吉，怠胜敬则灭。

【出自】战国·荀子《荀子·议兵》。

【句意】大凡一切事情的成功，必定在于严肃对待它；如果造成失败，一定是因为轻视了它。

认真，成功的基石；草率，失败的伴侣。

现在流行一句话“态度决定一切”。一件事是否成功，关键在于你持有怎样的态度。生活中常有这种情况发生：你写的报告总也得不到上级肯定，需要反复修改；你与客户洽谈，经常忘记带齐东西；你苦苦思索，却解答不出这道题……经提点，你才恍然大悟：原来只因自己浮躁，没有细心思考。其实，报告中明显的幼稚错误可以避免，与客户洽谈的资料也可以备齐，解决这道题的关键就在不要将数字看错……做事需要认真，马虎、丢三落四势必影响工作效率，浪费太多时间，甚至，影响你的前途。

认真是一种需要长期培养而形成的能力，而不是一种简单“端正”就可以解决问题的态度。认真，就是把眼前的小事认真做好，认真检查，仔细体会“认真做”后的结果，从别人不断的反馈中收获自己的心得。

▷ 无以待之，则十百而乱；有以待之，则千万若一。

【句源】多而至于失其处者，非多罪也。无以待之，则十百而乱；有以待之，则千万若一。

【出自】宋·苏辙《类篇》。

【句意】没有正确处理事情的方法，即使事情很少也会显得混乱难理；有正确的处理事情的方法，有时即使事情很多也会做得有条不紊。待：对待、处理事情的方法。十百：表示数量少。乱：混乱难理。千万：表示数量多。若一：如同只有一件事。

在现代生活中，人们每天都在处理大量的事情，如果方法不得当，不但耗费大量的精力，即使付出了努力，也不见成效。所以，学会以巧妙的方法来处理事情，不但能提高工作效率，而且会让你的身心轻松许多。

处理事情时，我们可以进行过滤，看看这件事是否要马上处理，如果不是，可以暂时搁下，放到合适的时间去做。遇到复杂的事情也不必慌张，认真梳理一下，找出它们的焦点。最关键的一点解决了，其他事情有时候会迎刃而解。如果想更加灵活、更加聪明地去工作，掌握正确的方法是诀窍。

▷ 成事在理不在势。

【句源】 成事在理不在势，服人以诚不以言。

【出自】 宋·苏轼《拟进士对御试策》。

【句意】 事情成功是由于符合真理，而不是依靠强大的权势。

权势能让你站在巅峰一览众山小，却不能让你得到幸福，有些事情是权势不能得到的。纵然依靠强大的权力、势力、财富等手段让你享受了“众星捧月”之福，但这是暂时的。你为了追求事情的成功，不得不弯腰讨好他人，说些恭维而违心的话，或者依靠自身的权势去命令别人，企图不劳而获。久而久之，你疲倦了，别人也不再唯命是从，事情也将搁浅。

事情的发展自有它的规律，只要你认识并驾驭规律，以原则办事、以理服人，方可成事。因为这符合大多数人的利益，符合社会的通行原则，也符合社会发展的趋势。

▷ 受人之托，必当终人之事。

【句源】 秀才，受人之托，必当终人之事。况一言既出，驷马难追。

【出自】 元·高则试《琵琶记》。

【句意】 接受了别人的委托，就要尽心竭力地去办。

若要论及这方面的典范，那么非诸葛亮莫属。他一生辅佐刘氏父子，绝无二心，鞠躬尽瘁，死而后已，不计任何报酬，尽心竭力地奉献。

诸葛亮的这份忠心，在现实生活中仍值得我们学习，尤其是“受人之托，必当终人之事”的高尚情操，尽职尽责地履行自己的承诺。不能为个人私利，泄露公司机密，或出卖朋友利益。可现实生活中为一己私利放弃承诺的情况却屡见不鲜，而最终的结果是害人又害己。因此，我们应该学习诸葛亮，尽心尽力地做事，堂堂正正地做人。

经典名句

◎ **处事之要：己所不欲，勿施于人；行有不得，反求诸己。**

【句意】处理事情的要点是：自己不愿意的，不要施加给别人；做一件事而无所得，应回过来反省自己。

◎ **山水尚有相逢之日。**

【句意】山与水还有重逢的日子。比喻人总有相逢的日子，做事应留有余地。

◎ **既知退而知进兮，亦能刚而能柔。**

【句意】为人处世要懂得进退，办事既要有原则又要灵活。

◎ **凡事行，有益于理者立之，无益于理者废之。**

【句意】每一件事情在实行的时候，是对事理有益的就树立它，对事理无益的就废止它。

◎ **难者不会，会者不难。**

【句意】感到难的是因为不会做，会做的就不会觉得难。

◎ **会家不忙，忙家不会。**

【句意】懂行的人，做事沉着冷静、有条不紊；不懂行的人手忙脚乱，还是不会。

◎ **处有事当如无事，处大事当如小事。**

【句意】处理事情当作无事一般，处理大事当如小事对待。比喻处事应当沉着镇静，从容自如。

◎ **高不成，低不就。**

【句意】高的做不好，低的又不做。

◎ **大丈夫行事，论是非，不论利害；论顺逆，不论成败；论万世，不论一生。**

【句意】男子汉大丈夫做事，看它对还是不对，而不看对自己有利还是有害；看是否合乎时势，而不是计较得失；看长远，而不只看眼前。

◎ **度德而处之，量力而行之。**

【句意】揣度着德行规范来处理事情，衡量着能力大小来行动。

◎ **世事多因忙里错。**

【句意】世上的事，很多的是因为忙而出错。

◎ **事前要思免后悔。**

【句意】事前一定要进行周密的思考谋虑，才能避免事情后果不如意而后悔。

◎ **不慎其前而悔其后，虽悔无及矣。**

【句意】事前不慎，事后懊悔也无济于事。

◎ **慎厥初，惟厥终。**

【句意】做事慎重地开始，想到它可能的结局。

◎ **持索捕风几时得，将刀斫水几时断。**

【句意】拿着绳子去捉风，什么时候能捉到？拿着刀去砍水，什么时候能砍断？形容办不到的事偏要干，只能徒劳无功。

◎ **贵轻重，慎权衡。**

【句意】重视区分事情的轻重缓急，审慎地权衡得失利弊。

◎ **为人谋事，必如为己谋事。**

【句意】为别人办事，一定要像为自己办事一样。

◎ **大丈夫做事，雷厉风行。**

【句意】大丈夫做事，像雷那样猛烈，像风那样快。形容办事声势猛烈，行动迅速。

◎ **前怕狼，后怕虎。**

【句意】前怕野狼，后怕老虎。比喻做事顾虑重重，怕这怕那。

◎ **不善使船嫌港曲，不善写字嫌笔秃。**

【句意】不会行使船只嫌弃海港曲折，不会写字埋怨笔秃。比喻没本领的人却归咎于条件不好。

◎ **使口不如自走，求人不如求己。**

【句意】动口不如动手去干，求人不如自己亲自去办。

◎ **过犹不及，有余犹不足也。**

【句意】凡事做过了头，就像做得不够一样，做过了头和不足都是不好的。

第四节　欲远是非，慎交为先

▷ 善与人交，久而敬之。

【句源】子曰："晏平仲善与人交，久而敬之。"

【出自】《论语·公冶长》。

【句意】与人友好交往，即使再长时间也不慢待朋友。

善，交往时的理性；敬，交往中的尊敬。

相识容易相处难，与人相处是一门很大的学问。古人云，和老朋友交往，越是相处得久就越是“相敬如宾”。将这种观点放到现在的社会中，你会觉得没有道理，甚至认为这个就算会交友了吗？好朋友不是应该亲密无间吗？其实不然，比如有的人因为和老朋友交情深厚，相处起来无所顾忌，时间久了，一对“死党”变成“最熟悉的陌生人”。

同事之间的交往应该有分寸，在办公室里，同事每天见面的时候最长，谈话涉及内容最多，与同事交往既要热情也要保持距离，是人际沟通不可忽视的一环。

▷ 道不同，不相为谋。

【句源】道不同，不相为谋。

【出自】《论语·卫灵公》。

【句意】志向不同，不在一起谋划共事。

道，一个人的理想、价值观；谋，为实现理想、人生价值而谋划的方法。不同的人生，不同的思想，不同的理想，就有相应不同的谋划方法；若在芸芸众生中找到与自己志同道合的人，是一件快事。

因为共同的志趣爱好，我们走在了一起，并且相互扶持、相互理解。如果人各有志，又怎么能为了共同的理想一起谋划呢，不如“大路朝天，各走一边”。

意见或志趣不同的人，没有共同语言，难以商量共事。所以说人生中，有时朋友比爱人更懂得自己，因为我们有一个共同的“道”。

▷ 见贤思齐焉，见不贤而内自省也。

【句源】子曰：“见贤思齐焉，见不贤而内自省也。”

【出自】《论语·里仁》。

【句意】见到贤人，就应该想着向他学习；看见不贤的人，便应该自己反省。思齐：想着要追上，看齐。内自省：自己在内心里省察、检查。

佳句赏析

人们总是在不知不觉当中不断地从交往的对象那里吸收其优点，反省自己而进步的。经常同“贤人”往来，即使不是特别有意识地学习别人的优点，也会在不知不觉中，使自己提升到与他们相同的层次。如果能够不断学习他们的优点，反省自己的缺点，鞭策自己不断地向那些贤者靠近，那么慢慢地，你的思想修为也会日渐提高。

▷ 知之为知之，不知为不知，是知也。

【句源】 子曰：“由！诲汝知之乎？知之为知之，不知为不知，是知也！”

【出自】《论语·为政》。

【句意】 知道就是知道，不知道就是不知道，不要不懂装懂，自欺欺人。

佳句赏析

在一个高度发达的信息时代，每个人所吸收的知识都不可能包罗万象。若不以虚心的态度与人交往，怎能受到大家的欢迎？凡事都自以为是的人，必然得不到大家的尊敬。

不懂装懂就是无知，不利于交际范围的扩展。这样的人在社会中恐怕永远也不会受到欢迎，不懂装懂和自作聪明的处世方法会毁掉一切刚刚兴起的事业，人们会失去对你的兴趣和信任。

凡事都要想好了再去做，莫要不懂装懂，那样不仅会让人看不起你，而且会让你事业受挫。

▷ 中庸之为德也，其至矣乎！民鲜久矣。

【句源】 子曰：“中庸之为德也，其至矣乎！民鲜久矣。”

【出自】《论语·雍也》。

【句意】 中庸作为仁德，是最高的了。人们很久没拥有了。

佳句赏析

保持中庸、深浅有度、恰如其分是为人处世的最高境界，锋芒毕露往往为世俗所不容，委曲求全又被视为软弱，只有外圆内方、刚柔相济，才能在纷繁复杂的人际关系中周旋有术，游刃有余。对待善良的人，态度应当宽厚；对待邪恶的人，态度应当严厉；对待一般陌生人，态度应当宽厚和严厉并用。

中庸的处世方式，像一道润滑剂，把人与人之间因棱角的摩擦而可能产生的矛盾及时化解。宽广的胸襟和“大智若愚”的智慧，能让人们在莫测的世事沧桑面前处变不惊，这便是中庸之妙！

▷ 与人交，推其长者，违其短者，故能久也。

【句源】孔子曰：“商之为人也，甚吝于财。吾闻与人交，推其长者，讳其短者，故能久也。”

【出自】《孔子家语》。

【句意】跟人交往，要多看他的长处，避开他的短处，这样才能长久地交往下去。推：赞许。长：长处，优点。违：避开。短：短处，缺点。

佳句赏析

每个人都有自己的长处和短处，轻视他人的人也会被他人轻视。人与人之间的交往应是宽容、共勉。

如果想广交益友，自己就要首先成为别人眼中的益友。在与人交往的过程中，要学会悉心倾听，将心比心，严于律己，宽以待人，真心帮助他人而不求回报，对朋友的不足能诚恳地提出批评意见，对不同的观点能直陈己见，既不当面奉承别人，也不在背后诋毁别人。

古有明训：人无完人。看人要看他的优点，才能和他长久地交往下去；如果只盯着他的缺点看，即使一匹千里马也会被你当成跛脚驴子。

▷ 君子之交淡若水，小人之交甘若醴。

【句源】君子之交淡如水，小人之交甘若醴；君子淡以亲，小人甘以绝。彼无故以合者，则无故以离。

【出自】战国·庄周《庄子》。

【句意】这句话的意思是：君子间的交往像水一样平淡、纯净，小人间的交往像甜酒一样浓郁、稠密。淡：指不是为利而交；醴：甜酒。

君子之间的交往不带任何功利色彩，不利用职务权势的优势为亲人谋利益，其交往虽淡泊如水却心地亲近；小人之间的交往，都是有所求、有所图，为达到私利送给对方的好处，像蜜糖一样黏稠，所以双方常因过于甜蜜而断交。

“淡”是与“醴”相对而言，如果把握不准两者之间的“度”，就会扼杀彼此的友情。君子之交，虽相隔甚远，却心灵相通，紧密地贴在一起；小人之交，常常胶在一起，密切无间，但心灵上互相隔膜，难以沟通。君子之交，对朋友说该说的话，做该做的事；小人之间，说朋友想听的话，做自己想做的事。

▷ 礼尚往来。往而不来，非礼也；来而不往，亦非礼也。

【句源】太上贵德，其次务施报，礼尚往来。往而不来，非礼也；来而不往，亦非礼也。

【出自】《礼记・曲礼上》。

【句意】礼节重在相互往来，有往无来，不符合礼节；有来无往，也不符合礼节。尚：重在。

对别人给予自己的善意，应当作出友好的反应，否则是不合乎礼节的。但是在现实生活中，这种礼节已被人们所曲解。例如，有的人因为要面子，在红白喜丧中送礼金礼品不堪重负；有的人出于哥们义气，帮助别人强出头，最后走上违法犯罪道路；更有甚者，打着“礼尚往来”的幌子，行权钱交易、权色交易、权权交易之实。凡此种种，都是基于对“礼”的误解或故意曲解。

以“礼”交往，重在交流彼此的感情，传送祝福，正所谓千里送鹅毛，礼轻情义重。

◎ **主雅客来勤。**

【句意】主人高雅，客人就常来。

◎ **以财交者，财尽而交绝；以色交者，华落而爱渝。**

【句意】因钱财而结交的，钱财尽交情就绝了；因美色而结合的，容颜像鲜花一样凋谢衰落，情感也就改变了。

◎ **苟富贵，毋相忘。**

【句意】假使以后富贵了，彼此之间不要忘记。

◎ **一生一死，乃知交情；一贫一富，乃知交态；一贵一贱，交情乃见。**

【句意】生死、贫富、贵贱的差异和变迁，最能体现朋友之间交情的深浅、真伪。

◎ **不知其子视其父，不知其人视其友。**

【句意】不知他的儿子看看他的父亲，不知他的为人看看他所交的朋友。

◎ **带不厌新，人不厌故。**

【句意】穿衣服不厌恶新的，人不嫌弃旧交。

◎ **善人同处，则日闻嘉训；恶人从游，则日生邪情。**

【句意】与好人结交能增教益，与坏人结交会熏染邪念。

◎ **势利之交，难以经远。**

【句意】建立在权势和私利基础上结交的友情，难以持久。

◎ **人生结交在终始，莫为升沉中路分。**

【句意】结交朋友要始终如一，不要因为地位的变迁而中途分手。

◎ **结有德之朋，绝无义之友。**

【句意】结交有道德的朋友，弃绝没道义的朋友。

◎ **交友何必问黄金。**

【句意】交朋友不必看他有钱没钱。

◎ **世人漫结交，其后每多悔。**

【句意】世人随便乱交朋友，以致后来常常后悔。

◎ **礼貌过盛者，情必疏。**

【句意】在朋友交往中礼貌过于繁缛的，互相之间感情必定生疏。

◎ **与朋友交，只取其长，不计其短。**

【句意】与朋友交往，只取他的长处，不计较其短处。

◎ **欲远是非，慎交为先。**

【句意】想要避开世俗的是非干扰，首要的是谨慎地与人交往。

◎ **人生交契无老少，论交何必先同调。**

【句意】人生在世，交朋友不必区分老和少，也不必一开始就要求志趣相投。

◎ **久要不可忘，薄终义所尤。**

【句意】多年要好的朋友不能忘记，交朋友有始无终是道义所不容的。

◎ **不打不相识。**

【句意】不交手就不能相互了解和熟识。

◎ **方以类聚，物以群分。**

【句意】人有不同的类，各以其美聚集在一起；物有不同的群，各以其群分在一块。

◎ **悲莫悲兮生别离，乐莫乐兮新相知。**

【句意】人生没有什么比生死别离更让人悲伤的了，没有什么比交到新的知己更让人高兴的了。

◎ **结交须胜己，似我不如无。**

【句意】结交朋友应该找超过自己的人，和自己差不多或不如自己的人不如不交。

◎ **但看三五日，相见不如初。**

【句意】不信你短短观察几天，就不如初次的印象好了。

第五节　不流世俗，不争权势

▷ 不义而富且贵，于我如浮云。

【句源】子曰："饭疏食，饮水，曲肱而枕之，乐亦在其中矣。不义而富且贵，于我如浮云。"

【出自】《论语·述而》。

【句意】通过不正当手段得来的财富和地位，对我来说就如同浮云一样。

佳句赏析

人生最大的烦恼是心中有贪欲，与身外的名利、地位等纠缠不清。心若有贪念——贪名利、地位、权势，等等，这样的人生不仅不会快乐，还会过得很辛苦。凡夫就是时时在名利的旋涡里打转，才会由不得自己。

所以，人心一旦被名利牵制，将造成不堪设想的后果。有智慧的人，在短暂的人生里，视荣华富贵如同浮云、梦境，也如草上的露水；而愚痴者则是被权势名利所迷惑。

人们常说："富不过三代人。"可见富与贵并不是永恒的。只有在名利的旋涡中寻回单纯的自己，才是最明智的。

▷ 枨也欲，焉得刚?

【句源】子曰："枨也欲，焉得刚?"

【出自】《论语·公冶长》。

【句意】申枨还有欲望，怎么能算得上是刚强不屈的人?

一个有欲望的人是刚强不起来的。

佛经上有一句话，叫作"无欲则刚"，意思是说，一个人如果没有什么欲望的话，他就什么都不怕了。现在的一些人，对待名利，就像大鱼看到了快到嘴边的食物，生怕咬晚了被他人叼走，拼死奋力地抢夺。有的沽名钓誉，弄虚作假；有的跑官、买官，不择手段；有的见钱眼开，唯利是图；有的追求享乐，腐化堕落。品德高尚的人，名利上无所求，事业上却是生命不息，奋斗不止；品德低下的人，看重的是名利地位，追求的是个人利益，一旦满足不了个人私欲，工作上就怨天尤人，不思进取。

"无欲则刚""淡泊名利"，这才是无求的最高境界。世间万事万物都归于一个"淡"字，清淡明志，雅淡抒节，平淡处世。人生在世，难道不应该从这个"淡"字中，品味出一些"无求与有求"的深邃哲理吗?

▷ 目之于明也殆，耳之于聪也殆，心之于殉也殆。

【句源】目之于明也殆，耳之于聪也殆，心之于殉也殆。凡能其于府也殆，殆之成也不给改。祸之长也兹萃，其反也缘功，其果也待久。

【出自】战国·庄周《庄子·徐无鬼》。

【句意】眼睛一味地追求超人的视力也就危险了，耳朵一味地追求超人的听力也就危险了，心思一味地追求外物也就危险了。

从庄子的话中，我们可以看出，处心积虑地追求一件事物，往往会得到适得其反的效果；而不去刻意追求，却往往会获得意想不到的结果。一个人如果总是处心积虑地追求名声，最后的结果往往是得到骂名；而一个人若不刻意去追名，而是专注于自身，修身养性，就会"不求名来名自扬"。

人生如此奇妙，贪慕虚名、急功近利者往往得不到真正的名誉；沽名钓誉、无所不用之徒往往得不到真正的快乐。我们追求的是精神的不朽，那么，请抛却背后的虚名，着眼未来，脚踏实地，如此，终将到达人生的制高点。

▷ 无为其所不为，无欲其所不欲。

【句源】 孟子曰："无为其所不为，无欲其所不欲，如此而已矣。"

【出自】 战国·孟轲《孟子·尽心上》。

【句意】 不做不应该做的事，不贪图不应该得到的东西。

佳句赏析

人来到世界上，除了衣食住行，也要追求美好和成功，希望在事业上有所作为，甚至轰轰烈烈，功成名就，出人头地。然而追求过度则成了贪婪。贪婪会让我们失去掌握人生的自主权，从此变成一个只知追求名利的麻木不仁者。

人生一世如白驹过隙。合理地把握欲望的度，会让我们在有限的生命里体会到更多的幸福：在休闲之余，享受家人团聚的天伦之乐；感受朋友间的浓浓情意；走进大自然，感叹人生的美好……所以，在面对诱惑时，我们应该有一个清醒的判断，用理智战胜欲望，切莫使自己成为名利的奴隶。

▷ 功名本是无凭事，不及寒江两日潮。

【句源】 雨打孤篷酒渐消，昏灯与我共无聊。功名本是无凭事，不及寒江两日潮。

【出自】 宋·陆游《舟中感怀三绝句呈大傅相公兼简岳大用郎中》。

【句意】 人生在世，功名富贵实在是虚幻不可靠，还比不上寒江每天两次的涨潮和退潮来得有规律。

佳句赏析

人常说"虚名累人"，虚名能为人带来一时的心理满足感，但它本身毫无价值、毫无意义。为了虚名而去争斗，是人世间各种矛盾、冲突的重要起因，也是人生之中诸多烦恼、愁苦的根源所在。为了承受这么一个毫无价值的虚名，人们常常暗中钩心斗角，明里打得头破血流，朋友反目成仇，兄弟自相残杀。虚名之累，有什么好处？

我们以赤子之身来此世界，当以赤子之心走过此世界，也就是真正留取清白在人间。既无声名、亦无功利，然而这也是莫大声名，莫大功利了。所以，我们的先哲曾经说："至人无己，神人无功，圣人无名。"

▷ 世人都晓神仙好，唯有功名忘不了。

【句源】 世人都晓神仙好，唯有功名忘不了。古今将相在何方？荒冢一堆草没了。

【出自】 清·曹雪芹《红楼梦》。

【句意】 人人都羡慕神仙的生活，却无法忘记凡间的功名。

佳句赏析

人人都想活得潇洒一点、轻松一点、快乐一点，但终其一生也潇洒不了、轻松不了。他们被什么东西拴住了、缠住了、卡住了，这东西就是功名利禄。功名利禄成了人生的境界，似乎功名愈厚人生也就愈美妙滋润。其实，功名利禄是一张用花环编织的罗网，只要你进去了，你就没法自在与逍遥。为了功名利禄，我们劳心、劳神、劳力；为了功名利禄，我们计划、忙碌、奔波；为了功名利禄，我们怀疑、欺诈、争斗；为了功名利禄，我们玩阴谋、要诡计、溜须拍马……请去掉名利之祸根吧。

◎ **夺利争名，甘居人后。**

【句意】 对于争名夺利之事，心甘情愿居于别人的后面。

◎ **荣名秽人身，高位多灾患。**

【句意】 荣誉败坏人的名声，高的职位多有灾祸发生。说明名利地位并非好的东西，为人不必过度追名逐利。

◎ **利欲熏心，随人翕张。**

【句意】 贪财图利的欲望迷住了心窍，就会使自己处于被动的地位，任人摆布。

◎ **真视富贵如浮云，不溺于名利酒色，一世之伟人也。**

【句意】 富贵不动其心，名利酒色不溺其志的人，是伟大高尚的人。

◉ **功名富贵若长在，汉水亦应西北流。**

【句意】功名富贵不可能长在，正如汉水不能向西北流一样。

◉ **天下有至宝，而非势也；有至富，而非金玉也。**

【句意】世上的至宝至富，不是权势地位和金银珠宝。

◉ **富与贵，人之所欲也，不以其道得之，不处也。**

【句意】金钱和地位，这是人人所向往的，不用正当的方法得到它，君子不接受。

◉ **德者，本也；财者，末也。**

【句意】道德是做人的根本，财物是次要的东西。

◉ **争名者于朝，争利者于市。**

【句意】在官场中争夺名位，在市场中争夺财利。

◉ **义者利之足也，贪者怨之本也。**

【句意】行义本身就是立利，贪心则是产生怨恨的根源。

◉ **不流世俗，不争势利。**

【句意】不与世俗同流，不争权夺利。

◉ **知足者，不可以势利诱也。**

【句意】知道自足的人，不会被权势利禄所诱惑。

◉ **名不动志，利不动心。**

【句意】名利不可动摇自己的志向和心意。

◉ **势利使人争。**

【句意】权势和名利往往引起人们的争夺。

◉ **从来名利地，皆起是非心。**

【句意】争名夺利的处所，必然有是非纷扰。

◉ **势利祸之门。**

【句意】追求权势和金钱，这是招祸之路。

◉ **君子山岳定，小人丝毫争。**

【句意】君子像大山巍然屹立，不为名利所动，小人却为一点点利害关系就争执不休。

◉ **草色人情相与闲，是非名利有无间。**

【句意】心情与自生自长的春草一样悠闲自适，是非、名利的纷扰变得若有若无。

◉ **名能使人矜，势能使人倚。**

【句意】名位易使人骄傲自负，权势易使人倚势凌人。

◉ **雁飞不到处，人被利名牵。**

【句意】大雁都飞不过的地方，如果那里有名利的话，也会有人去。

◎ **日月煎熬，利名牵扰，人空老。**

【句意】人受利名的缠绕，只会白白地衰老。

◎ **名与利，付之天。**

【句意】名与利，任凭老天爷安排。表示无心于追名逐利。

◎ **放得功名富贵之心下，便可脱凡。**

【句意】不为功名富贵缠心，就能超脱凡俗。

◎ **财不如义高，势不如德尊。**

【句意】财富比不上道义崇高，地位比不上品德高贵。

◎ **我不以贪为宝。**

【句意】我以不贪求利益为宝贵品德。

◎ **不信但看筵中酒，杯杯先劝有钱人。**

【句意】不信你到筵席上看看，人人都会向有钱、有身份的人敬酒。

第五章

人才篇

所谓人才，一般来说是指具有独特的、高于一般人的能力的人。而成为人才则是每一个有理想有抱负的青少年的目标。要实现这一目标，及时的启蒙教育、正确的学习方法、良好的习惯、惜时如金的学习态度，以及为达到理想而不懈努力的奋斗精神都是缺一不可的。

第一节　人生百年，立于幼学

▷ 不愤不启，不悱不发。

【句源】子曰：“不愤不启，不悱不发，举一隅不以三隅反，则不复也。”

【出自】《论语·述而》。

【句意】不到学生苦思冥想却想不通的时候，不去指点他；不到学生力求表达却无力表达出来的时候，不去启发他。

事倍功半与事半功倍往往只在一线之间，把握教学火候，采用激励、诱导、启发的授学方式，刺激学生的学习主动性和积极性，可收到事半功倍的教学效果。

学生不是被动地接受知识，而是学习的主体，质疑、讨论、发现问题。在学生对知识有了一定理解的基础上，而有些地方还不懂，或者有自己的疑惑时，老师再去引导，去启发，由此可调动学生的求知欲和积极性，这比把知识直接硬塞给学生效果要好得多。

现代教学方法推陈出新，电脑开始进入教室，与孔子的时代已不可同日而语。但是，不愤不启，不悱不发，举一反三的启发式教学方法和精神并没有因此而过时，依然值得为人师表的人谨记并运用到实际的教学工作中去。

▷ 爱子，教之以义方，弗纳于邪。

【句源】臣闻爱子，教之以义方，弗纳于邪、骄、奢、淫，所自邪也。四者来，宠禄过也。

【出自】春秋·左丘明《左传·隐公三年》。

【句意】疼爱子女，应该用道义去教导他，不要让他走上邪路。

启蒙教育要及早实行，要针对儿童的缺点，先发“治”人。不要等到孩子的问题彻底暴露再去教育，而要防患于未然，事先进行启蒙教育。幼儿年龄小，对是非、善恶、美丑的辨别与判断能力差。正因为年幼，可塑性大，容易接受教育。所以，要用道义去教育孩子，耐心启发，循循善诱，使他们知道应该做什么，不该做什么，怎样做才对，怎样做是不对的，行事遵守一定的规矩法度，懂得约束自己，明辨是非，不至于走上邪路。

▷ 染于苍则苍，染于黄则黄。

【句源】 子墨子言见染丝者而叹曰：“染于苍则苍，染于黄则黄。所入者变，其色亦变，五入必而已，则为五色矣。”

【出自】 战国·墨翟《墨子·所染》。

【句意】 丝放在青色染料里变成青色，放在黄色染料里变成黄色。

孩子的成长环境主要包括家庭环境和学校环境，家庭是儿童生命的摇篮，是人出生后接受教育的第一个场所，家长是儿童的第一任教师，即启蒙之师。所以家长对儿童所施的教育具有早期性。

家长的一言一行都在潜移默化地影响着孩子，家长对待任何事物的态度都在感染着孩子。美化家居，使家中的摆设整齐化、条理化、知识化，就是在培养孩子用过东西放回原处等良好习惯；阳台上的花草虫鱼，也是悄悄给孩子美的享受，使孩子热爱环境，并培养观察力——小小的细节都构成了家庭环境，都在默默地帮助父母培养孩子的良好习惯。父母的语言和行为是家庭培养的一部分，父母的心态、家庭环境、心理环境、人际环境等都是影响孩子发展的重要因素。

古往今来，许多作出丰功伟绩的伟人在幼年时期受到良好的家庭教育是他们日后成才的一个重要原因。

▷ 父母之爱子，则为之计深远。

【句源】 左师公曰：父母之爱子，则为之计深远。媪之送燕后也，持其踵，为之泣，念悲其远也，亦哀之矣。

【出自】《战国策·赵策》。

【句意】父母爱子女，就得替子女作长远的打算。

佳句赏析

现代社会中，很多父母对子女的教育存在许多误区。现在的家庭多数都是三口之家，于是乎，孩子便成了父母的掌上明珠，饭来张口，衣来伸手。父母对他们百般娇宠，事事包办。衣服帮着穿，鞋带帮着系，牙膏帮着挤，文具帮着收……

为人父母，疼爱子女理所当然，但如果父母的疼爱让孩子失去生活自理的能力，试问，这种爱对孩子有何帮助？爱得过分，就会出现问题。父母爱子女，如果爱得过分，就会让孩子们丧失寻实求真的能力。如果真爱您的孩子，从现在做起，不要事事包办，而要教给他们本领，为他们作长远打算。

父母对子女的爱，应当是理智的，不能感情用事。感情用事，只顾孩子的眼前利益，不是真正的爱。

▷ 怀子三月，出居别宫。目不邪视，耳不妄听。音声滋味，以礼节之。

【句源】古者，圣王有胎教之法：怀子三月，出居别宫，目不邪视，耳不妄听，音声滋味，以礼节之。

【出自】南北朝·颜之推《颜氏家训·教子》。

【句意】妇女怀胎三月，出居别的地方，眼不看邪恶的东西，耳不听胡乱的东西，说话、饮食用礼义来节制。

佳句赏析

父母都希望自己的孩子健康、聪慧、仁义，特别是在社会飞速发展的今天，更希望自己的孩子智力超群，才能出众，以便在将来激烈的竞争中立于不败之地。但孩子的培养不是短时间内能完成的，除了后天的教导，胎教也不容忽视。

准妈妈可以在一间灯光柔和的房间里，尽量放松自己。听一些古典音乐、童谣。父亲可以将自己擅长的事物，以及感到有趣的东西对胎儿加以解说，以刺激胎儿大脑的发育。

一切为了孩子，教育从胎教开始。

▷ 人生小幼，精神专利，长成已后，思虑散逸，固须早教，勿失机也。

【句源】人生小幼，精神专利，长成已后，思虑散逸，固须早教，勿失机也。

【出自】南北朝·颜之推《颜氏家训·勉学》。

【句意】人在幼小的时候，精神专一，记忆力强，长大以后，思想分散，贪图安闲，所以应该及早进行教育，不要失掉良好的时机。

孩子在小时候思想比较单纯，精神也比较专一，容易接受家长的教育，若是等孩子长大以后，思想就会变得很复杂，再去教育就很难了。所以中国古人历来十分重视儿童早期的家庭教育，甚至主张从十月怀胎开始。

早期教育的目的不是枯燥地向孩子传授知识，而应该是在游戏中教与学，激活孩子的脑神经细胞，拓展他们的脑神经网络，开发他们的大脑潜能。

重视早期教育，不要让孩子输在起跑线上。

▷ 广积不如教子。

【句源】广积不如教子，避祸不如省非。

【出自】宋·林逋《省心铨要》。

【句意】广积钱财，不如教育孩子成人成才。

爱子之心，人皆有之，在爱法上却有所不同。有人认为，有能力的父母，应当多为子女弄些财富、权力，并谋个既轻松舒适又体面实惠的工作，让他们春风得意、无忧无虑地享受荣华富贵，才是爱子。但是，你什么都为子女准备好了，他们何来图强之志和奋斗之才？一旦坐吃山空，他们又如何生存下去？与此相反，有的人却认为，作为父母应尽可能地引导子女去刻苦学习，努力锻炼，造就高尚的人格和渊博的知识，学会做人做事，靠他们自己的劳动和奋斗去闯出一条人生之路来，这才是真正的爱子。

积累再多的钱财，都不如好好教育自己的孩子来得重要，来得实际。

▷ 授书不在徒多，但贵精熟。

【句源】 凡授书不在徒多，但贵精熟，量其资禀，能二百字者止可授以一百字，常使精神力量有余，则无厌苦之患，而有自得之美。

【出自】 明·王守仁《传习录》。

【句意】 讲授知识不在徒然追求过多，可贵的是精和熟。

佳句赏析

授课的内容多了，就不可能详细讲说，学生也就难以理解，理解不了就容易遗忘。只有少而精，抓住要点，反复讲解，才能使学生“章章句句，无一字不明白”。“切不可没有说明这个知识点，又想着说明下个知识点。”这就好比烧开水。一锅水不停地烧，自然会开。如果水还未开又换水煮，这样，即使花了很多时间，烧了很多水，但一锅也烧不开。

一旦学生真正理解并掌握了老师讲授的内容，那么他们的学习能力就会提高，通过举一反三，对于那些老师没有讲过的内容，也能渐渐有所理解。这样的教学便会收到事半功倍的效果。

经典名句

◉ **想当日孟母教子，居必择乡。**

【句意】 当日孟子的母亲为了教育儿子，居住时总要选择好乡邻。

◉ **蓬生麻中，不扶而直；白沙在涅，与之俱黑。**

【句意】 蓬草生在麻地中，不用扶它也能挺直；白沙混在黑色的矾石中，混在一起也会成为黑的。涅：可做黑色染料的矾石。

◉ **教妇初来，教儿婴孩。**

【句意】 要教导媳妇最好在初入门，要教好儿子最好在孩提时。

◉ **人生百年，立于幼学。**

【句意】 人生百年，建树立足在于幼年所受的教育。

◉ **性者，天质之朴也；善者，王教之化也。**

【句意】 人的本性，是天生的浑朴素质；善良，是教育的结果。

◉ **中人以上，可以语上也；中人以下，不可以语上也。**

【句意】中等水平以上的人，可以讲高深的学问；中等水平以下的人，就不能讲过于高深的学问。说明教学要因材施教。

◉ **善待问者如撞钟，叩之以小则小鸣。**

【句意】善于回答别人的问题的人，像敲钟一样：轻轻地敲就小声响，重重地敲就大声响。比喻回答问题要难易适度。

◉ **戒之以祸，不若喻之以理；喻之以理，不若悟之以心。**

【句意】用祸福来告诫别人警惕，不如用道理来说服教育，使之从思想上明白道理。

◉ **教人至难，必尽人之材，乃不误人。**

【句意】教人最难，必须尽力发挥其长处，才不会耽误别人。

◉ **知其心，然后能救其失也。**

【句意】要了解学生的心理，才能使他克服缺点和过失。

◉ **讲学而无宗旨，即有嘉言，是无头绪之乱丝也。**

【句意】讲学没有明确的宗旨，即使说得再好，也不过是没有头绪的乱丝罢了。

◉ **视徒如己，反己以教，则得教之情也。**

【句意】对待学生像对待自己一样，把自己放在学生的地位上来教育学生，这就掌握到教育的实情了。

◉ **慈母有败子，小不忍也。**

【句意】仁慈的母亲出了败家子，原因是从小就不忍严加管教。

◉ **人才之成，自儿童起。**

【句意】培养人才，就要在儿童时期开始教育。

◉ **爱其子而不教，犹为不爱也。**

【句意】疼爱子女而不教育他们，就等于不爱子女。意指疼爱儿女但不能忽视教育。

◉ **安详恭敬，是教小儿第一法。**

【句意】安详恭敬是教导小孩的第一法。

第二节　读书何所求？将以通事理

▷ 学而不思，则罔；思而不学，则殆。

【句源】子曰：“学而不思则罔，思而不学则殆。”

【出自】《论语·为政》。

【句意】只是机械地学习而不加以思索，那就会迷惑不解；思索了却不进一步学习，那就会精神疲惫。

佳句赏析

学习与思考就像飞机的两个机翼，是相辅相成的，缺了哪个都不行。读书光靠学还不够，还要多向别人请教，多思考。这样才能求得真学问。反之，只学而不问不思，必然得不到真才实学。

多问几个为什么，也许生活就会与众不同，科学的道路上如果没有求真，也就没有了新的进步。我们在生活和学习中也要多动脑筋，多问几个为什么，而不能稀里糊涂，做一天和尚撞一天钟。只有把不懂的问题打上问号，谦虚地向别人请教，我们才能学得更深入一些，变得更聪明一些。

▷ 敏而好学，不耻下问。

【句源】子曰："敏而好学，不耻下问，是以谓之'文'也。"

【出自】《论语·公冶长》。

【句意】不以向不如自己的人请教为耻。

佳句赏析

一个人的力量总是渺小的，所能知道的也是有限的，总有比自己在某些方面强的人，总会有自己不懂的事，那就必须得问。尽管"不耻下问"是我们经常挂在嘴边的话，但要真正实行起来，还真有一点困难。

这不仅仅是个好不好学的问题，而且还牵涉到自尊心、虚荣心在内。如果自己位卑，能力弱，孤陋寡闻，求教于位尊者、能力强者、见多识广者，那似乎没有什么不以为耻。一旦反过来，以位尊求教于位卑，以能力强求教于能力弱，以博求教于寡，便立即感到脸上不光彩，耻于开口了。

让虚荣心堵住了自己的嘴，就是堵住了开启知识的大门。在生活中有虚怀若谷的精神，是会受益终生的。

▷ 博学之，审问之，慎思之，明辨之，笃行之。

【句源】博学之，审问之，慎思之，明辨之，笃行之。有弗学，学之弗能，弗措也。

【出自】《礼记·中庸》。

【句意】广泛地学习，仔细地探究，谨慎地思考，明确地辨别，最后要切实地去实行。

佳句赏析

对于学习，很多人都感到迷茫，不知如何去学。其实学习的方法古人早就为我们做了总结：第一，要广泛地猎取知识，培养充沛而旺盛的好奇心；第二，有所不明白的问题就要“打破砂锅问到底”；第三，要通过自己的思考来仔细分析问题；第四，善于分辨真伪，否则知识就会如鱼目混珠，良莠不齐；第五，努力践履所学，使所学最终有所落实，做到“知行合一”。其中最难的就是最后一点，因为只有有明确的目标、坚定的意志的人，才能真正做到“笃行”。

做任何一个学问，只要遵循以上几点，你就会成为那个领域的佼佼者。

▷ 尽信书，则不如无书。

【句源】尽信书，则不如无书。吾于武成，取二三策而已矣。

【出自】战国·孟轲《孟子·尽心下》。

【句意】如果一味迷信书本，还不如没有书。

佳句赏析

书作为先人思想文化、科学知识成果的载体，起着指导后人的作用，值得我们继承、推崇。然而面对飞速发展的新事物，任何人的思想都是有限的，不能放之四海而皆准，也不能放之古今而皆准。书亦有错谬、伪劣的存在；也有因食古不化、教条死套不着实际的读者，使书反成误人之物。因此，我们读书时要冷静而客观地分析之后再做选择，选择那些能长智、能给人启发、能发人深省、能给人带来愉悦情感的健康的书来读，切不可生搬硬套完全按照书上的内容来做。

善读书，读好书，学以致用，勿入死胡同。

▷ 好读书，不求甚解。

【句源】闲静少言，不慕荣利。好读书，不求甚解；每有会意，便欣然忘食。

【出自】晋·陶渊明《五柳先生传》。

【句意】读书只求领会要旨，不刻意在字句上下工夫。

佳句赏析

这是陶渊明的读书心得，那么这种“好读书，不求甚解”的态度，是否就是不认真呢？不是。读书的目的不同，方法也就不同。

阅读学习材料，我们就要“甚解而苦其心志”，明确每句话所包含的意思。

读课外书可以广收信息以求见多识广，胸有全局，避免居于一隅，坐井观天；可以紧扣专长，集中精力，早登高峰。总之，为陶冶情操或自娱，在阅读课外书时，我们可以把注意力放在读懂的内容上，对于不懂的地方先“不求甚解”一路读下去便是。我们读名著大多是为了获得享受，在享受中自然而然地得到熏陶和教益，而刻意求解的读法往往把享受的情境破坏了。

▷ 读书有三到，谓心到、口到、眼到。

【句源】读书有三到，谓心到，眼到，口到。心不在此，则眼不看仔细；心眼既不专一，却只漫浪诵读，决不能记，记亦不能久也。三到之中，心到最急。心既到矣，眼口岂不到乎？

【出自】明·朱熹《训学斋规》。

【句意】读书要做到三点：用心去体会，用嘴去朗读，用眼睛去看。

佳句赏析

学习离不开读书，有效地读书是丰富知识的重要途径。

读一本书，如果心思不在书本上，那么眼睛就不会仔细看，心和眼既然不专心一意，却只是随随便便地读，那一定不能记住，即使记住了也不能长久。三到之中，心到最重要。心已经到了，眼口难道会不到吗？

俗话说“好记性不如烂笔头”，读书动笔，能够帮助记忆，掌握书中的难点、要点，有利于储存资料、积累写作素材，有利于扩大知识面，提高分析综合能力。

▷ 人之为学，不日进则日退。

【句源】人之为学，不日进则日退，独学无友，则孤陋而难成；久处一方，则习染而不自觉。

【出自】清·顾炎武《与友人书》。

【句意】在学习上，如果每日没有进步就是退步了。

佳句赏析

当今社会，知识就是资本，知识就是财富。谁占有知识，谁就占有发展的主动权；谁的知识更新快，谁就掌握了发展的制高点。不学习，就会失去机会，丧失机遇。我们要舍得在学习上花时间，花在学习上的时间越多，投资的资本越大，抓住机遇的概率就越高。现在是学习型社会，要多向书本学习，不断刷新知识；多向实践学习，勇于投身实践；多向朋友学习，积极吸取优点。把学习作为精神需求，把学习作为良好的生活习惯。

有人说没有学习的机遇，也有人说没有学习的时间，这些只能说明一个人的思想懒惰。如果每天把花在上网、逛街、无所事事上的时间节省下来，就会得到一笔巨大的“财富”。你花在学习上的时间越多，你对自身的投资就越多，你自身的价值就越高。

经典名句

◎ **生而知之者，上也；学而知之者，次也；困而学之，又其次也；困而不学，民斯为下矣。**

【句意】一生下来就知道的人，是上等；经过学习而知道的人，是次等；遇到困惑再去学习的人，又次一等；遇到困惑而不学习，这种人就是最下等的了。

◎ **生而知之者寡矣，学而知之者众矣。**

【句意】生下来就知道的人少，学习才知道的人多。

◎ **虚而往，实而归。**

【句意】虚心地前往学习，就会满载而归。

◎ **整瓶不摇半瓶摇。**

【句意】比喻有真才实学的人倒谦虚，而浅薄的人反而喜欢炫耀自己。

◎ **君看构大厦，何曾一日成。**

【句意】请你看看建筑一座大厦，哪会有一天就建成的？

◎ **多闻以为富。**

【句意】见闻广博可以丰富自己的学识。

◎ **学者贵能博闻也。**

【句意】读书人最重视的就是要能广博地吸取知识。

◎ **时无远近，事无巨细，以成博识。**

【句意】时间不分远近，事情不分大小，都要通晓，以便成为学识渊博的人。

◎ **坐集千古之智。**

【句意】要广为收集久远古代的智慧（指著作）。

◎ **多闻则守之以约，多见则守之以卓。**

【句意】博闻广识要掌握要领，有高明的见解要见多识广。

◎ **博学而详说之，将以反约之。**

【句意】广泛学习，详细地解说，在融会贯通以后，再加以简约。

◎ **学者博览而就善。**

【句意】治学者要广泛地阅读，但要吸取其中正确、有用的内容。

◎ **博观而约取。**

【句意】书要多看，但要善于摄取精华。

◎ **不广求，故得；不杂学，故明。**

【句意】做学问不以能贪多求杂，而要注重专精，才有长进。

◎ **不一则不专，不专则不能。**

【句意】不集中攻习一种艺术就难以有专长，没有专长就难尽其才能。

◎ **贪多嚼不烂。**

【句意】贪婪多吃却不能消化。比喻贪求多得而不能运用。

◎ **不学操缦，不能安弦；不学博依，不以安诗。**

【句意】不先学习调弦杂弄，就指头不活，弹不好琴；不先学习广泛地打比喻，就学不好诗。这说明，学习要注重打好基础。

◎ **好问则裕，自用则小。**

【句意】好问必多知，自以为是则学不到东西。

◎ **以能问于不能，以多问于寡。**

【句意】向知识、才能不如自己的人请教。

◎ **善学古人之长，毋袭古人之病。**

【句意】要善于学习古人的长处，不要沿袭古人的短处。

◎ **善学者得鱼忘筌，不善学者刻舟求剑。**

【句意】会学习的人捕得了鱼就忘记了筌，不会学习的人就拘泥固执，不知变化。筌：捕鱼的竹器。

◎ **不学古人，法无一可；竟似古人，何处着我？**

【句意】不借鉴古人，则无所遵循；如果照搬古人一套，那么就没有自己的创见。

◉ **集众长归于我，斯为大为**。

【句意】把众人之长都归我，这才称得上集其大成。

◉ **学则正，否则邪**。

【句意】读书学习就会走上正路，否则就会走入邪道。

◉ **才饱身自贵，巷荒门岂贫**。

【句意】富有才学的人本身是高贵的，即使身居陋室也不算贫贱。

◉ **人一日无米则饥，一日无字则瞽**。

【句意】人一天不吃饭就要饥饿，一天不读书就要变成瞎子。

◉ **人之心不学则懵也**。

【句意】人不学习就不明事理。

◉ **荆山之璞虽美，不琢不成其宝**。

【句意】楚地山中所产的璞虽然美好，但不经过雕琢，就不能成为宝贵的美玉。比喻人有好的天资，如果不学习，也不会成才。

◉ **解蔽莫如学**。

【句意】消除愚谬，最好是学习。

◉ **读书何所求？将以通事理**。

【句意】读书所追求的是什么？目的是通达事理。

◉ **秀才不出门，能知天下事**。

【句意】读书人不必出门，却能了解世间万事。

◉ **不祈多积，多文以为富**。

【句意】不祈求多积财富，以知识多为富有。

◉ **惟学逊志，务时敏，厥修乃来**。

【句意】学习要顺着自己的志向，敏于求知，就会取得成功。

◉ **用心专者，不闻雷霆之震惊**。

【句意】用心专一而进行学习的人，雷声也惊动不了。

◉ **读书要在存心久**。

【句意】读书最重要的是专心致志，持之以恒。

第三节 光阴可惜，譬诸逝水

▷ 逝者如斯夫，不舍昼夜。

【句源】子在川上曰："逝者如斯夫！不舍昼夜。"

【出自】《论语·子罕》。

【句意】奔流而去的时间是这样匆忙啊！白天黑夜地不停留。

佳句赏析

逝水是不会有重归的，时间也不会重返，历数古今中外一切有大建树者，无一不惜时如金。古人说过："一寸光阴一寸金，寸金难买寸光阴。"昨天和今天没什么大区别，今天和明天也没有不一样，一年四季，春夏秋冬循环往复，但是我们个子长高了，慢慢又变矮了，头发由黑变白，这时才刚想起，该学的没有学，该会的没有会，该做的没有做，过去的时间却再也找不回来了，这样的人生又有什么意义呢？

时间是一笔贷款，即使再守信用的借贷者也还不起。最吝啬时间的人，时间对他最慷慨。抓住今天，尽可能少依赖明天。"莫等闲，白了少年头，空悲切！"珍惜时间可以使生命变得更有价值。

▷ 日月逝矣，岁不我与。

【句源】"日月逝矣，岁不我与。"孔子曰："诺，吾将仕矣。"

【出自】《论语·阳货》。

【句意】时间迅速流逝，岁月是不等待人的。

佳句赏析

生活中，我们常常会听到这样的声音"有空再做"，"明天做"，"以后做"，"拖""等""研究、商量"，就是因为有这样"拖延"的心态，我们才一而再、再而三地让时间从我们的手指尖流过，人们也常常感叹，"时间怎么过得这么快啊"。

事情可以"等"你不忙时去处理，朋友可以"等"你空闲时去聚会，知识可以"等"你休息后再去学……但是时间不等你，也无法等你。所以，你不追赶时间，就被时间淘汰。

▷ 百金买骏马，千金买美人；万金买高爵，何处买青春？

【句源】百金买骏马，千金买美人；万金买高爵，何处买青春？

【出自】清·屈复《偶然作》。

【句意】百两黄金可以买骏马，千两可以买美人。万两可以买来官位，青春去哪里买呢？

佳句赏析

有了钱，你可以买房、买车；有了钱，你可以开办公司当经理；有了钱，你可以吃遍山珍海味，享受美食；有了钱，你可以穿金带银，炫耀自己。有了钱，你可以得到你想要的物质生活和精神享受，但是你却买回不了逝去的时间。即使你再有钱，也不能赎回自己的青春。

朋友，每当你打电脑游戏的时候，日子从键盘上过去，看电视的时候，日子从屏幕里闪去。朋友，人生虽短暂，但细细地算一算，一生中我们有多少时间是用在工作、学习上呢？

“燕子去了，有再来的时候；杨柳枯了，有再青的时候；桃花谢了，有再开的时候，而我们的日子一去不复返。”我们的青春走了，却没有再回来的时候。

▷ 人生天地之间，若白驹之过隙，忽然而已。

【句源】人生天地之间，若白驹过隙，忽然而已。

【出自】战国·庄周《庄子·知北游》。

【句意】人生活在天与地之间，生命的历程犹如白色的骏马在缝隙前飞快地越过。

佳句赏析

人的一生时间和世界万物相比不过是短短一瞬间，在还没有好好体会的时候，它就过去了。虽然有些人感到光阴似箭、日月如梭，但却不知道如何珍惜时间。珍惜时间就是不浪费一分一秒，要懂得节约时间，也就是如何使时间的利用更有效。

大多人都认为，给自己很多很多的时间完成一件事，可以改善工作的品质，但实际情况并非如此。帕金森的结论是：“一份工作所需要的资源与工作本身并没有太大的关系，一件事情被膨胀出来的重要性和复杂性，与完成这件事所花的时间成正比。”这一基本原则的含义是，要确定哪些事根本不必做，哪些事做了也是白费工夫。我们要时刻提醒自己：把时间留给特别有意义的问题，不可把大量宝贵的时间耗费在与工作关系不大的问题上。

大凡做事效率高的人，都会利用或学习利用时间，懂得用同等的时间做更多的事的技巧。

▷ 百川东到海，何时复西归？少壮不努力，老大徒伤悲。

【句源】常恐秋节至，焜黄华叶衰。百川东到海，何日复西归？少壮不努力，老大徒伤悲。

【出自】《汉乐府·长歌行》。

【句意】时间像江河向东流入大海，一去不复返；人在年轻时不努力学习，年龄大了一事无成，空留悲伤、后悔。

时间很无情，也很公平。在同样时间的给予下，懂得珍惜时间的人会抓住机遇，创造出比别人更多的价值。

一个具有判断力的人，做事时一定会考虑优先顺序，先做最重要的事，然后才做比较次要的工作。万万不可先做自己认为好做或自己喜爱的事，那样，可能会将重要的事耽搁，造成不必要的损失。那么该如何决定工作的优先顺序呢？一般说来，可以依据工作期限、重要程度，以及性质来判断。所以，在做事之前，应该制定一个紧密且可行的流程。

另外做事的关键之一，就是懂得把握住少数重要的事情，抓住事情的关键。这样，才能切实把有限的精力用在最有效的时间上，提高做事的效率。在同样的时间内做出更多的事，你不会为时间的流逝而留下遗憾。

▷ 盛年不重来，一日难再晨。及时当勉励，岁月不待人。

【句源】得欢当作乐，斗酒聚比邻。盛年不重来，一日难再晨。及时当勉励，岁月不待人。

【出自】晋·陶渊明《杂诗》。

【句意】精力充沛的年岁不会再重新来过，就像一天之中只能有一个早晨。年纪正轻的时候，要勉励自己及时努力，否则，岁月一去不回，它是不会停下来等人的。

一点一滴汇成大海，一分一秒组成人生。凡是想获得成功的人，都异常谨慎

地珍惜和支配自己的时间。而有的人总感觉时间不够用，一整天都要忙忙碌碌地工作，却经常纷乱无序。其实，这是由于我们不会有效地利用时间。

早晨起来后，先不要忙于着手做事，而应该把今天的时间怎么度过在头脑中预先描绘一个蓝图。今天应该做的事情有哪些，哪项事情比较困难，哪项事情比较容易，困难的事情用多长时间、怎么做。简单的事情用多长时间、怎么做。这样在头脑中整理一遍后，做起事来就会很流畅，这样做还可以防止遗漏内容。

时间就像海绵，只要善于挤，总会有时间可用。一天之计在于晨，在每天工作的开始，抽几分钟计划当天的工作，也许短时间你感觉不到它的功效。时间一长，事半功倍的效果会令你获益匪浅。

▷ 志士惜年，贤人惜日，圣人惜时。

【句源】志士惜年，贤人惜日，圣人惜时。

【出自】清·魏源《默觚·学篇三》。

【句意】志士珍惜一年的光景，贤人珍惜一日的光景，圣人则珍惜每时每刻。

名人之所以能成为名人，伟人之所以能成为伟人，有一个共同点，那就是：他们都能很好地运用自己的时间，他们都懂得一切从现在做起的道理。在时间的运用上，成功人士非常认真地对待每一分每一秒，尤其是当前时间的利用，而不是将时间用在说许多的大话、空话或者是无期望达到的计划上。

一位青年人向爱因斯坦询问道：“先生，您认为成功人士是如何成功的，有无秘诀？”爱因斯坦非常认真地告诉他：“成功等于少说废话，加上多干实事。”爱因斯坦的意思很简单，细想一下，就不难明白，爱因斯坦其实是想告诉这位青年人，不要把时间浪费在一些无聊的闲扯之中，要抓住现在的每分每秒，做一些切实有用的事情，坚持下去，成功就不远了。

◎ 日月逝矣，岁不我与。

【句意】时间迅速流逝，岁月是不等待人的。

◎ **人生天地间，忽如远行客。**

【句意】人生一世，好像远行的客人，匆匆而过。

◎ **争寸阴而弃珠宝。**

【句意】宁愿争得短暂的时间而舍弃贵重的珠宝。

◎ **天地无终极，人命若朝霞。**

【句意】天地无穷无尽，人的生命却像朝霞那样短促。

◎ **志士惜日短，愁人知夜长。**

【句意】有志之士可惜每天时间太短，愁闷的人觉得夜间太长。

◎ **大禹圣者，乃惜寸阴，至于众人，当惜分阴。**

【句意】圣人大禹，还珍惜寸阴；至于凡人，应当珍惜分阴。比喻人生在世，应做些有益于社会的事，不可荒废宝贵时光。

◎ **少壮轻年月，迟暮惜光辉。**

【句意】少壮不懂得时间的可贵，到老年才知道爱惜时间。

◎ **尺波易流，寸阴难保。**

【句意】一尺波水容易流去，一寸光阴难以保留。

◎ **人生代代无穷已，江月年年只相似。**

【句意】人生一代接一代无穷无尽地传下去，而江上的月亮却是年年都一样的。

◎ **欲觉闻晨钟，令人发深省。**

【句意】想要睡觉却听到晨钟敲响，令人有所觉悟。比喻听到晨钟，就想到又一天了。

◎ **渐老逢春能几回?**

【句意】人到老年，就感到难得再有几个春天了。

◎ **白日不与吾谋。**

【句意】时间的流逝是不以人的意志为转移的。

◎ **光阴难驻迹如客。**

【句意】光阴如来往的客人一样不停留。

◎ **昨日之日不可追，今日之日须臾期。**

【句意】过去的时间不再回头，目前的时间很快就会过去。

◎ **少壮及时宜努力。**

【句意】应当趁着青壮年时期勉力向上。

◎ **勿嗟旧岁别，行与新岁辞。**

【句意】不要去叹息已逝去的时光了，而要抓紧行将辞去的新的时光。

◎ **痴人走死声利场，我独感此惜流光。**

【句意】愚蠢的人追逐名利，我却爱惜光阴。

◉ **蹉跎莫遣韶光老。**

【句意】不要让美好的青春时光虚度过去。

◉ **青春岂不惜，行乐非所欲。**

【句意】大好青春哪能不惜！而纵情享乐，非我所愿。

◉ **百年那得更百年，今日还须爱今日。**

【句意】一个人不会有两个百年，应该珍惜每一日。

◉ **人生百年几今日，今日不为真可惜。**

【句意】人生一百年有几个今天，今天不做事真可惜。

◉ **客来客去日日，花开花落年年。**

【句意】每日每时都是客来客往，年年岁岁看着花落花开。

◉ **月不胜日，时不胜月，岁不胜时。**

【句意】按月计算不如按日计算，按季计算不如按月计算，按年计算不如按季计算。意在劝诫人们要珍惜时间。

第四节 志行万里者，不中道而辍足

▷ 苗而不秀者有矣夫！秀而不实者有矣夫！

【句源】子曰："苗而不秀者有矣夫！秀而不实者有矣夫！"

【出自】《论语·子罕》。

【句意】有的苗不吐穗，有的苗吐穗了也不结果。

一个人的学习过程就如庄稼的生长过程，如果半途而废或者不努力，很可能在学习期满后得不到预期的学习效果。这一点对当今的大学生来说具有很好的警示作用。不要以为只要进了大学就一定能拿到毕业证书，混到毕业以后就一定能有好的前途。现在是充满竞争的市场经济时代，如果不认真学习，不具备足够的真才实学，是很难有好的结果的。如果不在大学里好好学习，毕业之后很可能成为一个"秀而不实"的空头大学生。

无论是身处学校的学生，还是刚刚步入社会的青年，都只是踏上人生之路的一个起点，要想得心应手地工作，或有所成就，依然需要长期的虚心学习和努力。

▷ 路漫漫其修远兮，吾将上下而求索。

【句源】吾令羲和弭节兮，望崦嵫而勿迫。路漫漫其修远兮，吾将上下而求索。饮余马于咸池兮，总余辔乎扶桑。

【出自】战国·屈原《离骚》。

【句意】在追寻真理（真知）方面，前方的道路还很漫长，但我将百折不挠、不遗余力地（上天下地）去追求和探索。

一个人从牙牙学语到成龙成凤不是一朝一夕的事，其中会遇到许多未知的困难。如果你想与众不同，如果你想成为大器之才，那么你就要拥有比其他人坚持得更久的能力。

你可以坚持每天看书一个小时；你可以坚持每天健身半小时；你可以坚持每天都向梦想前进一步，哪怕是微不足道的一小步……

成长的道路曲折而漫长，要通过不遗余力地求索才能看到最美丽的风景。人生之事贵在坚持，难在坚持。

▷ 虽有天下易生之物也，一日暴之，十日寒之，未有能生者也。

【句源】虽有天下易生之物也，一日暴之，十日寒之，未有能生者也。吾见亦罕矣，吾退而寒之者至矣，吾如有萌焉何哉？

【出自】战国·孟轲《孟子·告子上》。

【句意】即使有天下最容易生长的植物，晒它一天，又冻它十天，没有能够长大的。暴同“曝（pù）”，晒。

成才不是一蹴而就的事情，虽然优越的家庭环境、优秀的学校和老师、丰富的知识材料为你提供一切学习资源，但如果不能用恒心和毅力来获取，那么想成为一员大将，很难。

学习定要专心致志、下苦功不可，若是今天学一些，把它丢下了，隔十天再去学，怎么会学到知识呢？贪玩是人的天性，成大器的人之所以成功，就是他们把玩耍的时间都用在向目标前进的学习上了。

量变积累到一定程度，就会产生质的变化，所以学习贵在坚持，切忌一曝十寒，切忌三天打鱼，两天晒网，切忌做一天和尚撞一天钟。

▷ 小时了了，大未必佳。

【句源】太中大夫陈韪后至，人以其语语之，韪曰：“小时了了，大未必佳。”

【出自】南朝宋·刘义庆《世说新语·言语》。

【句意】小时候聪明的人，长大以后不见得就有出息。了了：聪明。

有时候要看一个人的成就或未来是否成功，不能只从这个人年幼时的成绩或表现来判断。很多成功者可能以前都不是最聪明的人或是成绩优秀的人，但是他们愿意努力，具备积极向上和谦虚的态度，最终获得成功。

相反，很多人自恃生性聪明，懂很多事情，所以不肯好好学习，不勤奋读书，结果聪明反被聪明误，长大后反会变成庸碌之人。聪明和有出息不能画等号，聪明但不努力，不可能作出成绩来。

▷ 自古雄才多磨难，纨绔子弟少伟男。

【句源】学林探路贵涉远，无人迹处有奇观。自古雄才多磨难，从来纨绔少伟男。

【出自】《七律·劝学》。

【句意】自古以来凡是成大事的英雄豪杰都是经历过很多磨难的，而那些富贵人家的子弟很少有人能成就大事的。

只有经历了挫折和磨难，意志品质和处世能力才能得到提高。而纨绔子弟往往娇生惯养，缺少磨难，则其意志品质和能力都没有得到充分的锻炼，也就不可能成就一番事业。

现在，人们生活水平提高了，已经具备了良好的物质条件和优越的客观环境。若要作出自己的成绩，就不能依赖父母的优越条件，享受他们的娇宠；不能因为面子而不敢承担自己的过失；遇到挫折奋力迎接，不再退缩。

优越的条件并不可怕，关键在于你是否有战胜自我的决心和持之以恒的毅力。

▷ 古之立大事者，不惟有超世之才，亦必有坚韧不拔之志。

【句源】 古之立大事者，不惟有超世之才，亦必有坚忍不拔之志。昔禹之治水，凿龙门，决大河而放之海。

【出自】 宋·苏轼《晁错论》。

【句意】 自古以来的能建功立业做大事的人，不仅有超脱俗世的才能，也一定会有坚韧不拔的意志。

俗话说："石看纹理山看脉，人看志气树看材。"一个人如果没有志气，就不会奋发向上，也成不了一个有成就的人。在现实生活中，很多人做事功败垂成，不是因为他们不具备才能，而是因为他们缺乏坚忍不拔的毅力。

志有高下之分。不同的人有不同的志向，就像登山一样：有的人发誓要登上最高的山，有的人却只想攀上丘陵。登高山固然辛苦，只要坚持到底，必能如愿。那种"一览众山小"的境界，岂是登丘陵的人所能感悟和企及的？

因此有"超世之才"，但没有"坚韧不拔之志"，是什么也做不成的。

▷ 初生之犊不惧虎。

【句源】"俗云：初生之犊不惧虎。"

【出自】 元末明初·罗贯中《三国演义》。

【句意】 刚出生的小牛不怕老虎。

敢说敢干、无所畏惧的精神，正是青年人所具有的优势。青年人涉世不深，思想上很少有顾虑，做事不畏首畏尾，常常有勇敢之举。一些不好干、不能干的事，总想要去尝试。正是拥有这种初生牛犊不怕虎的闯劲和冲劲，无论做什么事，年轻人都敢闯敢试，敢于面对困难、积极应对挑战，保持活力、保持干劲。

在年轻人心中没有失败，没有放弃，"无畏向前，勇者无敌"是他们始终坚持的信念。

◉ **男儿立身须自强。**

【句意】男子汉做人应当发愤图强。

◉ **世上英雄本无主。**

【句意】世上本来就没有限定谁是英雄。

◉ **志行万里者，不中道而辍足。**

【句意】立志行万里的人，是不会中途停止的。

◉ **人所欲为，譬如穿池；凿之不止，必得泉水。**

【句意】一个人要有所作为，譬如挖池，一直挖下去，一定会得到泉水。

◉ **天下无难事，只怕有心人。**

【句意】世上难事没有办不成的，只怕立志而坚持到底。

◉ **下手处是自强不息，成就处是至诚无息。**

【句意】下手做事就是要靠自强而不停息，获得成就要靠诚心诚意奋斗而不松懈。

◉ **凡人贵自立。**

【句意】一个人应看重的是自己努力奋斗。

◉ **前程万里，全要各人自去努力。**

【句意】前途都远大，完全要靠各人努力去争取。

◉ **志不立，天下无可成之事。**

【句意】大志不树立，天下间就没有可成功的事。

◉ **志不立，如无舵之舟，无衔之马，漂荡渫奔逸，终亦何所底乎？**

【句意】一个人不立志，就像无舵的船，无缰的马，到处漂荡奔跑，最终能达到哪里呢？

◉ **少年心事当拿云。**

【句意】年轻人怀抱高昂奋发的志向好比要上天拿云。

◉ **强行者有志。**

【句意】顽强奋进的人必有志气。

◉ **功崇惟志，业广惟勤。**

【句意】功业崇高只有靠志向，学业广博只有靠勤奋。

◉ **人之天分有不同，论学则不必论天分。**

【句意】人生下来的素质是有所区别的，但学习就不必强调这个，只要努力学习，则终必有成。

◎**将相本无种，男儿当自强。**

【句意】王侯将相本来就没有固定的种族，好男儿只要能发愤图强，就一定会有所作为。

◎**北海虽赊，扶摇可接。**

【句意】北海虽然遥远，但只要乘着盘旋而上的暴风，仍然可以到达。

◎**少不勤苦，老必艰辛。**

【句意】年轻的时候不勤劳刻苦，到年老的时候必定要备受艰辛。

◎**成人不自在，自在不成人。**

【句意】人要有所成就，必须刻苦努力，不可放任自流。

第五节　千里始足下，高山起微尘

▷ 未之能行，唯恐有闻。

【句源】子路有闻，未之能行，唯恐有闻。

【出自】《论语·公冶长》。

【句意】一条道理还没有能亲自实行之前，唯恐又听到新的道理。

佳句赏析

对学问进行求索，通过实践来获得感知固然可贵，值得表扬，但是只因为自己还没有去实行就拒绝接受新的道理，是非常无知的。一方面，并不是所有的道理都必须自己亲自去实行；另一方面，对于没有能力去实行的道理也不应该拒绝去了解。许多道理彼此是相通的，对于那些不能亲自去实行的道理，知道了之后也可能会启发我们，从而有利于我们现在的行动。

在今天这样一个知识经济的时代、信息时代，拒绝接受我们暂时还无法实行的新技术、新观点、新思维等是有害的。我们应该以开放的心态和思维去接受新的东西，而不管我们现在是否有能力去实行。

▷ 操千曲而后晓声，观千剑而后识器。

【句源】凡操千曲而后晓声，观千剑而后识器。故圆照之象，务先博观。

【出自】南朝梁·刘勰《文心雕龙·知音》。

【句意】练习一千支乐曲之后才能懂得音乐，观察过一千柄剑之后才知道如何识别剑器。

在古人看来，耳闻、目见、心知、力行，是认识事物的四个途径，但以“力行”最为重要。因为“力行”不仅可以检验通过前三种途径所获得的知识，而且还可以进一步促进对所学知识的理解与把握。

要学会一种技艺，不是容易的事；做个鉴赏家，也要多观察实物，纸上谈兵是不行的。读书要破万卷，下笔才能有神。做任何事情，没有一定的经验积累，就不会有很高的造诣。

▷ 百闻不如一见。

【句源】百闻不如一见，兵难遥度。臣愿驰至金城，图上方略。

【出自】汉·班固《汉书·赵充国传》。

【句意】听到一百次，不如亲眼看见一次。

不可偏听偏信道听途说，除非自己亲眼见到才能辨别事件真伪。有些事非要你亲自尝试，才会体味其中的感受，也才能得到真实的结果。如现在娱乐节目中有一种一个传一个的游戏，传到最后一个时已经和原来完全变了样，这就是中间环节的误差。经历的中间环节越多，与实际之间的误差也就越大。因此生活中有条件亲身实践的事情，就应当亲自去实践。经历一定的中间环节，就有得不到正确认识的可能性。

百闻不如一见，百见不如一行。

▷ 临渊羡鱼，不如退而结网。

【句源】故汉得天下以来，常欲治而至今不可善治者，失之于当更化而不更化也。古人有言曰：“临渊羡鱼，不如退而结网。”

【出自】汉·班固《汉书·董仲舒传》。

【句意】站在深潭边上希望得到里面的鱼，还不如回去赶快编织渔网。

佳句赏析

凭空想象而不去实践，正如想品尝鱼的美味却不想去编织渔网，而仅仅站在水边羡慕，是没有意义的。最好的办法就是从小事做起，从现在做起，向理想的目标迈进，脚踏实地去争取，最终才能达到目的。

任何一项成就都要靠实践去完成。成功的路就在自己的脚下，如果不能脚踏实地，永远沉浸在美妙的幻想中，只会一事无成。

▷ 纸上得来终觉浅，绝知此事要躬行。

【句源】古人学问无遗力，少壮工夫老始成。纸上得来终觉浅，绝知此事要躬行。

【出自】宋·陆游《冬夜读书示子聿》。

【句意】从书本上得来的知识，终究体会不深；要透彻地了解某件事，非亲身实践不可。绝：彻底。躬行：亲自实践。

佳句赏析

一个人要想学到真正的学问，光靠书本知识是不行的，还要通过生活来体会做人做事的道理。这就是为什么社会上有才干、有成就、对社会有所贡献的人，并不一定都是出自学校的好学生的原因；同样，功课好的学生进入社会后也不一定能成就伟大的事业。因为，他们未必能学好“社会学问”这一书本外的最重要、最实用的学问。

现在有些同学以为读几本优秀作文选就能写好作文，然而一篇好文章的诞生，必须靠自己多观察生活，多动笔练习写。比如计算机是一门实践性很强的学科，它需要理论的指导，但是它的发展是在实践中来完善的。

诸如此类的事情还有很多，除非我们能将书本知识运用于实际经验中，否则书本知识终究只是理论。

▷ 不经一事，不长一智。

【句源】俗语说：“不经一事，不长一智。”我如今知道了，你又该来支问着我了！

【出自】 清·曹雪芹《红楼梦》。

【句意】 不经历一件事情，就不能增长对那件事情的见识。

佳句赏析

一个人拥有智慧，除了在书本中学习外，他的经验和阅历是必不可少的。经历的事情越多，获得的经验就越丰富，领悟出来的知识、才能、见解就越多。而这种领悟必然需要时间，需要充足的经验和阅历。“不经一事，不长一智”，人的成长是从挫折中得来的，同样，“智慧”也是从实践中感悟出来的。

没有跌倒，不知道行路的艰辛，没有失败，不能体会痛苦的滋味，缺少坎坷的人生并不完美。

经典名句

◉ **若升高必自下，若陟遐必自迩。**

【句意】 如果登高必定从山下开始，如果登远山必定从近处起。

◉ **立业建功，事事要从实处着脚。**

【句意】 要使自己建立功业，做任何事都要脚踏实地。

◉ **千里始足下，高山起微尘。**

【句意】 千里的行程必从脚下起步，高山峻岭必由微尘积起。

◉ **君子之学，未尝离行以为知也必矣。**

【句意】 君子学习，离开行必然不能获得真知。

◉ **托之于空言，不如著之于行事之有征也。**

【句意】 只讲空话，不如作出有成效的事情。

◉ **知而不能行，只是知得浅。**

【句意】 有了知识而不能实行，这种知识是肤浅的。

◉ **知虽良而能不逮，犹之乎弗知。**

【句意】 虽有良好智慧但身体力行的能力却不足，这等于不知。

◉ **以知为首，尊知而贱能，则能废。**

【句意】 过分强调知而轻视实践，人就会失去实践能力。

◎ **弗虑胡获，弗为胡成？**

【句意】不思考怎么能获得知识，不行动怎么能得到成功？

◎ **知之真切笃实处即是行，行之明觉精察处即是知。**

【句意】认识得真切厚实本身就是行动，行动得明白自觉其中就有认识。

◎ **知之愈明，则行之愈笃；行之愈笃，则知之益明。**

【句意】知道得越清楚，行动就越坚决；行动越坚决，知道得就越清楚。

◎ **见闻之知，不如心之所喻，心之所喻，不如身之所亲行焉。**

【句意】从见闻得到的知识，不如心中已了解的，心中了解的，不如经过实践体验的。

◎ **“体验”二字，学者最亲切。**

【句意】读书人通过实践去思考问题，感受最为亲切。

◎ **须是识在所行之先。**

【句意】知在先，行在后，有知才有行。

◎ **不患出言之难，而患践言之难。**

【句意】说出道理并不难，难的是去实践它。

◎ **及之而后知，履之而后艰。**

【句意】接触事物然后获得知识，把学到的知识付诸实践就知道实践的艰难。

◎ **行然后知之艰，非力行焉者不能知也。**

【句意】行动起来才知道实践的艰难，因为不力行就不能获得知识。

◎ **知行兼举。**

【句意】知和行都要重视，不可偏废。

◎ **三折肱，为良医。**

【句意】多次摔断胳膊的人，可以成为高明的医生。说明知识来源于实践，实践出真知。

◎ **为学无别法，只是知一字，行一字，知一句，行一句，便有益。**

【句意】学习没有什么别的方法，只要是能够知道一点，就做一点，知道一些，就做一些，就会有所裨益。

◎ **传闻不如亲见，视景不如察形。**

【句意】凭借传闻了解事情，不如亲眼观看。只看看影子，不如直接观察事物的形状。

◎ **技无大小，贵在能精。**

【句意】一个人的才能并不在于大小，而贵在能够精通。

第六节　习勤忘劳，习逸成惰

▷ 君子有九思：视思明，听思聪，色思温，貌思恭，言思忠，事思敬，疑思问，忿思难，见得思义。

【句源】孔子曰："君子有九思：视思明，听思聪，色思温，貌思恭，言思忠，事思敬，疑思问，忿思难，见得思义。"

【出自】《论语·季氏》。

【句意】君子有九种要注意的事项：看的时候要注意是否看清；听的时候要注意是否听清；自己的脸色要注意是否温和，容貌要注意是否谦恭；言谈时要注意是否忠诚；办事时要注意是否谨慎严肃；遇到疑问要考虑是否应该向别人询问；愤怒时要考虑是否有后患；获取利益时要考虑是否合乎义的准则。

孔子提出的这九个方面，无论人际交往还是修身养性，或者成功立业，它都是极为实用的警句。生活离不开它，成才更离不开它，因而要在平时努力培养自己这方面良好的行为习惯。

观察仔细才能了解清楚事物的全貌；认真听清楚才能正确了解对方的真实意思；态度温和才能获得对方的信任和好感；态度谦恭才能学习更多的知识；态度诚恳才能有助于获得对方的认可；办事严谨才能让委托者放心；征求意见才能避免发生误会；克制愤怒才能避免产生恶劣后果；合理合法的财富得到后才能安心。

从细微处着手养成良好的"九思"习惯，让你更快成才。

▷ 举一隅不以三隅反，则不复也。

【句源】子曰："不愤不启，不悱不发。举一隅不以三隅反，则不复也。"

【出自】《论语·述而》。

【句意】如果他不能举一反三，就不要再反复地给他举例了。

佳句赏析

一个优秀的人才应具备触类旁通的能力，能由一个道理而推知其他的道理，举一反三，闻一知十。

要具有这种能力，关键是锻炼自己的联想能力和独立思考能力。拥有丰富的知识，思维尽可能开阔，思考问题的时候要有天马行空的勇气，不要被各种有形的和无形的条条框框所束缚。比如用一种方法解决某个数学题，我们不能只想到这一个问题，而是要对所有的同类题都采用这种解题方法。

只有养成勤于联想、深入思考的习惯，才会发挥一个人的无限潜能。

▷ 欲速，则不达。

【句源】 子曰："无欲速，无见小利。欲速，则不达，见小利，则大事不成。"

【出自】《论语·子路》。

【句意】 如果只图快，结果反而达不到目的。

佳句赏析

生活中一心求速成，因冲动而坏事的例子比比皆是。例如许多人学习外语往往缺乏耐心，不愿意循序渐进地苦练基本功，不去背记单词，也不去理解分析语法，一心只希望获得"快速掌握外语"的秘诀。结果，既花费精力又花费时间，最后还是竹篮打水一场空。

当今社会，每个人都渴望快速成功，所以很多人都产生了投机取巧的浮躁心理，最后的结果往往是欲速则不达。所以要想成功就不要太心急，一心急，事情只会越做越糟，事倍功半。

做事不能只图快不求好，急于求成反而干不好事，养成稳扎稳打的行为习惯能让你受益匪浅。

▷ 性相近也，习相远也。

【句源】 子曰："性相近也，习相远也。"

【出自】《论语·阳货》。

【句意】 人性本来是相近的，因为教养的不同，便相差很远了。

人生下来的时候都是好的，只是在成长过程中，后天的学习和生活环境不一样，兴趣不同，习惯也不同。俗语说：“好变坏一刻钟，坏变好需一年。”染上上网打游戏的习惯，然后喜欢看书的好习惯会在一瞬间就消失；而抽烟的坏习惯要想去掉，往往需要很长时间。

习惯的力量异常强大，能将你送入天堂，也可将你拖入地狱。不良的习性好比生命中多余的“石屑”，只有坚决地拿起手中的斧凿将其剔除，才能让人生凸显生命的质感，镂刻出别样的景致。

人性原本相近，习性使之越距越远，不要让习惯驱使你偏离正道。

▷ 已矣乎！吾未见能见其过而自讼者也。

【句源】子曰：“已矣乎！吾未见能见其过而内自讼者也。”

【出自】《论语·公冶长》。

【句意】遗憾啊，我没有见过能见到自己的错误就能自我反省的人。

只有能经常反省，发现自己的不足和错误，才能不断提高和进步。

在迷茫时反省自己，寻找自己迷失方向的原因；在成功时反省自己，看看自己取得了什么成绩，还存在哪些问题；在与人交往时反省自己，说话是否得体，或者与别人相比自己有什么缺点……

反省自己不是自责，也不是自卑，而是完善自我、走向成功的一条必经之路。

▷ 少成若天性，习惯如自然。

【句源】少成若天性，习惯如自然。

【出自】汉·班固《汉书·贾谊传》。

【句意】少年时期养成的习惯就像人的天性一样牢固，很难改变。（久而久之）习惯就成为很自然的事了。

俗话说“习惯成自然”。习惯一经形成，往往不用思考，便下意识地运作。

习惯可以决定一个人的命运，并不是危言耸听。知识积累、才能增长、素质提升等，都与不断重复的良好习惯有关。良好的习惯往往又是良好性格和素质的积淀与反映。在潜意识中形成的良好习惯，有利于成才目标的实现。试想，一个生活懒散、没有规律的人，怎么约束自己勤奋工作？一个不爱阅读、不关心身外世界的人，怎能有宽广的胸襟和见识？一个时时处处自以为是的人，如何与别人沟通合作？一个不爱独立思考、人云亦云的人，又能有多大的智慧和分析判断能力？

好习惯再小，也会对成功大有帮助；坏习惯再小，一旦形成，长大后就可能禀性难移，有可能成为成功的阻力。在生活中，我们要做好习惯的主人，不要让自己成为坏习惯的奴隶。

▷ 见一叶落而知岁之将暮。

【句源】见一叶落，而知岁之将暮；睹瓶中之冰，而知天下之寒。

【出自】汉·刘安《淮南子·说山训》。

【句意】看到一片落叶，就知道快要到年底了。

“一叶知秋”是对一种自然现象的高度科学概括，它的全部哲学意义在于：从事物的细微处看到它整体的面貌和发展趋势。“一叶知秋”的人，需要有严谨的推理、合理的逻辑思维能力，能经常注意身边事物的一些细小的变化，从而推知大的变化。

一个人的智慧是无穷无尽的，当推理成为一种习惯，便可以激发他的思想空间，增强其逻辑能力，提升其解决问题的能力。

▷ 众盲摸象，各说异端。

【句源】少林冷坐，门人各说异端，大似众盲摸象。

【出自】宋·释道原《景德传灯录》。

【句意】许多个盲人一起摸象，各自说大象像自己所摸到的那一部分。比喻片面地看问题，往往不能得出正确的结论。

每个人都有看问题的角度，但这仅仅是反映了事物的一方面，如果固执己

见，往往以偏概全，妄加揣测。学习上，不能正确地分析问题主旨；交往中，常常怀疑别人对你的态度；做事时，因理解偏颇将好事做成坏事的也大有人在。

那么怎样培养全面看问题的习惯呢？遇大事、难事，要提炼事情的重点，排列出主次，并用它解决问题，以增加自己的练习机会。分析后多与其他人沟通，修正个人观点，逐步培养分析事物的正确角度。

当形成了这种习惯后，思考速度会自然提升，遇到小事也会不自觉地使用这种方法了。当你掌握这项技能后，会发现眼光和思路都上了一个新的台阶。

◎ **习勤忘劳，习逸成惰**。

【**句意**】习惯于勤奋，就会忘掉劳苦；习惯于舒适，就会养成懒散的作风。

◎ **习闲成懒，习懒成病**。

【**句意**】习惯于闲散的生活，就会变成懒惰；懒惰惯了，就会得病。

◎ **夜眠须在后，起则每须先**。

【**句意**】晚上不应睡得过早，要养成早起的习惯。

◎ **勿以恶小而为之，勿以善小而不为**。

【**句意**】不要因为坏事很小就去做，也不要因为好事太小而不去做。现在用来告诫人们，坏事很小，也不能去做；好事不大，也应该去做。

◎ **管中窥豹，只见一斑**。

【**句意**】从竹管里看豹子，只能看到它的一个斑纹。用来比喻眼光狭窄，所见有限；或比喻只看到局部，看不到全体。

◎ **仁者见仁，智者见智**。

【**句意**】对同一个问题，仁者看了说是仁，智者看了说是智。比喻对同一个问题，不同的人有不同的看法。

◎ **独学而无友，则孤陋而寡闻**。

【**句意**】如果只是独自一个人学习而没有朋友一起讨论，就会孤陋寡闻。

第六章

谋略篇

自古不谋全局者，则不足以谋一域；不谋万世者，则不足以谋一时。翻开我们中华民族的历史篇章，机谋、策略无处不在，其系统性、指导性、实践性放眼世界无出其右。在当今的和平时期，这些战场上的法宝秘籍在某些环境下也可以成为我们做人做事的参考，让我们在陷入困境的时候能找到正确的方法来保护自己的利益。

第一节 识时贵知今，通情贵阅世

▷ 善战者之胜也，无智名，无勇功。

【句源】故善战者之胜也，无智名，无勇功。故其战胜不忒。不忒者，其所措必胜，胜已败者也。

【出自】春秋·孙武《孙子兵法》。

【句意】真正善于用兵的人，没有智慧过人的名声，没有勇武盖世的战功。

真正能成功的人，是不会锋芒毕露的。这是因为一旦你表现出才智超过他人，便会令他人有一种不安全感，甚至招人嫉妒，可以说这是人性的必然。

如果你是位特别聪明的人，你就更应该注意保护自己，不要处处张扬你的聪明和才智，要尽量装糊涂，装得不如周围的人，让他们获得一种优越感，让他们陶醉于自己的成就之中，而你则小事糊涂一点，大事注意一点就行了。虽不计一时的得失却能明哲保身，始终立于不败之地，从而最终获得成功。

▷ 将在外，君命有所不受。

【句源】凡用兵之法，将受命于君，合军聚众，圮地无舍，衢地合交，绝地无留，围地则谋，死地则战，途有所不由，军有所不击，城有所不攻，地有所不争，君命有所不受。

【出自】春秋·孙武《孙子兵法》。

【句意】出征在外的将军（可以根据具体情况作出判断和行动），不一定完全听从君主的命令。

为了做出一番事业，有时就必须把细节放到一边，哪怕是违背常情的细节，也要灵活地进行处理。那些高明的将帅面临困厄时，便不拘于所谓的“君命”，灵活处置，争取主动，从而做到“制人而不制于人”。

在这个急剧变化的世界里，要生存、发展，每一个人就必须做自我调整，才能适应环境。因此，每一个人都必须学会变通，在心理上要随时随地准备打破既有的、不合时宜的处事方式，因为“成功的重要性，远超乎固守常规之上”。如今是信息社会，是观念大爆炸的时代，是知识大爆炸的时代，时代的列车飞速前进，你要成为时代的弄潮儿，就必须审时度势，擦亮自己的眼睛，跟着时代的步伐前进。

▷ 善战者因其势而利导之。

【句源】 彼三晋之兵，素悍勇而轻齐，齐号为怯。善战者因其势而利导之。

【出自】 汉·司马迁《史记·孙子吴起列传》。

【句意】 善于作战的人要会利用形式，引导它向有利于自己的方向发展。因：顺着。势：趋势。利导：引导。

所谓“势”就是指事情发展的方向。做任何事情都应该在充分地综合分析各方面资料的情况下审时度势，对事情的发展方向进行正确的预测，进而将其导向对自己有利的方面。而只有在最有利的情况下竭尽全力，才能让力量得到最大限度的发挥，并且取得事半功倍的效果。事实也证明，看不清形势，经常鲁莽大意的人，即使有再大的本领，有时也会碰壁。而善于分析局势、看准时机并加以利用的人，往往能以最少的力量得到最大的收获，取得喜人的成绩，这样的人才能被称为“善战者”。

▷ 兵贵神速。

【句源】 嘉言曰：“兵贵神速。”

【出自】《三国志·魏书·郭嘉传》。

【句意】 用兵以行动迅速为可贵。

佳句赏析

战场用兵，讲究以快打慢，而商场如战场，商战，也讲究以快制慢。发现战机而犹豫不决，对手就会先发制我；我虽先发而行动不快，对手就会先得其利。难得的是时间，易失的是机会。所以，商战中，行动一定要突出一个“快”字。

商战中“快”的内容比较广泛，应贯穿在企业生产经营的全部过程。如果在整个企业生产经营的过程中都能做到“快”人一点，那么成功将是指日可待的。

▷ 识时务者为俊杰。

【句源】识时务者，在乎俊杰。此间自有伏龙，凤雏。

【出自】《三国志·蜀志·诸葛亮传》。

【句意】能认清时代潮流的人，才是英雄豪杰。

所谓“时务”，是指时机，也是指客观形势和时代潮流。所谓“识时务”，就是要去认识客观形势和规律，掌握它、顺应它、驾驭它，以便奔赴成功之路。

凡人要想成就事业、建立功勋，必须认清时务，懂得因机而变，相机而动。如果一个人在取得某种胜利之后，被这种胜利冲昏头脑，自我膨胀起来，从而过高地估计自己的能力，过低地估计客观的不利形势，一味死拼，不讲策略，甚而“拔着一根头发要上天”，那么势必要走向反面，“英雄气概”是有了，但免不了的是最终将受到客观规律和历史潮流的无情惩罚。这其实是做人的大失败，更不用说能被称为“俊杰”了。

▷ 檀公三十六策，走是上计。

【句源】檀公三十六策，走是上计。汝父子唯应急走耳。

【出自】《南齐书·王敬则传》。

【句意】檀公三十六策，以离开回避为最好的策略。

生活在世上，面对各种各样险恶的环境，总会有些情况是我们无法应付的，

这时，我们只能“走为上计”。

“走为上”，是指客观环境极为恶劣，已经超过自己的极限或者面对的力量太为强大的不利形势下，采取的有计划的主动退让，避开险情，寻找机会，以退为进，既为自己化解了危机，又为再图大业创造了机会。这个时候的“走”是保存实力、逃避危险的最好办法。三十六计，走为上计，可见中国人对“走”的偏爱。也符合中庸之道。鲁迅先生主张“韧”性战斗。不主张毫无智慧地硬碰硬，也反对无谓的牺牲。何时走？怎样走？这里要随机应变，学问也大得很。

▷ 伤人于窘，勿击其强。

【句源】伤人于窘，勿击其强。敌之不觉，吾必隐真矣。

【出自】唐·李义府《度心术》。

【句意】在他人窘迫的时候中伤他，在他人强势之时不要攻击他。

向对手发起攻击，把握恰当的时机是制胜的关键。

任何事物都是有空隙的，任何人也都有窘迫的时候，在对方处于困境的时候加以中伤，给对方的伤害是加倍的，甚至是致命的。而对于风头正劲的人物，不要轻易发动责难，一来因为对方强大的时候本身就不容易被击垮，二来要是强大的对手报复起来，自己也很难应付。所以说“勿击其强”。这固是避免失败的良策，也是保护自己的无奈之举。只有自己不首先倒下，才有战胜对手的可能。不顾现实和背景，一味冲锋的人，常是他人的靶子和垫脚石；能看清他人和自己形势和能力的人，总能笑到最后。

▷ 因时制宜，审势而行。

【句源】因时制宜，审势而行。

【出自】清·洪仁玕《资政新篇》。

【句意】根据客观形势而制定相应的措施，审察时势所趋而决定相应的行动。审：观察。势：形势。

事物在萌芽状态而未露端倪的时候叫“机”，而“机”在不非常明显时，是

不容易被觉察的。把握时机而有所作为叫“势”，“势”如果不发展到顶头是不会自动断绝的。因时制宜，就是对事物的各种态势进行准确的判断，使自己的行动切合实际，因时事的不同而作出相应的变化，最终目的是保证自己处于优势地位，保证行动的成功。

而作出准确判断的根本就在于对相关资料的收集、对资料之间相互的联系以及可能产生的变化的正确分析，只有基于对信息进行全面而准确的分析，才能做到正确的“审势”和“因时”。

◎ **识时贵知今，通情贵阅世。**

【句意】认识形势贵在了解当前的情况，通晓人情世故，贵在认识社会。

◎ **月晕而风，础润而雨。**

【句意】月亮的周围出现了光环，就会刮风；房子的基石湿润了，就会下雨。比喻任何事情的发生都会有前兆。

◎ **彼一时，此一时也。**

【句意】那是一个时候，现在是另一个时候，时间不同，情况也不一样。

◎ **成事莫说，覆水难收。**

【句意】事情已经成为事实了，就像水已经洒了不能收回一样，说了也没用。

◎ **近来学得乌龟法，得缩头时且缩头。**

【句意】人要像乌龟一样，情况不利时要将头缩到壳中去。比喻保全自己，伺机而动。

◎ **去时终须去，再三留不住。**

【句意】应该失去的，再留也留不住。

◎ **善弈者谋势，不善弈者谋子。**

【句意】会下棋的人考虑的是整体局势，不会下棋的人只考虑一颗棋子的走法。

◎ **智者顺时而谋，愚者逆理而动。**

【句意】聪明的人善于根据时势谋划，愚蠢的人逆着合理的时机行动。

◎ **不先审天下之势，而欲应天下之务，难矣。**

【句意】（为官者）一定要先看清楚天下形势，才可以应对天下的政务，否则就很难成功。

第二节　君子有终生之忧，无一朝之患也

▷ 祸兮福之所倚，福兮祸之所伏。

【句源】祸兮福之所倚，福兮祸之所伏。孰知其极？

【出自】春秋·老聃《老子》。

【句意】灾祸依存着幸福，幸福潜伏着灾祸。倚（yǐ）：倚靠。伏：潜伏，隐藏。

它告诉我们，祸福在一定的条件下是可以互相转化的，要居安思危，即使身处逆境，也不要灰心丧气。

虽然人人希冀时时幸运、平安、事事顺利，“万事如意”，这只不过是人们的良好愿望而已。所以我们应当在平安无事时保持清醒的头脑，顺利时要时刻想着困难、挫折，甚至打击会伴随而来，以便防范未来某种祸患的发生。

▷ 居安思危，思则有备，有备无患。

【句源】《书》曰：“居安思危。”思则有备，有备无患，取以此规。

【出自】春秋·左丘明《左传·襄公十一年》。

【句意】处于安逸的环境里，要考虑可能出现的危险和困难。这么想了就会有准备，有准备就没有祸患了。

这就是说，居安的时候，要随时想到可能发生的危难。这样警惕，才能有所准备；事先有了准备，就能避免突然的祸患，这就叫作“有备无患”。

人生从某种角度看也是一场战争。在这场战争中，与人打交道时谨慎小心，必须有谨慎的生活方式和态度，对一些不是很熟悉的人不妨多点戒心，考虑一些防患对策，为自己留些“逃生”的余地，才不至于在事情发生之后追悔莫及。这样才不至于上某些人的当，吃大亏。正所谓“夫不忧百里之患而重千里之外，

计无过于此者”。

▷ 人心之不同，如其面焉。

【句源】子产曰：“人心之不同，如其面焉。吾岂敢谓子面如吾面乎？抑心所谓危，亦以告也。”

【出自】春秋·左丘明《左传》。

【句意】人的内心世界各不相同，就好像他们的面貌各不相同一样。

佳句赏析

人心隔肚皮，人人都无法让人透视。即使最亲密的朋友，也会有所保留。

生活中有一些人使用两面派的交际手法，对你百般友好，甚至比兄弟姐妹还亲，但在利益面前却暴露了自己的本性，露出了阴险狡诈的一面。而且，在你毫无防备的时候，狠狠地捅你一刀，让你后悔都来不及。

做错了事，不管多么严重，都有补救的机会。而看错一个人，则是一辈子都无法挽回的，所以，做人时时刻刻都要记住“防”字。

▷ 千丈之堤，以蝼蚁之穴溃。

【句源】千丈之堤，以蝼蚁之穴溃；百尺之室，以突隙之烟焚。

【出自】战国·韩非《韩非子·喻老》。

【句意】千丈的大堤坝，即使是一个蚁窝，亦会因此而扩散，最终导致堤坝的倒塌。

佳句赏析

如果忽视小的漏洞和差错，就可能酿成大祸。譬如爬山，人们往往安宁于险峻，而出祸于平地，就是因为在细微处疏忽大意所致。不论是生活还是工作，想获得好的结局，就应该注重一些细微事情。在你看来，它们微不足道，但经过时间的积累，就会成为你遭遇滑铁卢的元凶。

时常想想细微之处，电脑是否在自己离开时被关掉，水龙头是否在离家时被拧紧，与别人见面时是否经常迟到，自己是否经常大发脾气，穿戴是否得体、整洁……

一个细节可以毁掉你的形象，可以使你失去一次合作机会，甚至可以让你美丽的家园变成一片废墟。防患，不仅要从大处着眼，更要从小事着手。

▷ 既胜若否。

【句源】凡众寡，既胜若否。兵不告利，甲不告坚，车不告固，马不告良，众不自多，未获道。

【出自】春秋·司马穰苴《司马法·严位第四》。

【句意】打了胜仗的时候，要像没有打胜仗那样（保持高度戒备）。

对敌作战，如果我军取得胜利而敌人遭到失败，不可因此而骄傲怠惰起来，应当日夜严加戒备以防敌人来攻。这样，敌人即便敢于来犯，我军因有准备而不会发生危险。不能忘乎所以，高枕无忧。

正如你现在的事业如日中天，但不能掉以轻心，对方随时会东山再起，与你一较高低；况且“长江后浪推前浪”，无数的竞争者正在崛起。所以，现在还不是你享受的时候，防患于未然，做好迎接下一轮挑战的准备。切莫沾沾自喜、得意忘形。

◉ **一粒火星，烧了万里江山。**

【句意】祸患被忽视了，就会酿成大灾难。

◉ **谨慎，保家之本。**

【句意】小心谨慎是确保自家平安无事的关键。

◉ **小孔不补，大孔叫冤苦。**

【句意】小的漏洞不去堵塞，大了就徒唤奈何。

◉ **若欲不忙，浅水深防。**

【句意】要想不出问题，就要把小事当作大事加以防范。

◉ **悔既往之失，不如防将来之非。**

【句意】后悔过去的过失，不如预防将来可能出现的错误。

◎**临祸忘忧，忧必及之。**

【句意】灾祸行将降临而不知忧虑，忧患一定会到来。

◎**君子有终生之忧，无一朝之患也。**

【句意】君子具有长远的忧虑谋划，就不会有眼前的祸患。

◎**弗备难，难必至。**

【句意】没预做好迎接困难的准备，困难一定到来。

◎**思难而难不至，忘患而患反生。**

【句意】预先虑及危难，危难可免；事前不防祸患，祸患必生。

◎**事未至而预图，则处之常有余；事既至而后计，则应之常不足。**

【句意】问题未出现之前就预作打算，解决问题就往往应付自如；问题出现之后再做谋划，则常常觉得力不从心。

◎**天下之事，以为无足虑，则必有大可虑者。**

【句意】世界上人们以为不值得思虑的事，往往是大可操心的。

◎**路当坦处亦防倾。**

【句意】在平坦的道路上也要防止栽倒。

◎**防人疑众，不如自慎。**

【句意】提防、疑惧别人，不如自己谨慎。

◎**为之于未有，治之于未乱。**

【句意】为尚未诞生的事物创造条件，对未然之患要杜绝其萌芽。

◎**除患于未萌。**

【句意】把祸患消弭于尚未萌发的状态之中。

◎**君子防未然。**

【句意】聪明人注意预防尚未酿成的事端。

◎**明者远见于未萌，而智者避危于无形。**

【句意】聪明的人善于发现尚未萌芽的问题，设法避开尚未出现的危险。

◎**明哲消祸于未来。**

【句意】深明事理的人消除灾祸于未发生之前。

◎**祸固多藏于隐微，而发于人之所忽。**

【句意】灾祸固然隐藏于细微之处，而往往发生于人们疏忽之时。

◎**无事时要提防，有事时要镇定。**

【句意】事端未发生之时必须提防，而发生之后则必须保持镇定。

◎**无事常如有事，提防终可以弥意外之变；有事常如无事，镇定方可以消局中之危。**

【句意】无事经常如有事一样注意提防，最终可以平息突然发生的灾变；有事经常如无事一样镇定，方可以消除自己面临的危难。

◎ **祸到临头悔既晚，船驶江心补漏迟**。

【句意】祸到临头后悔已经来不及；船驶到江心弥补漏洞就无济于事了。比喻想避开祸患，行动要及早。

◎ **防微杜渐而禁于未然**。

【句意】发现错误或危险的苗头，就要加以预防、制止，不让它发展。

◎ **得宠思辱，安居虑危**。

【句意】受到宠爱时，要考虑到受污辱的一天；处在平安之时，要考虑到可能出现的危险。

◎ **画龙画虎难画骨，知人知面不知心**。

【句意】龙和虎的外形都容易描画，但却难画其骨；认识这个人、熟悉他的面孔，但却不知道他的心里在想什么。用来比喻人心难测。

◎ **墙有逢，壁有耳**。

【句意】墙壁透风，隔墙有耳，要时时提防。

第三节　不能循往以御变

▷ 水因地而制流，兵因敌而制胜。

【句源】水因地而制流，兵因敌而制胜。故兵无常势，水无常形。

【出自】春秋·孙武《孙子兵法·虚实篇》。

【句意】水因地势的高下而制约其流向，用兵则要依据敌情而决定取胜方针。

孙子强调用兵作战要不拘常法、临事适变、从宜而行。其核心是灵活性问题。如果指挥者能准确把握敌情、我情、地情等各方面情况的变化，及时下定决心，则能把握主动权，夺取胜利。

行军打仗要灵活，为人处世也要灵活。对形势把握准确，才能占得先机；根据形势变化找转机、及时调整，才能把握先机。商人若想把事业做大做强，需要在不同时期把握不同的商机，而不应死守已有的产业。世上没有一成不变的生意，只有一成不变做生意的头脑。

做人更要如此，根据形势善于变通，及时调整才能占有先机。

▷ 善用兵者，携手若使一人，不得已也。

【句源】故善用兵者，携手若使一人，不得已也。

【出自】春秋·孙武《孙子兵法·九地篇》。

【句意】善于用兵的人，能使全军上下携手团结如同一人，这是因为客观形势迫使部队不得不这样。

佳句赏析

生活中常常会遇到许多难题，怨天尤人或许可以暂时地抒发心中郁结的不满，但积极应对才是正确的做法。没有解决不了的问题，只要懂得变通，就一定能寻找到解决的方法。例如两个被称为“冤家”的球队，当第三支实力超强的球队前来挑战时，他们必定团结一致，共同迎战。这不仅是为团队而战，更是为荣誉而战。

在竞争日趋激烈的今天，变通能使你与对手团结一致，获取制胜先机；变通更能使你有新鲜的思想、独具特色的灵感，能给你带来意想不到的财富和成功。

▷ 力能则进，否则退，量力而行。

【句源】力能则进，否则退，量力而行。

【出自】春秋·左丘明《左传·昭公十五年》。

【句意】进攻或退却都要根据自己力量的大小而定。

佳句赏析

做人要学会变通，不能拿鸡蛋与石头硬碰，因为这样的结果是可想而知的。所以，硬的行不通时，就来点软的，达到以柔克刚的目的。

在人际交往中，无论表现“刚”与“柔”，都应把握好分寸，因人而异，摸清对方的心理。切记“刚”不是为了要威风、把矛盾激化，而是为了缓和冲突、转化矛盾、解决矛盾。要注意不讲蛮话、激话、脏话，如果硬过了头，就会激化矛盾，产生危险后果。“刚”到好处为硬而不脆、威而不逼，火候一到就要给人以台阶，叫人家体面地下台，使矛盾圆满解决。而“柔”呢，虽然感化力强，但局限性大。对于那些失去良心、失去理智的人，对于“吃硬不吃软的人”是无济于事的。对这些人用柔的策略，无异于对牛弹琴，你反而会被认为是软弱胆小，助长其嚣张气焰。因此，“柔”的运用也要看对象、分场合，不能一概而论。如此，方能达到刚柔互补、刚柔并济的效果。

▷ 行无穷之变，图不测之利。

【句源】引兵深入诸侯之地，主将欲合兵，行无穷之变，图不测之利。
【出自】《六韬·阴书》。
【句意】用兵要变化无穷，谋取别人意想不到的胜利。

人的某种本能趋势就是靠近自己喜欢、欣赏的人，远远地躲开那些自己不喜欢、不愿意打交道的人。然而，生活中没有那么多的随心所欲，由于各种各样的原因，我们经常要与自己不喜欢的人，甚至是与自己的敌人打交道。学会和不喜欢的人相处、办事，是做人的一个重要内容。遇到自己不喜欢的人，甚至是无理取闹之徒，我们要做的只是把心态放平，虽然蔑视不喜欢的人，必要的时候也可以拉拢过来，做到多角度地灵活运用。

▷ 攻是守之机，守是攻之策。

【句源】攻是守之机，守是攻之策，同归于乎胜而已矣。
【出自】《唐太宗与李靖问对》。
【句意】进攻是防守的转机，防守是进攻的策略。

进攻和防守都是为了达到胜利而已。如果只知进攻不知防守，只知防守不知进攻，这不仅是把二者分开，而且把二者的职责也分开了，虽然口中诵读孙、吴兵法，而内心却不去思考进攻和防守两全其美的妙用，又怎么能取得胜利呢?

学习者完美地结合才能达到理想的效果。若一条道走到黑，反而会碰壁。(工作）与休息两结合，有如作战谋略上的进攻与防守，休息是为了更好地学习，学习疲惫时则需要休息。

▷ 须要博古通今，达权知变。

【句源】出将入相，无所不为；须要博古通今，达权知变。

【出自】明·冯梦龙《醒世恒言·苏小妹三难新郎》。

【句意】一定要博知古代和通晓今世，必须要晓达权衡之法和深知变通之术。

佳句赏析

立身处世，不但要有渊博的知识，更要有变通之术。在变化无常的世事面前，循规蹈矩没有出路可言，唯有顺应其变化，才能安时处顺。

在生活节奏日趋加快的时代中，一个人的工作压力也变得越来越大。对于他来说，仅仅做到本分工作、尽职尽责已远远不够，不懂得变通，即使工作再努力、再踏实，也难以跻身一流员工之列，最终难逃出局的命运。而那些善于运用自己的聪明才智、找寻变通方法的优秀人才，则往往会创造出优秀的业绩来。这样的员工，才是受老板欢迎和赏识的。变通，可以说是一个人在工作中站稳脚跟、立于不败之地的强有力武器。

▷ 变则新，不变则腐；变则活，不变则板。

【句源】才人所撰诗赋古文，与佳人所制锦绣花样，无不随时更变。变则新，不变则腐；变则活，不变则板。

【出自】清·李渔《闲情偶寄》。

【句意】变通活用就能创新，不变则会迂腐；变通活用就能活脱，不变则会呆板。

佳句赏析

林肯也曾经说过："我从来不为自己确定永远适用的政策。我只是在每一具体时刻争取做最合乎情况的事情。"任何事物都不是绝对的。我们已经习惯的规则也并非能适用于各种场合、各种环境，而且这种种规矩法则长期沿袭下来，就会扎根在人的头脑中，成为一种陈腐的观念，阻碍人们进步。

要掌握自己的生活，就需要有灵活性，需要自己不断地确定在具体情况下各种规定是否适用。稍微变通一下，突破自己的思维定式，寻求变通，事情就会前进一大步。思维定式把我们困在原点，使我们不敢对外面宽广的世界进行尝试，而且在有些时候，思维定式真的会致命。

◎ **随机应变。**

【句意】随着事情的变化而灵活应付。

◎ **不能循往以御变。**

【句意】不能以过去的办法来应付已经变化了的形势。

◎ **以书为御者，不尽马之情；以古制今者，不达事之变。**

【句意】用书本上的方法来驾车的，就不能完全合乎马的脾性；用古人的章法来约束现今的人，就不能通达事物的变化。

◎ **救弊之术，莫大乎通变。**

【句意】纠正时弊的方法，莫过于顺应当前的情势，而采取适合实际需要的灵活方法。

◎ **好古守经者，患在不变。**

【句意】喜欢坚持古训而墨守成规的人，其祸患在于不知变通。

第四节 事莫待来时忍，欲莫待动时制

▷ 小不忍则乱大谋。

【句源】子曰："巧言乱德。小不忍则乱大谋。"

【出自】《论语·卫灵公》。

【句意】小处不能忍耐，就会打乱全盘计划。

佳句赏析

做大事成大事者，关键在于一个"忍"字。懂得忍耐有利于成就事业，意气用事只会错失良机。面对别人的侮辱和伤害，我们没必要急于以一种对抗的方式来证明自己并非软弱可欺。因为路遥知马力，日久见真功，有效的忍耐会使我

们获得更多的收益。许多大事的失败，常常是由于小处不忍造成的。

忍耐是一种弹性前进策略，就像战争中的防御和后退有时恰恰是获取胜利的一种必要准备。我们必须明白，忍一时的失，才能有长久的得，能忍小失，才能有大的收获。

▷ 天将降大任于斯人也，必先苦其心志，劳其筋骨，饿其体肤，空乏其身，行拂乱其所为，所以动心忍性，增益其所不能。

【句源】故天将降大任于斯人也，必先苦其心志，劳其筋骨，饿其体肤，空乏其身，行拂乱其所为，所以动心忍性，增益其所不能。人恒过，然后能改。困于心，衡于虑，而后作。征于色，发于声，而后喻。

【出自】战国·孟轲《孟子》。

【句意】上天将要下达重大使命给这样的人，一定要先使他的内心痛苦，筋骨劳累，体肤饿瘦，身受贫困之苦，用种种行动去阻碍、干扰他的事业，（通过这些）来让他内心警觉，使他坚强起来，以不断增长才干。

俗话说："吃得苦中苦，方为人上人。"历史上凡有成就的人，无一不在苦中浸泡，在劳累中走过来。对于平常的人来说，要想生活得幸福、甜蜜，也需要忍苦耐劳。经商要忍得住奔波之苦；读书学习也要忍得住寒窗之苦，耐得住坐冷板凳的寂寞；工人要忍得住起早贪黑劳累之苦……

人生之路布满荆棘，人生之事十有八九不尽如人意，忍苦耐劳，才能练成真本事，体会"苦尽甘来"的滋味。可以说，忍苦耐劳是人生这部忍经中最基本的功夫。

▷ 一忍可以制百辱，一静可以制百动。

【句源】一忍可以制百辱，一静可以制百动。

【出自】宋·苏洵《心术》。

【句意】忍一时可以牵制百辱，静一时可以牵制百动。

在生活中，我们有时难免会碰到一些蛮不讲理的人，甚至是心存恶意的人，有

时还会无缘无故地遭到这种人的欺侮和辱骂。开始觉得自己肺都要气炸了无法忍，可是忍过后才觉得没什么大不了的，忍一下对自己正好是个磨炼。生气发火，往往只是一怒之下，觉得忍无可忍，这是因为人遇到愤怒的事情时，心情比较烦躁，只觉得头脑一热，就什么都不顾了。如果这时候我们能有意识地让自己冷静下来，仔细权衡利弊，沉住气，那结果就不一样了，我们的人生也会由此而不同。

▷ 忍字常须作座铭。

【句源】忍字常须作座铭，扫尽世间闲忿欲。

【出自】宋·陆游《无题》。

【句意】（把）“忍”作为自己的座右铭。座铭：即座右铭，刻在器物上作为警惕自己的文字。

忍学是中国人的处世之道，是中国两千多年来的儒家思想精髓。中国历史上的许多成名人物都是靠忍字而成大业的。今天，世界上许多在事业上非常成功的企业家、金融巨头亦将忍字奉为修身立本的真经，均在自己家中、办公室中悬挂着巨大的忍字条幅……可以毫不夸张地说，忍学是世界上成功的企业家、政治家、军事家、外交家、科学家的必修课。

忍，是一种韧性的战斗，是战胜困难的有力武器。它是世间最大的力量，忍不是吃闷亏，不是无能，而是面对讥讽、毁谤能坦然释怀。在忍耐的世界里，没有怨恨，没有嫉妒，只有和平与包容。忍耐是做人处世的法宝，做人要有忍耐承载的修养，才有力量应世。

▷ 谨言浑不畏，忍事又何妨?

【句源】曰：“谨言浑不畏，忍事又何妨?”

【出自】元·吴亮《忍经》。

【句意】言语谨慎而全无畏惧，忍耐一些事情又有什么妨碍呢?

当你面对矛盾忍不住与人争吵而树立了一个敌人的时候，你所得的将不只是一个敌人，你在精神上所受到的威胁将十倍、百倍于他实际上给你的威胁。而你用高

尚的人格感动了一个敌人，使他成为你的朋友的时候，你所得到的也将不只是一个朋友，你在精神上所感受的快乐和轻松也将十倍、百倍于他实际上给予你的。

我们在生活中有时会遇到恶意的指控、陷害，或者与人发生矛盾而争吵，更经常会遇到种种不如意。若因此大动肝火，结果只会把事情搞得越来越糟。而如果能很好地控制自己的情绪，懂得隐忍，泰然自若地面对各种刁难和不如意，在生活中就能立于不败之地。

▷ 高帝之所以胜，项籍之所以败，在能忍与不能忍之间而已。

【句源】高帝之所以胜，项籍之所以败，在能忍与不能忍之间而已。项籍不能忍，是以百战胜而轻其锋；高祖忍之，养其全锋而待其弊。

【出自】元·许元奎《劝忍百箴》。

【句意】汉高祖刘邦之所以胜利，项羽之所以失败，其区别就在于能忍。

“小不忍，致大灾”，“忍一时之气，免百日之忧”。古往今来，人世间多少憾事、多少不幸、多少悲剧、多少恐怖，皆因人与人之间争强好胜，不能相互容忍而发生。

在这个世界上，每年都有成千上万的人因个性偏激而付出很大的代价，因不能够礼让而毁了自己的前程，因一时的感情冲动而结束了自己宝贵的生命。我们应该有勇气接受世界上一切的不幸和灾难，并在此基础上求生存和发展，尽可能地把这些不幸和灾难对我们造成的损失降到最低限度。如果我们不负责任地感情用事，企图以更大的代价来补偿已经付出的代价，以更大的损失去弥补已遭受的损失，那不是太和自己过不去了吗？

▷ 忍一时风平浪静，退一步雨过天晴。

【句源】忍一时风平浪静，退一步雨过天晴。

【出自】《增广贤文》。

【句意】忍让一时，可以摆脱纠纷；退让一步，双方都心情舒畅。

每个人都应该保持理智、冷静、慎重，遇事要三思而后言、三思而后行。合

理的、适当的、理智的让步，必将有助于矛盾的消除和事情的解决。我们必须集中自己的智力，去进行有益的思考；集中自己的体力，去进行有益的工作。不要总是企图论证自己优秀、别人拙劣，自己正确、别人错误；不要时时、事事、处处唯我独尊；不要时时、事事、处处固执己见。人们如果变得冷静了、明智了、宽容了，世间就不会发生太多的悲剧、恐怖。“和为贵，忍为高”，聪明的人总是懂得礼让，因为礼让能带来幸福。很多时候，两强相遇、狭路相逢，双方如果能够明智地各退一步，那么，大家都有条生路，还有可能赢得生命中的另一个契机。

这样的忍耐，不是屈服，不是软弱，而是在退让中另谋进取。得理也让三分，这是做人最精明的选择。

经典名句

◎ **君子之所取者远，则必有所待；所就者大，则必有所忍。**

【句意】君子要实现远大的目标，就一定要耐心等待；要从事远大的追求，就一定要忍耐。

◎ **觉人之诈，不形于言；受人之侮，不动于色。**

【句意】察觉别人的狡诈，在语言上不表露出来；受到他人的侮辱，在脸色上不显现出来。

◎ **忍字敌灾星。**

【句意】忍耐能够抵御灾祸。

◎ **得忍且忍，得耐且耐，不忍不耐，小事成大。**

【句意】应当忍耐的就忍耐，否则小事会变成大事。

◎ **事莫待来时忍，欲莫待动时制。**

【句意】忍耐要在事前，制欲要在行动之前。

◎ **忍之一字，众妙之门。**

【句意】能时时以一个“忍”字约束自己，涵养算是达到最神妙的境界了。

◎ **避祸之法，莫过于忍让。**

【句意】避开祸害的办法，最好是忍耐和礼让。

◎ **忍一句，息一怒；饶一着，退一步。**

【句意】忍耐一句话，可以止息一次怒气；让人一步，会防止一次纠纷。

◎ **忍字家中宝。**

【句意】忍让在治家中是法宝。

◎ **君子之所取者远，则必有所待；所就者大，则必有所忍。**

【句意】一个人追求远大目标，就必须有所等待；（一个人）要想成就大事业，就必须有所忍耐。

◎ **不有所忍，不可以尽天下之利。**

【句意】没有忍耐，不可以收获天下的利益。

◎ **忍得一时忿，终身无恼闷。**

【句意】生气时忍一忍，终身没有烦恼。

◎ **惩忿窒欲，其象为损，得力在一忍字。**

【句意】对待心中的欲念，放纵即有所损，所以关键在于忍。

第五节　制逆先制心也，心服则逆止

▷ 上兵伐谋，其次伐交，其次伐兵，其下攻城。

【句源】故上兵伐谋，其次伐交，其次伐兵，其下攻城；攻城之法为不得已。

【出自】春秋·孙武《孙子兵法·谋攻篇》。

【句意】用兵的上策是在战略上挫败敌人，其次是在外交上挫败敌人，再次是用进攻挫败敌人，最下策的是攻打敌人的城池。上兵：用兵的上策。交：结盟，交好。

攻击对手，最聪明的办法是牵制他，与对手面对面较量是所有战术中最下等的手段。讨好对手容易，牵制对手困难。其实并非如此，只要了解对方的心理，洞察他内心的想法和需求，然后投其所好地讨好他；或者在对方感到尴尬的时候给他一个台阶下，为他保留足够的面子，他就会十分感激你，这时，你就可以捕获对方的心，牵制对方的思想，使其为己所用了。

无论是生活还是工作，如果你想得到对手的好感，或是希望他为你做事，最好的方法就是对他施以攻心术。给予他恩泽，让他百分百地信任你，这样他就会与你化干戈为玉帛，并忠心耿耿地跟着你。

▷ 三军可夺气，将军可夺心。

【句源】故三军可夺气，将军可夺心。是故朝气锐，昼气惰，暮气归。

【出自】春秋·孙武《孙子兵法·军争篇》。

【句意】军队的锐气可以使之衰懈，将帅的意志和决心也可以使之动摇。

对于一个团队来说，士气就是它的竞争意识和齐心合力的气势。士气是构成团队战斗力的重要精神因素。士气的高低，直接影响团队竞争的胜负。成员之所以任劳任怨，乃是高昂的士气所致。只有设法“夺其气”，使对手失去信心，才更容易挫败对手。

对于团队的领导者而言，他的必胜决心与拼搏毅力是指挥团队的精神支柱。整个团队的整治与混乱，勤奋与懈怠，在很大程度上都取决于领导者的勇气和信心。所以，一旦领导者的决心动摇，就有可能导致整个团队的失败。

夺竞争对手之心之气，也就是先用各种方法让对方成员对团队失去信心，然后动摇其领导者的信心，然后再集中力量击败对手。

▷ 兵贵合也，合则势张，合则力强，合则气旺，合则心坚。

【句源】兵之贵合也。合则势张，合则力强，合则气旺，合则心坚。

【出自】明·尹宾商《白豪子兵》。

【句意】用兵可贵的是集中兵力，集中兵力就气势涨、力量强、士气旺、心志坚。

佳句赏析

“造势”就是制造一个效应、一种形式，既让自己的人员士气旺盛，又使对方陷入这浩大的声势中。例如，生活中各种广告比比皆是，令人眼花缭乱。广告的目的就是为了造势，既为了宣传产品又为了赢得消费者的心。做人也一样，若想做成一件事，不妨先把势造好，获取对方的心，使其愿意与你一起并肩作战。

“攻心”的策略不在于手法，只要能达到预期效果，即使再老套的方法也同样可以使用。不管白猫黑猫，能抓住老鼠的就是好猫。

▷ 以汤止沸，沸乃不止，诚知其本，则去火而已矣。

【句源】故以汤止沸，沸乃不止，诚知其本，则去火而已矣。

【出自】汉·刘向《淮南子·精神训》。

【句意】用开水阻止水沸腾，水不会停止翻滚，真正知道它翻滚的原因，不过是把火去掉罢了。

佳句赏析

水沸腾起来，力量很大，这是锅底生火并加柴草的原因。若要水停止沸腾，即使加进去一些凉水，稍后仍会再次沸腾。停止水沸的根本方法，就是消除其力量的势力源泉——底火。

凡事从根本上寻找原因才能解决问题，同样，打败一个人就要攻击他内心最薄弱的地方。或者是他的情感，或者是他的交际，或者是他的为人，总之抓住他的弱点，从弱点着手，予以打击。例如，一个人最大的毛病就是心浮气躁，可根据这个特性设计一个局，故意激怒他，然后把他引入局中。

攻击他人有方法，同时也要学会善于掩藏自己的弱点，具备反攻击的本领。

▷ 魏姝信郑袖，掩袂对怀王。

【句源】魏姝信郑袖，掩袂对怀王。一惑巧言子，朱颜成死伤。

【出自】唐·李白《惧谗》。

【句意】魏姝信任郑袖，面对怀王用袖子掩盖自己的鼻子。

佳句赏析

如果魏姝没有听信郑袖的“好言相劝”，也就不会落到被怀王冷落的悲惨下场。郑袖既铲除了自己的眼中钉，又获得了怀王的恩宠，就在于她识破了魏姝的心里所想，按照她的内心需要来劝说她。表面看起来郑袖是在帮魏姝得到怀王的更多恩宠，其实是在破坏他们之间的感情。

一个人的内心需求被识破后，他就如一张白纸一览无余。也许他渴望有一个高倍望远镜，也许他渴望有一件名牌西服，也许他渴望有一份好工作。无论怎样，你根据内心渴望来牵制他，他便在不知不觉中跟着你走，而且是心甘情愿地任你摆布。这种方法比明着用礼物来满足他更有效果。

▷ 刚中而应，行险而顺。

【句源】大凌小者，警以诱之。刚中而立，行险而顺。

【出自】《三十六计》。

【句意】主帅强刚居中间正位，便会有部属应和，行事艰险而不会有祸患。

主帅是团队的领袖人物，是团队精神的支柱。所以，要消灭和瓦解一个团队，攻击的重心是它的核心人物。一旦把他们击倒，团队就会群龙无首。如俗话说的："射人先射马，擒贼先擒王。"

攻心，在这里就是攻击团队的核心人物。一般说来，调虎离山是最有效的方法。主帅是虎，和部众在一起，坚不可摧。设法将主帅引离部众，使主帅和部众无法接触和联系。孤立主帅，再打击部众，这个团队便能迅速被破坏或被消灭。正如四面楚歌，刘邦瓦解项羽斗志，摧毁他的精神支柱，最后赢得胜利。

▷ 逼则反兵；走则减势。紧随勿迫，累其气力，消其斗志，散而后擒，兵不血刃。

【句源】逼则反兵，走则减势，紧随勿迫。累其气力，消其斗志，散而后擒，兵不血刃。需，有孚，光。

【出自】《三十六计》。

【句意】逼迫敌人，他就会拼死反击；让他逃走，他的气势就降低了。所以要紧紧地跟随，不要太过逼迫，使他的气力劳累，削弱他的斗志，等敌人分散、变弱后，再一一攻破，不必交战。

打仗，只有消灭敌人，夺取地盘，才是目的。如果逼得"穷寇"狗急跳墙，垂死挣扎，己方损兵失地，是不可取的。放他一马，不等于放虎归山，目的在于让敌人斗志逐渐懈怠，体力、物力逐渐消耗，最后己方寻找机会，全歼敌军，达到消灭敌人的目的。

人在承受过大压力的时候，不是被压垮，就是以极大的力量进行反抗。

要击败还有一定实力的敌人，就不要把他逼到承受压力的极限，否则自己将遭受大力反抗，欲速则不达。攻心也要讲究技巧，为自己、为别人留有回旋的余地。

◎ **诛人者死，诛心者生。**

【句意】 杀死人的人有死罪，杀死人心的人却能活命。

◎ **神褫之伤，愈明愈痛。**

【句意】 心神被剥夺的创伤，越聪明的人就越会感到痛苦。

◎ **慑其魄，神鬼服。**

【句意】 让人的精神恐惧，任何人都会屈服。

◎ **制逆先制心也，心服则逆止。**

【句意】 制止背叛首先要制伏人的心灵，心灵畏服背叛才会停止。

◎ **路遥知马力，日久见人心。**

【句意】 路途遥远，才能够知道马的力气有多大；日子长久，才能够看出人心到底是好是坏。

◎ **先人有夺人之心。**

【句意】 先发制人就可以打击敌人作战的勇气和士气。

第六节　欲攻敌，必先谋

▷ 用兵有言，吾不敢为主而为客。不敢进寸而退尺。

【句源】 用兵有言，吾不敢为主而为客。不敢进寸而退尺，是谓行无行，攘无臂，扔无敌，执无兵。

【出自】 春秋·老聃《道德经》。

【句意】 统率武装力量的人总是说：武装力量只是某一主体的客属，我不敢反客为主，不敢让它前行示人，而要让它收缩而置后。主：先发进攻。客：后发应战或防御。

在竞争策略中一般以“攻”为主，而老子主张以“退”为策略来获得最后的胜利。退，并不是单纯退让，而是灵活地保存实力，关键时刻再出手以赢得胜利。

在错综复杂的社会中，做事情过于张扬就会泄露“事机”，就会让对手警觉，就会过早地暴露目标，成为对手攻击和围剿的“靶子”。保护自己的最好方法就是不暴露。

在日常生活和工作中善于藏锋露拙，为人处世不要太张扬。

▷ 形人而我无形。

【句源】 形人而我无形，则我专而敌分；我专为一，敌分为十，是以十攻其一也。

【出自】 春秋·孙武《孙子兵法·虚实篇》。

【句意】 设法使敌人显露形迹而使我军隐蔽得无影无踪。

用欺骗的手段使对方暴露企图，而自己却不露形迹，自己无形而对方有形，当然会无往而不利。这一计的要点就在于“内”，即计谋存在于公开的事物当中。鬼鬼祟祟的行为会让别人提高警惕；实施暴力又招致激烈的反抗，往往导致不可控制、不可挽回的恶果。这些手段都是低级的，是睿智之士所鄙夷的。

把计谋隐藏在光明正大的事物之中，让人防不胜防，从而取胜，实际上就是“攻其不备，出其不意”。机密的谋略不能在背着人的时候或是在隐蔽的地方施行。诸如在商场上打价格战，或是在一个人面前说另外一个人的坏话，都是愚蠢和低级的行为，不是智者应该采取的方法。

▷ 善战者，致人而不致于人。

【句源】 故善战者，致人而不致于人。夫兵形象水，水之行避高而趋下，兵之形避实而击虚。

【出自】 春秋·孙武《孙子兵法·虚实篇》。

【句意】善于打仗的人，能调动敌人而不被敌人调动。

若要成为一场战争的胜利者，就要懂得如何调动对手，同时又不被对手所调动。调动对手使之自动前来我方预想的战场，就要用利益来引诱；使对手不能先我方来到战场，就要设置障碍，多方阻挠。所以，对手若处境安逸，就要使之疲劳；对手若按兵不动，就要使他不得不行动起来；对手若斗志昂扬，就要破坏这种气势，使他萎靡不振。

聪明的人，会根据情势的不同，运用策略完成自己要办的事。

▷ 事贵应机，兵不厌诈。

【句源】子如曰：事贵应机，兵不厌诈，天下汹汹，唯强是视，于此际会，不可以弱示人。

【出自】《北齐书》。

【句意】用兵作战可以无限制地用计谋迷惑敌方。兵：军事、战争。不厌：不嫌。诈：欺骗、谋术。

在对敌斗争中，欺诈之术是非使不可的，任何时候都讲究光明正大的人，无疑是天真和幼稚的。奸诈是敌人的本性，和他们讲正义之道，并不能战胜他们；以其人之道还治其人之身是最好的选择。

与人交往时，在未了解对方之前，不可掏心相交。即使交往很久的人，没有真正了解对方以前也不能轻易真心相待，时刻都要戴着“面具”。诈术，并不是教我们如何害人，它是自我保护的一种手段。

▷ 兵来将挡，水来土掩。

【句源】主公，便好这兵来将挡，水来土掩。

【出自】元·佚名《大战邳彤》。

【句意】敌兵攻城，（我）有将士可以抵挡；大水来袭，（我）用土来掩埋。比喻不管对方使用什么手段，总有相应的对付办法。

佳句赏析

只要有人的地方，就难免有矛盾，因此你要有面对不怀善意的力量的心理准备。你可以不去攻击对方，但一定要有保护自己的“防护网”，而装聋作哑有时是最厉害的武器。

大部分人一听到不顺耳的话就会回嘴，其实一回嘴就中了对方的计，不回嘴，他自然就觉得无趣了；他如果一再挑衅，只会凸显他的好斗与无理取闹，因此面对你的沉默，这种人多半会在几句话之后就仓皇地“且骂且退”，离开现场，如果你还装出一副听不懂的样子，并且发出“啊”的声音，那么更能让对方“败走”。不过，要“作哑”不难，要“装聋”不易，因此也要练就对他人言语“入耳而不入心”的功夫，否则心中一起波澜，若不回他一两句是很难的。

在和别人交往时，能做到见招不拆，其实就展现了最厉害的拆招之法。而且，不但对方的招数被拆解了，还不致遭到怨恨，解了对方心中的疙瘩。

▷ 欲东而形似西，欲西而形似东，欲进而形似退，欲退而形似进。

【句源】欲东而形似西，欲西而形似东，欲进而形似退，欲退而形似进。

【出自】《历代名将事略》。

【句意】想要向东实则向西，想要向西实则向东，想要攻进实则撤退，想要撤退实则攻进。

佳句赏析

使用此计时必须考虑对手的情况，如果敌人没有混乱，我方是没有便宜可占的，一定要仔细观察。当对方不处于我们所想象的位置时，我们可以调动他；反之，就要稳固他。

为了迷惑敌人，我方没有固定的进攻方向，一会儿在此，一会儿在彼，忽而东，忽而西，使敌方摸不清我军的真正意图，只好处处被动设防，穷于应付，时间一长就没有还手之力。或向某地佯攻，吸引敌方的注意力，待敌方把物资、军队集中在此地时，却突然在另外一地发起进攻。

▷ 若必循法而后战，何异按谱而对弈。

【句源】尔若必欲循法而后战，何异按谱而对弈。谱不可以尽弈之变，法不可以尽战之奇。

【出自】明·王鹤鸣《登坛必究·百战》。

【句意】如果依照兵法来打仗，又何必按照棋谱来下棋。若：如果。循法：遵照兵法。按谱：按棋谱。对弈：下棋。

生活中我们常常遇到一些紧急事情，如果按照原有的想法处理它，也许“剪不断理还乱”；如果采用一种计谋来解决，或许就能迎刃而解。所谓计谋，就是面临紧急情况保持镇定，采用“缓兵之计”，即为不必连战连决，而应求慢求稳，在对方的软弱处下手，以便一举获胜。例如，面对一名已付定金但又不想买房的人，卖房者可在谈话时使用缓兵之计。利用“这是您应该好好考虑的重要问题”、“现在买房您不吃亏”这样的话，控制住买房人摇摆不定的心，把他解除合同的想法换成“解除合同合不合算”的思考。假如那个卖房者一开始就一口回绝买房人的要求，很可能把事情弄僵。而只有先缓和买房人的想要退款的急切心情，才有可能使对方重新考虑。

在遇到紧急情况时懂得运用“缓办”之计，可以使一个人获得许多有利的时机，采取一些方法使事情按自己的意愿顺利发展。但是，如果不善用之，则会因急躁猛进而失败；反之，则可得利。

◎ **欲攻敌，必先谋。**

【句意】要想进攻敌人，就必须先制订好策略。

◎ **凡用兵之法，三军之众必有分合之变。**

【句意】用兵的方法，全军人多，必有分散与集中使用兵力的变化。

◎ **善用兵者以少为多，不善用兵者虽多而愈少也。**

【句意】善于用兵的人，以少兵当多兵用；不善于用兵的人，兵再多也不够用。

◉ **慈，于战则胜，以守则固。**

【句意】把仁慈之威力用于攻战则能取胜，用于防守则能巩固。

◉ **谋者，所以令敌无备也。**

【句意】用计谋，是为了使敌人没有防备。

◉ **先谋后事者逸，先事后图者失。**

【句意】先定计谋而后行事就安逸，先行事而后谋划就失败。

◉ **兵不预谋，不可以制胜。**

【句意】用兵不事先定计谋，就不能打胜仗。

◉ **勇不足恃，用兵在先定计。**

【句意】不能只靠勇敢，用兵要先定好计谋。

◉ **吾所与战之地不可知，不可知则敌所备者多；敌所备者多，则吾所与战者寡矣。**

【句意】敌人不知道我要进攻的地方，它就要到处设防；它到处设防，则我进攻的地方的兵力就少了。

◉ **战阵之间不厌诈伪。**

【句意】作战期间不厌弃欺诈虚假。

◉ **动莫神于不意，谋莫善于不识。**

【句意】最神妙的行动是攻敌不意，最好的谋略是敌人不能识破。

◉ **敌弱不可言弱，攻其弱也。**

【句意】在弱小的敌人面前不可以说软弱的话，要攻击他虚弱的地方。

◉ **贬之非贬，君子之谋也。**

【句意】贬损的目的不是贬损，这是君子的谋略。

◉ **誉之非誉，小人之术也。**

【句意】赞誉的目的不是赞誉，这是小人的手段。

◉ **功高者抑其权，不抑其位。**

【句意】对功劳大的人要限制他们的实权，而不降低他们的地位。

◉ **正不屈敌，其意谲焉。**

【句意】正义不能让敌人自动屈服，因为敌人本性奸诈。

◉ **诡不惑圣，其心静焉。**

【句意】欺诈之术不能迷惑圣人，圣人内心安详。

◉ **愚人难教，欺而有功也。**

【句意】愚蠢的人不能教导他，欺骗他却有成效。

◉ **智或存其失，明者或弃大谋。**

【句意】智计有时会存有失误，明智的人有时会不用大的谋划。

◎ **无稽之言勿听，弗询之谋勿庸**。

【句意】没有经过考证的话不要听信，没有经过征询的谋略不要使用。

◎ **让爵辞禄以钓虚名，则不如本无让也**。

【句意】用退让官爵、辞掉俸禄来沽名钓誉，还不如根本就不辞让。

◎ **将欲败之，必姑辅之；将欲取之，必姑与之**。

【句意】若想将敌人打败，不妨先暂且给他一点帮助；若想得到东西，不妨先给他点东西。

第七章

创业篇

创业者梦想的都是成功，除了满怀理想外，对于前途上的荆棘也必定有所准备，但是有了这些还远远不够。如何与对手在竞争中合作，抓住机遇有所创新和发展，以及如何在成败得失之际调整心态，走好下一步，这些都是值得注意的关键所在。

第一节　自古天下事，及时难必成

▷ 不鸣则已，一鸣惊人。

【句源】此鸟不飞则已，一飞冲天；不鸣则已，一鸣惊人。

【出自】西汉·司马迁《史记·滑稽列传》。

【句意】不鸣叫则已，一鸣便能惊人。

一个有发展前景的公司，平时默默无闻，一旦抓住机遇施展拳脚，便能做出惊人的业绩。也许你的企业同样拥有强大实力，只是缺少机遇。从成功者走过的足迹中我们不难发现，他们不仅能够抓住上天赐予他们的良机，更重要的是他们能够用自己的行动主动创造成功的机会。

如果你天真地相信好机会在前方等着你，或者以为它会主动找上门来，那么你的企业获得成功的希望极其渺茫。所以，如果你准备创业，就要收集信息寻找创业的方向；如果你正在创业，就要主动拜访客户，多跑市场了解行情。总之，如果你不去创造、发现机会，你的事业永远不会成为该行业的一颗新星。

抓住机会，固然重要；创造机会，更为可贵。

▷ 机不可失，时不再来。

【句源】仰认睿智，深惟匿瑕，其如天道人心，难以违拒，须知机不可失，时不再来。

【出自】唐·张九龄《旧五代史·晋书·安重荣传》。

【句意】在机会到来时一定要抓住机会，否则，机会失去了就不会再有了。

佳句赏析

凡是懂得做事之道的人都善于把握时机，在机遇来临时当机立断。一旦对事情考察清楚，并制订了周密的计划后，他们就不再犹豫、不再怀疑，而能勇敢果断地去做。因此，他们对任何事情往往都能做到驾轻就熟，马到成功。

不能准确而迅速地作出判断的人通常很难决定真正开始做一件事。他们大部分的时间和精力，都消耗在犹豫和迟疑当中，这种人也往往会错失许多良机。成功的秘诀，就是随时随地把握时机。要把握时机，需要眼明手快地去“捕捉”，而不能坐在那里等待或因循拖延。

▷ 来而不可失者时也，蹈而不可失者机也。

【句源】 臣闻来而不可失者，时也。蹈而不可失者，机也。

【出自】 宋·苏轼《代侯公说项羽辞》。

【句意】 遇到了它而不该放弃的是时运，踏了进去而不该错失的是机会。

佳句赏析

机遇，只青睐有准备的人。它不相信眼泪，它与怠惰无缘。机遇稍纵即逝，目光敏锐、勇敢果决者常常能获得它。机遇对任何人都是平等的，能不能抓住它，主动权在每个人自己手里。

把握机会其实很简单，只要你善于抓住灵感，许多灵感往往就是财富的源泉、成功的先机。紧紧抓住转瞬即逝的灵感，也就抓住了成功的机会，许多事情就能迎刃而解，与此同时，也许还会给你带来很多的财富。

如果你想成功，不妨随时思考如何把瞬间的灵感转变为自己的机会。

▷ 要知山下路，须问过来人。

【句源】 要知山下路，须问过来人。

【出自】 清·王有光《吴下谚联》。

【句意】 要想知道去往山上有哪些路，只需问问上山的人。比喻成就某件事，应当虚心向有经验的人请教。

佳句赏析

与其去找工作，不如自己开创一番事业，不给自己的人生留下遗憾。靠信息发财，是办实业做买卖必不可少的法宝，没有信息，经营者就像盲人，面对四通八达的交叉路口不知如何起步。

俗话说，信息灵，百业兴。没有准确的信息来源，创业就无从谈起。而要获得准确的创业信息，就要询问身边的亲朋好友。熟人的亲身经历能为你提供实用、可靠的信息，并且能帮你预测该行业的发展前景。另外，通过新闻媒体、互联网也可以查找到有用的信息。

信息满天下，专寻有心人。一条有价值的信息，一个准确的情报，会使一大笔生意成功。

▷ 天生我材必有用。

【**句源**】天生我材必有用，千金散尽还复来。

【**出自**】唐·李白《将进酒》。

【**句意**】上天要我出生在这世上，就一定有我的用处。

佳句赏析

我们常常一次又一次地错失机会，就是由于我们总是在自己原本对的时候，向反对意见妥协。原本不知自己正确与否，只要有反对的声音，就产生退缩的心理，沉默不言了。在别人都说“不”的时候说“是”，这需要勇气。大部分人都需要其他人的附和才敢坚持自己的意见，很少人敢于坚持自己的个性。于是，大多数人都成了组成芸芸众生的普通人，而那些卓尔不群、不为大多数人意见所左右的人则成为少数的成功者。

不敢坚持自己的人，常常向权威求教，像是参考书、上司、顾问、专家，等等，就是不敢相信自己。有独立意志的人则会坚信“天生我材必有用”，并利用人人具备的常识和事实进行探究，作出合理的假设，然后得出自己的答案，并且敢于坚持。他们自己进行思考和创造，常常自己制订计划并付诸实施。

人最可贵的品质是能明智地意识到什么不该相信。如果一个人不相信自己所做的事是正确的，屈服于来自外界的意见与批评，那么，或许他已经错过了许多成功的机会。别人的意见未必总是正确的，一个敢于坚持自己的人，才能赢得机会的青睐。

经典名句

◎ **飞蓬遇飘风，而行千里，乘风之势也。**

【句意】飞蓬因风而行千里，是趁着风势。比喻人必因势才能成就大业。

◎ **欲粟者务时，欲治者因势。**

【句意】要想种好粮食，就要不违农时；要想治理好国家，就要因势制宜。

◎ **因时制宜，审势而行。**

【句意】根据客观形势而制定相应的措施，审察时势所趋而决定相应的行动。

◎ **圣人能辅时，不能违时。**

【句意】圣人只能适应时势行事，不能违背时势行事。

◎ **天时不作弗为，人事不作弗为。**

【句意】时机不成熟的事勿做，人力做不到的事勿为。

◎ **功者难成而易败，时者难得而易失也。**

【句意】事业难成功易失败，时机难得到易失去。

◎ **随时以举事，因资而立功，用万物之能而获利其上。**

【句意】随着适当的时机办事，依靠客观的条件立功，利用万物的特性获利。

◎ **愿将黄鹤翅，一借飞云空。**

【句意】希望能够借助黄鹤的翅膀飞上九天，翱翔万里。

◎ **得时无怠，时不再来，天予不取，反为之灾。**

【句意】得到了时机就不要懈怠，时机一旦错过，就不会重来。上天给予的良机，如果不能利用，反而会遭受灾害。

◎ **时未可而进，谓之躁，躁则事不审而上必疑；时可进而不进，谓之缓，缓则事不及而上必违。**

【句意】时机尚未成熟就做，叫作急躁，急躁就事理不明，主上必然生疑心；时机已经成熟而不去做，叫作迟缓，迟缓就办不成事情，主上必然怨恨。

◎ **万事俱备，只欠东风。**

【句意】万事准备妥当，只差东风吹起。比喻一切准备工作全部做好，等待行动。

◎ **自古天下事，及时难必成。**

【句意】自古天下事，只要抓住时机，虽然很困难，但一定能成功。

◉ **晴天不肯去，只待雨淋头。**

【句意】天气好时不愿意去，直到雨淋头了才行动，白白错过了时机。

◉ **黄河尚有澄清日，岂可人无得运时。**

【句意】黄河水泥沙很多，仍有水清的时候，人怎么可能没有运气好的时候呢？

◉ **不因渔父引，怎得见波涛。**

【句意】没有会水的渔翁帮助，怎么能下水经风浪？

◉ **来如风雨，去似微尘。**

【句意】来时惊动很大，走时没有任何声响。

第二节　慎终如贻，则无败事

▷ 居之无倦，行之以忠。

【句源】子张问政。子曰："居之无倦，行之以忠。"

【出自】《论语·颜渊》。

【句意】居于官位不懈怠，执行君令要忠实。比喻做事毫不懈怠，尽心尽力。

将事业转化为财富，全在于尽心尽力地实干、无怨无悔地奋斗。创业之初会遇到很多困难，你改变不了环境，但你可以改变自己；你改变不了事实，但你可以改变态度；你改变不了过去，但你可以改变现在；你不能控制他人，但你可以掌握自己；你不能预知明天，但你可能把握今天；你不可能样样顺利，但你可以事事尽心。

很多人都渴望自己能拥有成功的人生，请问，你付出努力了吗？而且，你努力的程度又如何呢？你是否"尽心尽力"了？背水一战的豪迈、破釜沉舟的壮举，之所以能名垂青史，不正体现了那置之死地而后生的全力以赴吗？尽心尽力并非简单的"尽力而为"，而是用尽全身心投入的"全力以赴"，这就是成功的秘诀。

▷ 凡事预则立，不预则废。

【句源】凡事预则立，不预则废。言前定则不跲；事前定则不困；行前定则不疚；道前定则不穷。

【出自】《礼记·中庸》。

【句意】凡事只要提早准备就会获得成功，不提前准备就会遭到失败。

成功总是降临在有准备的人身上。“有备无患”，有了准备，面对困难就有应对措施。例如凡是发表意见、在重要场合讲话，事先都要准备好讲什么、怎么讲，这样就不会词不达意；行事前预先考虑做这件事时将会遇上什么情况，做好相应的准备就不会发生错误后悔的事。一个人如果在创业前没有预想到将要面临的困难，没有做好经受挫折的心理准备，没有打赢这场无烟战争的坚定决心，那么在困难真正来临时，就会陷入难以自拔的困境。

▷ 圣人千虑，必有一失；愚人千虑，必有一得。

【句源】晏子曰：“婴闻之，圣人千虑，必有一失，愚人千虑，必有一得。”

【出自】《晏子春秋·杂下》。

【句意】伟大人物考虑问题，难免有疏漏的地方；愚昧人经过周密思考，也可能想出一点有益的意见。

即使是圣人，考虑问题也有疏忽的地方，更何况是一个凡人。如果因为一时大意，导致自己事业受创，请不要伤心，调节好情绪，以平和的心态去寻找原因。创业是艰苦的，创业的不同时期，经常要面对发展机遇、陷阱诱惑、市场竞争、经营风险、兴衰存亡等重要关口，创业者承受的心理压力是外人难以想象的。

不论在何种心理状态下，创业者内心深处都必须始终保持清醒和理智，做到力所能及之事全力以赴，力所不及之事泰然处之。面对任何事情、任何结果，在人力已尽的情况下，要用平和的心态看待无奈失意、成败得失。唯有如此，方能处变不慌、宠辱不惊、成败不囿，排除外在的干扰或诱惑，朝认定的方向和目标奋进。

▷ 锲而舍之，朽木不折；锲而不舍，金石可镂。

【句源】骐骥一跃，不能十步；驽马十驾，功在不舍。锲而舍之，朽木不折；锲而不舍，金石可镂。

【出自】战国·荀况《劝学》。

【句意】（如果）刻几下就停下来了，（那么）腐烂的木头也刻不断；（如果）不停地刻下去，（那么）金石也能雕刻成功。

佳句赏析

这句名言告诉我们，做人的关键在于要有恒心，目标专一，持之以恒。一个人如果想有所成就，就必须要持之以恒，不能半途而废。伏尔泰曾经说过："要在这个世界上获得成功，就必须坚持到底，剑至死都不能离手。"任何人成功之前，都会有许多的失意，甚至遭遇多次的失败，如果放弃了，就等于放弃了一个成功的机会。要知道，很多时候失败往往离成功只有一步之遥。

常在森林里打猎的猎人都知道，老虎和绵羊的实力简直不可比拟，虎落羊群，羊儿四散溃逃，老虎只盯一只追，这样就不会盲目地瞎跑，可以说十拿九稳；如果没有固定目标，那么每一只羊都会精力充沛地逃生，而老虎却会因频繁更换目标而耗费体力，结果可能一只也追不上。锲而不舍就是要摆脱半途而废的不良习惯，克服畏难思想，树立无坚不摧的信念，又要讲究方法，选定一个目标，不断前进。

成功贵在坚持不懈，贵在矢志不渝！

▷ 一屋不扫，何以扫天下。

【句源】一室之不治，何以天下家国为？

【出自】南朝宋·范晔《后汉书·陈蕃传》。

【句意】一间小小的房屋都没有打扫干净，又有什么能力治理天下？比喻放着小事不去做，又怎能实现理想呢？

佳句赏析

如果一个人连自己生活中的小事都处理不好，他就没有资格说他能经营好一个公司，打造好一个团队，并让这个团队获得成功。例如让大学生洗洗衣服、扫扫地，并不在于要学到什么"技能"，关键在于磨炼个人的意志，培养平和心态。在家里可以"衣来伸手，饭来张口"，但终归要走出父母的呵护。财产可以继承，本领却不能自然继承，坐吃山空是没有出路的。对于每个人来讲，事业都必须从零做起，即使是富豪子弟也要培养一种"平民"心态。

▷ 夫祸患常积于忽微，而智勇多困于所溺。

【句源】 夫祸患常积于忽微，而智勇多困于所溺，岂独伶人也哉?

【出自】 宋·欧阳修《伶官传序》。

【句意】 祸患常常是由一点一滴极小的不良细节积累而酿成的，纵使是聪明有才能的和英勇果敢的人也多半沉溺于某种不良的嗜好中，受其迷惑而陷于困顿。

佳句赏析

不良的嗜好、习惯一旦养成，久而久之就会成为你本性的一部分，日后则会成为你成功的绊脚石。

世界上到处都有一些看来很有希望成功的人——在很多人的眼里，他们能够成为而且应该成为各种非凡人物——但是，他们最终并没有获得成功。一个最重要的原因就在于他们习惯避重就轻，不愿意付出相应的努力。他们希望到达辉煌的巅峰，却不愿意经过艰难的道路；他们渴望取得胜利，却不愿意作出牺牲。

一旦养成避重就轻的习惯，做事就不能善始善终，意志不坚定，就无法实现自己的任何追求。一位哲人说道：“不论你手边有何工作，都要尽心尽力地去做。”事无大小，不畏艰险竭尽全力，是成功者的标尺。大凡有所作为的人，都是那些踏踏实实的人。

▷ 志不立，天下无可成之事。

【句源】 志不立，则天下无可成之事，虽百工技艺，未有不本于志者；志不立如无舵之舟，无衔之马，飘荡奔逸，无所底止。

【出自】 明·王守仁《训俗遗规》。

【句意】 不立志，天下就没有成功的事情。

佳句赏析

立志是成功的起点，一个人只有有了明确的目标和远大的理想，才会朝气蓬勃，勇往直前。每个人的个性、爱好都有差异，只要是积极、向上、健康的志向，都是值得为之奋斗的。每个人可根据自己的兴趣、爱好、潜质等条件来选择自己的志向，但是，无论选择怎样的志向，要想实现都必须持之以恒、矢志不渝、付出艰苦的努力，绝不能朝三暮四。三百六十行，行行出状元，无论干什么，都要下工夫干成、干好、干出精品。

没有生活目标和远大志向的人，只会变得懒惰，只会听天由命，永远把握不住成功的契机，永远不会有所创造和发明。因为，“伟大的动力来自伟大的目标”。

志——人的精神支柱，赢得成功的力量源泉。

▷ 川流溃决，必问为防之人；比户延烧，必罪失火之主。

【句源】川流溃决，必问为防之人，比户延烧，必罪失火之主，至于国破家亡，流毒无穷……非君其谁乎。

【出自】清·唐甄《潜水·远谏》。

【句意】长江大河决堤，一定要问罪于修筑堤防的人；一户连着一户地被火焚烧，一定要问罪于造成火灾的那个人。

佳句赏析

发现问题就要寻找原因，从根本上解决问题才能有质的飞跃。一个人在竞争中败下阵来，如果不从自身寻找失败原因，那问题依然存在，迎接下一次挑战也不能获得胜利。例如，一个经营者不但不了解事业的最基本情况，甚至对自己的核心技术和长处也不清楚；没有一个对事业前景的展望，而只是盲目地发展事业；不注意紧跟顾客不断变化的要求，而只是坚持自己的方式；人事管理不力，内部矛盾激烈。如此，即使外部条件十分优越，市场提供广阔的发展空间，这个企业也是“扶不起来的阿斗”。

失败后吸取经验是为了下一次成功；失败后没有深刻地自我反省，爬得越高，摔得越惨。

◎ **事者，生于虑，成于务，失于傲。**

【句意】事情总是产生于谋虑，成功于努力，失败于骄傲。

◉ **成名每在穷苦日，败事多于得志时**。

【句意】成名全靠在穷苦的岁月里发奋磨砺，而失败则大多是处于得志而松懈的时候。

◉ **慎终如始，则无败事**。

【句意】要得到圆满的结果，临结束时也要如开始那样慎重细心，就不会败坏事情。

◉ **一事差，百事错**。

【句意】一个环节处理不当，导致全盘失败。

◉ **失意之事，恒生于其所得意**。

【句意】不顺心遂意的事，常常起因于扬扬自得中的粗心大意。

◉ **成德每在困穷，败身多因得志**。

【句意】处于逆境往往能成就德业，而环境顺利往往使人身败名裂。

◉ **不知戒，后必有**。

【句意】不从失败的经验中汲取教训，往后必定还要出事故。

◉ **去事之戒，来事之师也**。

【句意】历史的经验，可作为未来的借鉴。

◉ **今不虑前事之失，复循覆车之轨**。

【句意】不注意过去失败的教训，就会重犯过去的错误。

◉ **巧妇安能作无面汤饼**。

【句意】如果缺少米和面，即使再手巧的人也做不出汤饼来。比喻缺乏必要的条件，人再能干也无法成功。

◉ **战胜易，守胜难**。

【句意】取得胜利比较容易，要保住胜利果实就比较困难了。

◉ **功之成，非成于成之日，盖必有所由起；祸之作，不作于作之日，亦必有所由兆**。

【句意】事情的成功，并不是在成功的当天成功的，而必定有它的缘由和起因；灾祸的发生，并不是在灾祸的当天发生的，而必定有它的缘由和先兆。

◉ **胜败乃兵家常事**。

【句意】胜利和失败是领兵打仗经常遇到的事情。

◉ **胜而不骄，败而不怨**。

【句意】打了胜仗不骄傲，打了败仗不埋怨。

第三节　若争小可，便失大道

▷ 不自见故明，不自是故彰，不自伐故有功，不自矜故长。夫唯不争，故天下莫能与之争。

【句源】曲则全，枉则直，洼则盈，敝则新，少则得，多则惑，是以圣人抱一为天下式。不自见故明，不自是故彰，不自伐故有功，不自矜故长。夫唯不争，故天下莫能与之争。古之所谓曲则全者，岂虚言哉，诚全而归之。

【出自】春秋·老聃《老子》。

【句意】不固执己见，事物看得明白；不自以为是，是非判得清楚；不自我显耀，事业才会有成就；不自以为贤能，才能成为领导。正因为不与人争，所以天下没有人能与他相争。

老子认为，人生中摧毁自己的最大敌人就是“自我”，而“自我”的表现全在“四自”：自见、自是、自伐和自矜。一个人若表现欲太强、自以为是、顽固不化、自吹自擂、目中无人、骄奢淫逸，往往会彻底地毁灭自己。身上带着“四自”的人，不争自败。因此，老子反过来说，如果人能警惕地去掉自己身上的“四自”，就能立于不败之地，天下虽大，却没有一个人能与他相争。如果一个人不明白这个道理，自己身上带着“四自”，还去与人争名夺利、恃强斗狠，老子说他像“余食赘形，物或恶之”，这个人简直就像吃剩的饭菜与身上长的赘瘤一样令人厌恶。反之，如果他能自己先胜过“四自”，这种“自胜者强”的人，是真强，天下的人都莫能与之争。

▷ 揖让而升，下而饮，其争也君子。

【句源】子曰：“君子无所争。必也射乎！揖让而升下，而饮，其争也君子。”

【出自】《论语·八佾》。

【句意】（比射箭前）先相互作揖而后登上射箭台，（比射箭后）相互作揖到台下喝酒，互致祝贺。这样的争才是君子之争。

佳句赏析

人应不应该争？孔子教育我们不论于人于事都应该争，但是要争得合情合理。即使在竞争中，也始终保持君子的风度。

在这个充满欲望的时代，人们更应该争。与朋友争，使人进步而不懈怠；与时间争，使你创造更多的财富；与企业同行争，使你获取更多的信息。竞争是一项比赛，比赛完了，不论谁输谁赢，彼此对饮一杯酒，赢了的人说一句“承让”，输了的人说一句“领教”。激烈的竞争中，始终保持礼貌。

▷ 形人而我无形，则我专而敌分。

【句源】 形人而我无形，则我专而敌分；我专为一，敌分为十，是以十攻其一也。

【出自】 春秋·孙武《孙子兵法·虚实篇》。

【句意】 使敌人暴露实力而我能隐藏自己的行迹，我军就可以集中兵力，使敌人分散兵力。

佳句赏析

无论什么时候，人们都处在激烈竞争的旋涡中，为了不在竞争中落后，必须将对手的想法、动向摸得一清二楚。如果等对方采取行动才研究对策，在这个变化多端、竞争激烈的时代，是注定要落伍的。

对手力求上进，你就要先于他补充专业知识、提高专业技能、着眼于长远的职业规划；对手充满干劲，你就要先于他磨炼自己的耐性，更加坚定自己的意志；对手享受生活，你就要先于他懂得如何保养身体，如何品尝美食，如何让生活充满情趣。

先发制人，才能出奇制胜，击败对手。但前提是要对他有所了解，并有针对性地采取行动。

▷ 投之亡地然后存，陷之死地而后生。

【句源】 投之亡地然后存，陷之死地然后生。夫众陷于害，然后能为胜败。

【出自】 春秋·孙武《孙子兵法·九地篇》。

【句意】 把士卒置于危险境地才能转危为安，得以保存自己；把士卒投入死亡之地才能起死回生，求得生机。

佳句赏析

战争是一个充满着不确定因素，险象横生的领域。当部队陷入危境时，思想保守、意志薄弱的指挥员，要么悲观失望、坐以待毙，要么做无益大局的死打硬拼；而理智、坚强的指挥员，决不放弃任何一线希望，冷静处置，找出成败关键，寻求起死回生的措施，创造转败为胜的奇迹。这是《孙子兵法》中最精彩之处。

生活中，当我们与竞争对手过招时，对对手咄咄逼人之势要能保持冷静，也要检讨自己的所作所为是否给对手带来了挑起争端的机会，否则，事发后你将处于被动地位。小心行事与适度的沉默会为你省去许多麻烦和尴尬。

▷ 以虞待不虞者胜。

【句源】 知可以战与不可以战者胜；识众寡之用者胜；上下同欲者胜；以虞待不虞者胜；将能而君不御者胜。

【出自】 春秋·孙武《孙子兵法·谋攻篇》。

【句意】 以有准备对毫无准备的，必然取胜。

佳句赏析

做好充分准备的人在竞争中取胜是一种必然，没有人能在打无准备之战中获胜。首先，对敌我双方的情况了如指掌，知道什么情况下可以竞争，什么情况下不可以竞争；其次，多学知识，使自己成为一个博学多才之人，并具有高超的应战能力；再次，坚定自己的信念，相信自己必将赢得最后的胜利；再次，培养一支团结奋进的队伍，以对抗对手“防御松弛的军队”；最后，信任你所提拔的人才，放心大胆地让他们去打拼。

事先做好充分的准备，处处谨慎，多设想些困难，预计多种可能，才能在竞争中立于不败之地。

▷ 将不能料敌，以少合众，以弱击强，兵无选择，曰北。

【句源】 将不能料敌，以少合众，以弱击强，兵无选锋，曰北。

【出自】 春秋·孙武《孙子兵法·地形篇》。

【句意】 意谓将帅不能明察敌情，以少击众，以弱击强，作战时又缺少精选的突击队，称之为“败北”。

“以弱胜强”是孙武胜敌的重要战法，他认为“少”“弱”不一定会打败仗，“众”“强”也不一定必然取胜，而更注重以少击众、以弱击强。因为弱小中孕育着强大，通过人的主观努力可在局部乃至全局实现由少到多、由弱到强的转化。能够完成这种转化的，就能达到以少击众、以弱胜强的目的；反之，那就非败北不可了。

一个经营者，要发展壮大自己，在竞争中取胜，也应该寻求弱小战胜强大的奥秘。诸如，做好人的管理，激发员工的热情，就能最大限度地调动他们的积极性，提高工作效率；以“伐交”取胜，纵横捭阖，增加同行对自己的支持，削弱竞争对手的同盟；找出双方特点或双方强弱对比的因素，扬长避短，实现强弱转化，以达到取胜的目的。

▷ 江海不与坎井争其清，雷霆不与蛙蚓斗其声。

【句源】 臣闻之：江海不与坎井争其清，雷霆不与蛙蚓斗其声，硁硁之夫，何足杀哉？

【出自】 明·刘基《郁离子》。

【句意】 长江和大海不会与废弃不用的水井去竞争谁更清澈，响雷不会与青蛙和蚯蚓比谁的声音更高。

只有和高手过招，你才能理解竞争的真正意义，才能体验到竞争的激烈，才能观察到对手的优秀之处。也只有在与高手过招的过程中，你才能发现自己的不足，发现自己的缺陷。进而会注意从哪些方面努力，以弥补自己的不足和缺陷。

选择好的竞争对手并不是很难，你周围的同事或同学都可能成为你的目标。这时，你必须擦亮眼睛好好选择一个各方面都强过你的对手。不过也要实际些，如果对手的能力领先你很多，你根本就没有能力与他抗衡，这样的对手最好不要选择，以免被他强大的气势影响你积极的心态。换句话说，你选择的对手虽然“跑”在你前面，但你们之间的距离不是很远，只要你付出努力就有可能赶上甚至超越他。而那些领先你很多的对手，你不一定能追得上，就算能追上，也要为此付出很大的代价，而这无疑会让你觉得筋疲力尽、精神萎靡，根本没有精力再重新选择对手。要提高自己的能力，最佳途径是找个能力强的人做对手。

◎ **一争两丑，一让两有。**

【句意】互相争夺，双方都出丑；互相谦让，双方都有得。

◎ **两虎相斗，必有一伤。**

【句意】两只老虎相斗，必有一只会受伤。比喻力量强大的双方搏斗，至少会有一方受到伤害。

◎ **近水楼台先得月，向阳花木易为春。**

【句意】靠近水边的楼台先得到月光，面朝着阳光的花木容易长得繁茂。

◎ **两鼠斗于穴中，将勇者胜。**

【句意】两只老鼠在洞中争斗，哪一个更勇敢些，哪一个就能获胜。

◎ **路逢险处须当避，不是才人莫献诗。**

【句意】遇到危险困难应该绕开，不要去硬碰；没有十分的底气和把握，不要争强好胜。

◎ **若争小可，便失大道。**

【句意】在一些小事情上争争夺夺，便会失去大的理智。

第四节　单丝不成线，独木不成林

▷ 可与共学，未可与适道；可与适道，未可与立；可与立，未可与权。

【句源】子曰："可与共学，未可与适道；可与适道，未可与立；可与立，未可与权。"

【出自】《论语·子罕》。

【句意】可以共同学习的人，未必能有共同追求；可以共同追求的人，未必可以共同坚持到最后；可以共同坚持到最后的，未必能在应该调整时作出同样的调整。

“亲兄弟明算账”这句俗语在如今的生意场上仍为一条重要原则。当大家没有发生利益冲突时，那么即使彼此差异很大也没有什么妨碍，一样可以继续合作；但是如果彼此的利益关系发生了碰撞，比如一起经营企业等，如果没有高度的默契与共识，就很容易发生矛盾。

所以在朋友甚至亲人一起为了求得某种利益而共同合作时，一定要预先制定好明确的规定，包括怎样投入、怎样分担风险和收益、怎样管理、怎样去发展、怎样用人等。否则，很可能会出现以亲友开始、以仇人结束的悲剧。

▷ 君子和而不同，小人同而不和。

【句源】子曰：“君子和而不同，小人同而不和。”

【出自】《论语·子路》。

【句意】君子讲究协调而保持自己独立的见解，小人没有自己独立的见解而不讲究协调。

团结合作绝不是无原则的迁就。刻意掩盖矛盾，回避问题，有错不说，不是真正的团结，而是一种庸俗的关系，有悖于合作的真谛。这样的联盟，表面上一团和气，实际上摩擦不断。合作成员应以诚相待，在相互沟通中化解分歧，在坦诚交流中凝聚共识，在批评与自我批评的气氛中取长补短。

能够保持独立见解的合作是更加有力量的合作，没有独立见解的盲目的合作只是乌合之众，是不能长久的，也是没有力量的。

▷ 辅车相依，唇亡齿寒。

【句源】谚所谓“辅车相依，唇亡齿寒”者，其虞、虢之谓也。

【出自】春秋·左丘明《左传》。

【句意】面颊和牙床相互依存，嘴唇没有了牙齿会受寒。比喻相互依存。

有许多人总是要将自己的意志强加于人，什么事都得听他的，必须按他

的意见办事。这样专制的人，没有人愿意与之合作，即使合作也是以失败告终。

合作需要人与人之间的平等，需要人与人之间的尊重。但是，有的人却不是这样，将自己看作是主人，将自己的合作者看作是“受恩赐者”，因而有意无意地显露出优越感，不懂得尊重人，认为在合作者面前自己永远是个指挥者、命令者，让合作者感到不称心。时间一长，这种合作将会不欢而散。合作不是支配，双方是平等的，是为了同一个目标共同努力的人。懂得尊重他人，允许他人有自己的想法和意见，双方的合作才能树立在平等的基础上，才可以持久。

▷ 同心合意，庶几有成。

【句源】诚嘉与君同心合意，庶几有成。

【出自】汉·班固《汉书·匡衡传》。

【句意】齐心协力，事情就能成功。

在这瞬息万变、万帆竞发的时代，智慧、双手、力量结合在一起，几乎是万能的。团结就是力量，互助凝聚希望。团结是合作的基础。做事最重要的三项因素是：专心、合作、协调。成功单凭个人之力是很难达到的，从无数成功者的经验和失败者的教训中，我们得出一个结论：在这个世界上，只有合作才能成功。团队的协作是最重要的取胜之道，应用、发挥团队中每个成员的智慧和才干，要比拥有一两个明星成员更有价值。

成群的大雁以“人”字形飞行，比一只雁单独飞行要省力，就能飞得更远。人与人相互合作，也会产生类似的效果。只要你以一种开放的心态做好准备，只要你能包容他人，你就有可能在与他人的协作中实现仅凭自己的力量所无法实现的理想。

▷ 圣人先忤而后合，众人先合而后忤。

【句源】故圣人先忤而后合，众人先合而后忤。

【出自】汉·刘安《淮南子·人间训》。

【句意】圣人是先提不同想法，然后再合作；而众人则是先合作，再因分歧而分手。

没有谁愿意和自己谈不来的人在一起合作。有时候，你会发现两个人经常因为意见出现分歧而发生争吵，甚至拳脚相向，最后不欢而散。面对这种情况该怎么办呢？既然观念不同，不妨各行其是，没必要非纠缠在一起。

若看法、意见、目标等不一致，就不必在一起合作了。这是我们做事必须慎重对待的问题。每件事情都是在双方志同道合的基础上做成的。双方无法达成共识，不能同甘共苦，自然失去了合作的基础。每个人都有自己的个性、看法和价值观，“话不投机半句多”，如果两人不能在意见、决策上达成一致，那么合作就只会产生反作用。

在选择与人合作时，为了避免不必要的麻烦，不要与“合不来”的人硬往一起凑。双方没有共同的志向，怎能相互合作呢？

▷ 和气致祥，乖气致戾。

【句源】臣闻和气致祥，乖气致戾；休征则五福应。

【出自】清·文康《儿女英雄传》。

【句意】和睦带来吉祥，不和招致祸患。乖：不和谐；戾：罪。

和气生财，关键是一个“和”字。和，就要求人们大度、不斤斤计较。“互利互惠”才能“双赢”，这是与竞争对手寻求共同利益的最好办法。

办公室同事间本来就是既合作又竞争的关系，若以健康的心态看待竞争关系，当同事能力愈来愈强，等于是在无形中促使你提升实力。如此一来，自然就不需要把同事当“冤家”看待了。

积极的态度是，将能量放在挑战更高的目标上，真正的敌人永远在你视线以外的地方伏击，何不把内部竞争的力气省下来向外发展？气量狭小、排挤同事的人，一定也会遭到其他人的排挤。把同事当作阻挡前途的障碍，一定难以在办公室立足。对于在办公室里跟自己有竞争关系的人，不妨试着去赞美他，或者请他帮一个小忙，往往可以神奇般地化解彼此之间的敌意。在职场上，减少一个敌人的价值，远远胜过增加一个朋友。

◎**不可窃人之美，以为己力。**

【句意】绝不能窃取别人的成绩、荣誉，作为自己的功劳。

◎**皮之不存，毛将焉附。**

【句意】皮不存在了，毛还在哪儿长呢？

◎**一进一退，一左一右，六骥不至。**

【句意】一会儿向前，一会儿向后，一会儿向左，一会儿向右，即使六匹马的好车也无法到达目的地。

◎**因风吹火，用力不多。**

【句意】凭借风力吹火，有点力气就行。比喻凭借别人的力量达到某种目的。

◎**单丝不成线，独木不成林。**

【句意】一根丝绞不成线，一棵树成不了森林。比喻个人力量单薄，难把事情办成。

第五节　终日乾乾，与时偕行

▷ 穷则变，变则通，通则久。

【句源】穷则变，变则通，通则久。

【出自】《周易·系辞下》。

【句意】到了尽头就会发生变化，变化就能通达，通达了就能长久。

当事物发展到极点、穷尽的时候，就必须求变化，变化之后便能够通达，适合需要。就好像你走一条路，走着走着到了尽头，也许前头有高山阻隔，或有悬崖断绝，这时你就要变。变就是改变原先你想到达目的地的方法。比如你可以绕个弯，躲过悬崖峭壁；或者你放弃走路，改坐飞机绕过悬崖，这样就解决了“路不通”的问题。路通了之后，就可以接着往下做别的事情了，这大概就是“久”的意思——往下继续、持续。

▷ 苟日新，日日新，又日新。

【句源】汤之《盘铭》曰：“苟日新，日日新，又日新。”
【出自】《礼记·大学》。
【句意】如果能每天除旧更新，就要天天除旧更新，不间断地更新又更新。

如果一个人每天都展现出新的气象，并且天天如此，不间断地发展并成长起来，就可以达到一个很高的“新”境界。这里的“新”对于我们每一个人来说，就是要进行外在的学习创新，更新自己的思想、知识、认识、观念，等等。这是一个不断发展变化的动态过程，不能静止不变。要像每天洗澡一样，使自己变得更干净、更有活力。

作为一个普通人，我们总是羡慕别人的成功，往往用崇敬羡慕的目光看着那些威风八面的“老板”们。其实，他们中的许多人是在取得了最初的成就后，有远见和发展志向地补课充电，学习必要的投资管理知识，以便让自己具备持续发展的综合能力，成为真正的“老板”。

如果想成为“老板”中的一员，我们就要不断地学习，更新自己的知识、认识、想法，追赶他们并超过他们，成就自己的一番事业。

▷ 古今不同俗，何古之法？

【句源】王曰：古今不同俗，何古之法？帝王不相袭，何礼之循？宓戏、神农教而不诛，黄帝、尧、舜诛而不怒。
【出自】《战国策·赵策》。
【句意】过去和现在风俗不同，为什么一定要效仿古代？

建立规矩容易，打破规矩难，尤其是实行了几百年的规矩。规矩有时会成为限制创造性思维的无形束缚。当你挑战规矩时，你便扩展了自己的思维，可以想出更多的点子。

打破规矩的一种方法是连续不断地问“为什么”。首先确定限制你解决问题的规矩，然后问为什么会有这一条规矩。当你得到一个解释后再次问为什么，接着再问为什么。这种方法可以防止你满足于通常的解释，并且使你能够从不同的视角看这些规矩。

创业时，要视具体的情况灵活地使用，不能够拘泥于规矩，不能“抱着金饭碗饿死”，正如一首歌所唱：“没有憋死的牛，只有愚死的汉。”

▷ 非常之事，何得循旧?

【句源】牧曰：“非常之事，何得循旧?”

【出自】《三国志·吴书》。

【句意】前所未有的事业，怎能沿袭陈规旧律?

世界是运动变化的，我们无法找出一成不变的东西，但我们往往在很大程度上过分依赖经验，认为经验就是解决一切难题的法宝。其实，经验只代表了我们在以前那种状况下所采取的行为是正确的，但是这种正确行为在以后并不一定还是可行的。时间、地点发生了变化之后，我们必须也学会变化，否则就是墨守成规，使很多本来可以做得很好的事情做不好，甚至变成坏事。

人们要懂得美丽的白天鹅是从丑小鸭变来的，美丽的蝴蝶是从蛹变来的。不要总是依靠老经验，应该将目光放得长远一些，对人和事从本质上进行分析、判断。只有掌握了这种能力，才可能作出正确的、符合自己利益的决策，才会有利于事业的发展。

▷ 治家非一宝，富国非一道。

【句源】大夫曰：圣贤治家非一宝，富国非一道。

【出自】汉·桓宽《盐铁论·力耕》。

【句意】治家，不能靠一种财宝；治国，不能靠一种方法。

不论是治家还是治国，都不能只用一种方法，因循守旧只会走向衰落。同样，打点一个公司，使企业步入正轨，创造自己的文化产品时，也不能用一种思

维、一种方法来管理，而是要注入新血液，使企业充满活力，有着不断向前发展的空间。

以公司利益为出发点，创建新的发展目标，创建新的公司体制，创建新的规章制度，创建新的工作内容……一系列的创新，将使公司焕然一新，为公司提供更多的商业契机。

创业的过程就是有所发现、有所创造、有所突破的过程。创新没有止境，持续不断。

▷ 欲穷千里目，更上一层楼。

【句源】白日依山尽，黄河入海流。欲穷千里目，更上一层楼。

【出自】唐・王之涣《登鹳雀楼》。

【句意】要想看到更远的地方，必须登上更高的一层楼。

站得愈高，看得愈远，人生也是这样。只有不断攀登，不断进取，不断以更高的标准要求自己，才能在思想上达到愈来愈高的境界，在事业上取得愈来愈高的成就。

敢于登高，就要有勇于攀登以追求更高目标的精神。千万要有清醒的头脑，清醒地意识到自己还有许多不足，不可目中无人，觉得自己很了不起。对于创业的人来说，事业的道路还很艰辛、还很漫长，发展的道路上永远没有句号。

▷ 实言实行实心，无不孚人之理。

【句源】实言实行实心，无不孚人之理。

【出自】明・吕坤《呻吟语・诚实》。

【句意】说话实在，办事实在，为人实在，没有不使人信服的道理。

诚信，能使一个人受到众人的尊敬与赞扬，能使一个企业得到消费者的信赖与拥戴。一个人做到诚信，就要说话实在、办事实在、为人实在；一个企业要做到诚信，就要使自己的产品过硬，取得消费者的信赖。

企业要发展，就要把好质量关，创出自己的品牌。消费者认可，你的企业还用担心垮掉吗？

◎ **今美于昨，明日复胜于今。**

【句意】今天美于昨天，明天更胜今天。说明时代总在向前发展，一日胜过一日。

◎ **终日乾乾，与时偕行。**

【句意】一天到晚谨慎做事，自强不息，和日月一起运转，永不停止。

◎ **日新之谓盛德。**

【句意】每天都有新的变化才是大德。

◎ **古今不同俗，何古之法?**

【句意】过去和现在风俗不同，为什么一定要效仿古代？古今的帝王也没有相互因袭，为什么一定要遵循以前的礼制？

◎ **德贵日新。**

【句意】最可贵的品德是每天都要更新。

◎ **青，取之于蓝而青于蓝。**

【句意】青色染料是从蓝草里提炼出来的，但颜色比蓝草更深。

◎ **君子之学必日新，日新者日进也。不日新者必日退，未有不进而不退者。**

【句意】君子在学习上必定会日日更新，日日更新的人才会每天都有进步。不能日日更新的人就会日日退步，从来没有不进也不退的人。

◎ **芳林新叶催陈叶，流水前波让后波。**

【句意】春天欣欣向荣的森林里，新叶催换了旧叶；江河奔腾的流水里，前面的波浪让给后面的波浪。

◎ **昨日是而今日非矣，今日非而后日又是矣。**

【句意】昨日“是”而今日“不是”，今日“是”而明日又“不是”了。说明时代不同，人们对问题的看法也不一样。

◎ **请君莫奏前朝曲。**

【句意】请您不要演奏前朝的曲子。意谓不要一味因循守旧，老调重弹。

第八章

工作篇

现代社会工作的复杂性决定了工作中的成员更多的是以团队的形式出现。而对于一个团队来说，最重要的是领导者的决策能力：对人才的选拔与任用，上下级、平级之间的沟通程度，以及鼓舞整个队伍的士气。工作能否顺利开展和以上几点息息相关。

第一节　谋夫孔多，是用不集

▷ 人无远虑，必有近忧。

【句源】子曰："人无远虑，必有近忧。"

【出自】《论语·卫灵公》。

【句意】人没有长远的考虑，一定会有眼前的忧患。

佳句赏析

每个人都应该拥有长远的眼光，不要只看眼前。如果你没有为将来考虑过，那么现在可能因为前面的无计划性引发各种问题。面对突如其来的事件，还没有做好迎接风险的准备，就会手足无措，以致受到打击一蹶不振。因此，要针对自身优势和对市场前景的预测，深谋远虑地为企业做好下一步的打算，以先行的脚步去挑战困难、战胜困难。

有一句话说得好，虽不知未来如何，但应经营现在，谋及未来。鼠目寸光，难以走得很远。

▷ 世异则事异。

【句源】世异则事异，事异则备变。

【出自】战国·韩非《韩非子·五蠹》。

【句意】时代背景发生了变化，采取的政策也要跟着变化。

佳句赏析

不同的阶段会有不同的问题，解决问题的方法也就各不相同。如果还用老方法解决新出现的难题，无疑会陷入迷茫中。一把钥匙只能开一把锁，没有万能的方法可以解决所有问题。

当我们被复杂的事务所困扰时，不妨采用具体问题具体分析的方法摆脱困境。业绩跟不上，可以提高工作效率；工作起来感觉吃力，可以定期学习专业知识。一个人的思想随着环境的变化而变化，决策只有适应当时的需要，成绩才能永葆青春和活力，永不僵化和停滞。

▷ 知彼知己者，百战不殆；不知彼而知己，一胜一负；不知彼不知己，每战必败。

【句源】故曰：知彼知己，百战不殆；不知彼而知己，一胜一负；不知彼不知己，每战必败。

【出自】春秋·孙武《孙子兵法·谋攻篇》。

【句意】了解对手又了解自己，百战都不会失败；不了解对手而了解自己，胜负平分；不了解对手也不了解自己，每战必败。

"对手"确定以后，盲目地乱追是不理智的行为。所谓"知己知彼，百战不殆"，选定后还要对他进行彻底的分析，看他到底哪里强过你，他是通过什么方法取得成功的，他的诀窍在哪里，包括他人际关系的建立、个人能力的提高等，都要有一个全方位的衡量。这些准备工作做完以后，你可以对他展开激烈的追赶攻势，可以效仿对手成功的方法，也可以按照自己的计划行事，只要你是个有心人，相信很快就会赶上并超越对手。

了解你的对手，作出有针对性的策略，才能百战不殆。

▷ 凡战者，以正合，以奇胜。

【句源】凡战者，以正合，以奇胜。故善出奇者，无穷如天地，不竭如江海。

【出自】春秋·孙武《孙子兵法·势篇》。

【句意】用兵作战，总是以正兵当敌，以奇兵取胜。

佳句赏析

生活中很多人会告诉你，做事要有恒心，要有韧劲，这没错。但是，很多时候你会因此而固执己见，不知不觉中，一条道儿走到黑。事实上，坚持一个方向走到底是不太现实的，就像开车，不可能总是方向不变，而需要不时地调整方向。有时候，环境变化得太厉害，你不得不另辟新路，不然，你定然会栽跟头。正如踏在别人的脚印里走，你永远都不会走快、走远，只有另外开辟一条路才可能超过别人。

最高明的行动是别人没有意料到的行动，最高明的谋略是别人没有意料到的策略。要在竞争中取得胜利，就要有“出奇制胜”的法宝。你比别人有更好的想法，就会得到上级的赏识；你比别人作出更多的成绩，就会得到上级的肯定。

再绝的招数也终归会被多数人掌握而成为众人的通用工具，因此，只有不断“出奇”才能在竞争中位于不败之地。

▷ 以迂为直，以患为利。

【句源】 军争之难者，以迂为直，以患为利。故迂其途，而诱之以利，后人发，先人致，此知迂直之计者也。

【出自】 春秋·孙武《孙子兵法·军争篇》。

【句意】 变迂曲为近直，化患害为有利。

一个人的能力是有限的，如何在竞争的社会中取得胜利，关键在于采取的方式。以迂为直，就是选择障碍最少的方向到达自己的目的地；以患为利，就是把自己的弱势转化为自己的优势。每个人都有弱势，只有正视自己的弱势，同时换个角度思考，才会取得意想不到的效果。如同庄子的葫芦一样，不能装东西，不能做瓢用，而换个角度来考虑，悬于腰间游荡于江湖则无疑是不可多得之物。

从前人的成败得失吸取经验教训，从而取人之长，避人之短，后发先至，成为站在“巨人”肩膀上的强者。

▷ 合于利而动，不合于利而止。

【句源】 古之善用兵者，能使敌人前后不相及，众寡不相恃，贵贱不相救，上下不相收，卒离而不集，兵合而不齐。合于利而动，不合于利而止。

【出自】 春秋·孙武《孙子兵法·九地篇》。

【句意】 能够造成有利于我的局面就行动，不能造成有利于我的局面就停止。

在决策时，人们往往要对各种方案进行判断，最后择其优者而动之，择其劣

者而止之。总的说来，我们就是要遵守“非利不动原则”。一件事从长远的角度来看有利可图、符合自己的最终利益，我们就应该作出选择，有所行动。如果从长远和全局来看不仅无利可图，甚至可能有害，则不可贸然行动，而应尽早打消采取行动的念头，或暂时停止，伺机再战。

工作中，当你着眼于长远，在对待盟友和竞争对手时善于处理好眼前利益与长远利益的关系，不树敌，不盲目出击，而是广结善缘、友缘，形成更大的合力，那你就可取得更大的成功。

▷ 多算胜，少算不胜。

【句源】夫未战而庙算胜者，得算多也；未战而庙算不胜者，得算少也。多算胜，少算不胜，而况于无算乎。吾以此观之，胜负见矣。

【出自】春秋·孙武《孙子兵法·始计篇》。

【句意】算计多就（赢得）胜利，算计少就不能（赢得）胜利。

“善于计算，多计算幸福，多计算好事”这句谚语深刻地告诉我们，不论做什么事都要进行全方位的计算，计算多，才能避免差错，才能保障最后赢得胜利。

工作是生活的一部分，没有工作，就没有生活的保障。而选择工作就如同穿鞋，大小合适才最重要。对于工作，我们要深思熟虑。沉静下来，认真回顾自己过去的生活、学习经历，了解和分析自己的个性、兴趣和能力，然后思考一下自己的未来，聆听自己的心声，发现自己内在的需求。如我的梦想是什么？我对什么感兴趣？我具有什么样的天赋？知道自己想要什么，才会有明确的目标去追求。

▷ 欲刚，必以柔守之；欲强，必以弱保之。

【句源】欲刚必以柔守之，欲强必以弱保之。积于柔必刚，积于弱必强。观其所积，以知祸福之乡。

【出自】《列子·黄帝》。

【句意】想要变得刚强，必定守住柔的一面；想要变得强大，必定保住弱的一面。

“柔能制刚，弱能制强”，这就是说，不能事事求刚，只有善于在一些方面

守柔，才能在另一些方面生刚。工作中会遇到对手在所难免，那么，遇到强大的劲敌你会怎么办？比如你是部门主力，当你的部门进来一位新同事，他学历比你高、工作能力比你强，而且得到领导的赏识。你认为他会对自己的工作前途造成威胁，此时你会怎么办？

面临劲敌，如果你没有学历、能力等硬件，就要依靠自身的软件来打败对手。良好的沟通能力、团结的合作精神、超强的外交能力……发挥出自己的长处，以克他人短处。在竞争中，若以自己所长对他人所长，以自己所短对他人所短，各自不能发挥优势，难免导致决策的失败。

◉ **当局称迷，旁观必审。**

【句意】下棋的人容易糊涂，看棋的人看得清楚。比喻当事者往往因考虑得失而认识不清，不如局外人看得全面、客观。

◉ **欲知目下兴衰兆，须问旁观冷眼人。**

【句意】要想知道目前兴衰的征兆，一定要问旁观以冷静的眼光来看待事物的人。

◉ **将拒谏则英雄散，策不从则谋士叛。**

【句意】将帅听不进下属的忠告，手下的英雄就会离去；不采纳好的策略，谋士就会反叛。

◉ **因时立政。**

【句意】根据当时的实际情况制定政令。

◉ **谋夫孔多，是用不集。**

【句意】出谋划策的人太多，就会无所适从，因而难以成事。

◉ **言多变则不信，令频改则难从。**

【句意】言语反复多变，就不能取信于人；政令朝出夕改，人们就无所适从。

◉ **谋贵众，断贵独。**

【句意】计议事情贵在人多，决定事情贵在独立决断。

◉ **动静屈伸，唯变所适。**

【句意】事物只有经常改变动静屈伸的状态，才能适应环境。比喻人要根据环境变化采取不同措施。

◉ **谋泄者事无功，计不决者名不成。**

【句意】计谋泄露事情就不会成功，决策犹豫不决难以成名。

第二节 好而知其恶，恶而知其美

▷ 节用而爱人，使民以时。

【句源】子曰："道千乘之国，敬事而信，节用而爱人，使民以时。"

【出自】《论语·学而》。

【句意】节省开支并爱戴百姓，在恰当的时间内安排百姓为国家建设做事、劳作。

孔子所说的"使民以时"，就是强调用人时应该把握时间。一个领导应根据不同的发展时期和处境遭遇来确定自己的用人策略，为自己的事业服务。

在用人策略上要灵活运用，抓住一个"时"字。不要等到有才能的人被"磨"去了积极向上的事业心或者跳槽后，才想起应该起用他们。而且，应该注重道德上的"使民以时"。比如在员工生病或有急事时，要尽量宽容、安慰他们，而不是去责备他们。

用人是一个大学问，"使民以时"既要在时间上进行把握，又要在道德上进行关怀。

▷ 视其所以，观其所由，察其所安，人焉廋哉？

【句源】子曰："视其所以，观其所由，察其所安，人焉廋哉？人焉廋哉？"

【出自】《论语·为政》。

【句意】注意他怎样做事，了解他的经历，观察他的行为，就能全面确认他是怎样的人了。

许多人出于利益考虑，会戴着假面具，使你所见到的是戴着假面具的"他"，而并不是真正的"他"。这是一种有意识的行为，这些假面具有可能只为你而戴，而扮演的正是你喜欢的角色。如果你据此判断一个人的好坏，并进而决定和他交往的程度，那就有可能吃亏上当。

那么我们要如何来看人呢？专家建议：用“时间”来看人。用“时间”来看人，就是在初次见面后，不管你和他是“一见如故”还是“话不投机”，都要保留一些空间，而且不掺杂主观好恶的感情因素，然后冷静地观察对方的行为。如果他待人不诚恳，时间一长就能看出这种变化，其对人、对事会先热后冷，先密后疏；如果这种人说的和做的是两回事，时间一长，便可发现他的言行不一；如果他善于说谎，常常要用更大的谎言去圆前面所说的谎话，时间一长，就会露出首尾不能兼顾的破绽。

总之，用“时间”来看人，就是指通过长期观察来界定一个人品质的好坏，而不是凭一面之缘下结论。

▷ 人之过也，各于其党。观过，斯知仁矣。

【句源】子曰：“人之过也，各于其党。观过，斯知仁矣。”

【出自】《论语·里仁》。

【句意】人的错误可以分为不同的类型，只要观察一个人的错误，就能知道这个人怎样。

如果我们留心观察身边的人，就可以发现，许多人犯的一些错误会重复出现。比如一个人贪小便宜，他绝对不会只此一次，他会一次又一次地在与人交往中表现出来。我们也会因此而对这个人得出“他是贪小便宜的人”这样一个结论。

但是，根据一个人经常犯的错误还是不能全面地判定一个人，毕竟，人是一个由多方面素质构成的综合体，除了犯错误之外，他还会通过其他的方式来表现他其他方面的特性。因此，还是不要因为人们某一方面的错误，就把一个人看死。通过观察一个人犯的错误和作出的成绩这两方面的情况，才能真正比较全貌地考察一个人。

▷ 不以言举人，不以人废言。

【句源】子曰：“君子不以言举人，不以人废言。”

【出自】《论语·卫灵公》。

【句意】不因为（某人）说话动听就任用他，不因为（某人）有缺点就不重视他的话。

在评价和了解一个人的时候，不能只是看他说了什么，还要看他做了什么。话说得好的人不一定品德高尚，所以要听其言而观其行，不能够只听他说得好便以为一切都好，轻易地去推举他。另外，一个人虽然有这样那样的不好，甚至简直就是个魔鬼撒旦，但只要他说的话有道理，就应当采纳接受，而不应该以“狗嘴里吐不出象牙”来断然否定。

有的人能干但是口才不好，有的人则是能说，口若悬河，却不能真正地做什么事。所以，决定对一个人的任用，不能只看他会不会说话，还要看他能不能做事。切忌被别人的言辞迷惑而轻率地用人。

人们常常说“人微言轻”，其实这句话就是以人废言的一个典型例证。理解“人微言轻”的含义，正是希望能够重视所有人，不使言论之道单一或者堵塞，减少因忽视一般人的见解所可能造成的损失。

▷ 孟公绰为赵、魏老则优，不可以为滕、薛大夫。

【句源】子曰：“孟公绰为赵、魏老则优，不可以为滕、薛大夫。”

【出自】《论语·宪问》。

【句意】孟公绰论才能、学问、道德都适合做大国的卿大夫家臣，而不适合做小国的大夫。

现实生活中，有许多人担任要职能够出类拔萃，但是要他做学问，则未必能完成。相反，有些人做学问很好，有思想、有见地，但是让他从事实际的工作，可能根本无法胜任。所以作为领导，知人善任是一门学问，对每一个人，你都要认识到他的优势和劣势所在。可能的情况下，把劣势转化成优势，这样才能充分发挥一个人的潜能。

用人的长处和优势，而不勉强人的短处和劣势。用长避短的前提是“知人”，是识别人才优缺点的慧眼。用人最基本的法则是“将人才放在最适合、最能发挥才能与特长的地方”。每一个人存之于世，都有其存在的价值和理由，你必须注重他们的特长、志趣、职业目标与梦想，让员工从事最能发挥他们所长并最乐于从事的工作，而绝不能想当然，仅仅为了满足你个人管理职能的需要而乱用人才。成功的企业家是知人善任的实践者，许多大公司通过工作轮换等办法，让员工找到最适合自己发展的职位与空间，确保不浪费任何一名有才之士的才华。

任用人的长处，则凡事不会不成功；回避其短处，则世界上没有不可用之才。

▷ 凡人心险于山川，难于知天。

【句源】孔子曰："凡人心险于山川，难于知天。天犹有春秋冬夏旦暮之期，人者厚貌深情。"

【出自】战国·庄周《庄子·杂篇·列御寇第三十二》。

【句意】人心比山川还要险恶，比预测天象还要困难。

在我们的周围，有些人看到你直上青云就会逢迎拍马，专拣好听的话讲；有时，他们看到你事事顺心、进展神速，就在背后造谣生事，陷你于不利；有时，欺骗、谎言、圈套从他们头脑中酝酿成"粗绳"套在你身上，使你翻身落马；有时，他们看到你堕入困境则幸灾乐祸、趁火打劫。

"画虎画皮难画骨，知人知面不知心。"识人是一个复杂的心理过程，需要根据主要的信息来判断：第一，被认知者的外貌、言行、姿态等；第二，认知者与被认知者的互动情境、被认知者所具有的角色；第三，本身对他人的个人成见也对认知者产生巨大的影响。

要正确了解、判断一个人，不能只凭一言一行一事的外在表现，而要透过现象看本质，注意他对那些身处逆境或地位低下的人的态度。在具体的人际交往中，会有各种不同的情况出现，具体问题需要具体分析。

▷ 以貌取人，失之子羽。

【句源】吾以言取人，失之宰予；以貌取人，失之子羽。

【出自】汉·司马迁《史记·仲尼弟子列传》。

【句意】（我）只凭相貌判断人品质能力的好坏，结果是对子羽的误判。

大千世界，芸芸众生，人的相貌、性格千差万别，相貌堂堂、潇洒倜傥者有之，相貌丑陋、形象猥琐者也有之。也正因如此，才显出世间众生的五彩缤纷。用人之道，既有漂亮的外表又有满腹才略当然最好，相貌丑陋却才华横溢者也与大局无碍。用人者要的是人的才，而非他的貌，千万不可本末倒置。

取人外表长相的美丑不如考察其心灵的美丑，人的假恶丑与真善美总是并存的。如果一个人为了获得财富、权势，而以放弃真善美为代价，那么他就会堕落成动物。考察一个人或真正识别一个人就需要对这个人进行全方位的审察，而不能仅以其外貌断定一个人。

▷ 相马失之瘦，相士失之贫。

【句源】 相马失之瘦，相士失之贫。

【出自】 汉·司马迁《史记·滑稽列传》。

【句意】 相马者往往因为马瘦而看错它的材质，相人者往往因为人贫穷而忽略他的才能。

以表面现象来作为评判人的标准，或许不是一项缺点，却是一项弱点。这种表面上看起来最省时的评判方法，虽然让人能够迅速辨别当下所见的事物，却也容易同时圈住人们的思考与判断，特别是在不经意的时候，最容易引起误判。

“表面现象”之所以经常可以蒙蔽人，因为人们习惯于“以貌取人”，往往看不见“金玉其外而败絮其中”；看不见表面平静而内心波涛汹涌；看不见表面善良而内心狡诈。有心作恶或有意骗人的人，最喜欢利用人们思考判断上的“以表面现象取人”和同情他人的弱点，制造骗局，谋取财富。所以我们要时刻具备防范之心，就算不在意，也不能不注意。

▷ 何世无才，患人不能识之耳。

【句源】 何世无才？患人不能识之耳。苟能识之，何患无人？

【出自】 宋·司马光《资治通鉴·汉纪》。

【句意】 哪个时代没有人才？就怕人们没有赏识的眼光罢了。

如果一个上级连重视人才的最起码的心胸和认识都没有，即使他成功了，也肯定是个“暴发户”，而他的成功也未必长久！人才的发现离不开识人的眼光，需要伯乐们独具慧眼，见识不凡。看人的眼光要准，不仅需要丰富的经验和阅历，需要过人的智慧胆识，还要有见微知著的能力。最重要的是必须没有偏见。

当然，人才需要别人发现，也需要自己表现；需要别人赏识，更需要自己努力。因而，被重用时，别得意忘形，须知天外有天；被埋没时，也别怨天尤人，先看看自己的才能学识准备得怎么样。只要你是千里马，伯乐早晚要找上门来，真正的人才肯定会脱颖而出的。

▷ 与其用之之疑，曷若取之之慎。

【句源】未知其忠而使之，是下无忠邪？与其用之之疑，曷若取之之慎。

【出自】宋·李觏《强兵策》。

【句意】对待人才，与其在使用的时候心存疑忌，倒不如在选拔的时候小心谨慎。

用人之道，在于信任。宁可选人时多费工夫，也不能任用人而不信任。任用人而心存不信任，是用人的大忌。对所任用的人才不信任，甚至为其设置各种障碍，不但是对人才的不尊重，也是对你自己的折磨——何必如此呢？许多优秀公司都对人才充分信任与尊重，也赢得了人才的心。所以，作为一个领导者，要谨记“用人不疑，疑人不用”这八个字。切莫一边任用了人，一边却心存不信任，那绝不是一个智者的风范。所以说，看准人才，重用人才，信任人才，也正是对你识人眼光和用人魄力与胆略的考验。

对人才要慎重选取，既然使用了，就必须充分信用。

◎ **新竹高于旧竹枝，全凭老干为扶持。**

【句意】新竹比老竹长得更高，全仗着老竹的扶持。形容年轻人超过老年人，但老年人的作用不可忽略。

◎ **观其容而知其心矣。**

【句意】观察他的面部表情就知道他的内心。

◎ **众恶之，必察焉；众好之，必察焉。**

【句意】对大家厌恶的人，一定要考察；对大家喜欢的人，也一定要考察。

◉ **视其所以，观其所由，察其所安。**

【句意】了解一个人，要看他的所作所为，观察他的经过由来，了解他的爱好。

◉ **听言者，以言观其意也。**

【句意】听他的话，目的是据以了解他的思想。

◉ **以言取人，人饰其言；以行取人，人竭其行。**

【句意】按言语取人，人们就会修饰其言语；按行为取人，人们就会尽力去行动。

◉ **知贤之近途，莫急于考功。**

【句意】了解贤士的捷径，莫过于考核政绩。

◉ **好而知其恶，恶而知其美。**

【句意】对自己喜欢的人要知其缺点，对自己厌恶的人要知其优点。

◉ **论材论士，必试于职，明度量以程能，考功实以定德。**

【句意】了解、考察人才，一定要任以一定的职务，然后按明确的标准衡量其才能，通过其实绩来评定其德行。

◉ **不用干将，奚以知其锐也？不弓乌号，奚以知其劲也？**

【句意】不用宝剑，怎知其锋利？不拉名弓，怎知其强劲？比喻人才要经过实践才能看出。

◉ **才者，璞也；识者，工也。**

【句意】人才好比未雕琢的玉，识才的人则是雕玉的工匠。

◉ **知人善任，人乐为用。**

【句意】既了解人又善于使用人，人就愿意为其所用。

◉ **用人必考其终，授任必求其当。**

【句意】用人必须全面考察，任职必须力求适当。

◉ **居高位者，以知人晓事二者为职。**

【句意】处在高级职位的人，以了解使用人才和掌握情况为职责。

◉ **非知人不能善其任。**

【句意】不了解人就不能很好地用人。

◉ **人各有能有不能也。**

【句意】任何人都有其长处和短处。

◉ **任人之长，不强其短；任人之工，不强其拙。**

【句意】用人用其长处，不勉强其所不擅长的；用人用其熟悉之处，而不勉强其拙劣的。

◉ **人固难全，权而用其长者。**

【句意】谁都难以做到完美无缺，只能权衡优缺点，用他的长处。

◎**采玉者破石拔玉，选士者弃恶取善。**

【句意】采玉的人劈开石块取出玉来，选择贤人要弃短取长。

◎**论大功者不录小过，举大美者不疵细瑕。**

【句意】嘉奖建树大功的人，不计较他些微的过失；推举具有高尚美德的人，不挑剔其细小的缺点。

◎**论于大体，不守小节。**

【句意】看人要看大的方面，不要拘泥于小节。

◎**取其一，不责其二；即其新，不究其旧。**

【句意】取其所长，不挑剔其所短；根据其当前的表现，不追究既往。一：一个方面。二：另一个方面。

◎**取士之道，古难其全。**

【句意】选用人才的方法，自古以来难得尽善尽美。

◎**求备一人，百中无一。**

【句意】要求一个人完美无瑕，则百人中也难找到一个。

◎**用人图治，亦当因时制宜，岂能一一拘定常格。**

【句意】使用人才治理国家，应根据不同时期的情况，采取不同的措施，不能拘守一格。

◎**各从所好，各骋所长，无一人之不中用。**

【句意】使人们能做他喜爱的事，发挥自己的专长，就没有不适用的人才。

◎**生材贵适用，幸勿多苛求。**

【句意】造就人才要重视适用，千万不要刻意强求。

◎**智者不以一能求众善，不以一过掩众美。**

【句意】聪明的人不因为人有一种才能就要求他各方面都好，不因为人有一处过失就不看他的很多优点。

◎**何世无才，患人不能识之耳。**

【句意】哪个时代没有人才？就怕人们没有赏识的眼光罢了。

◎**时不乏人而患知之不博。**

【句意】具备了重视人才的价值观与胸怀，你还必须修炼识人、知人的智慧与眼光。

◎**非真无人也，但求之不勤不至耳。**

【句意】并不是真的没有人才，是探求不勤奋，（程度）没达到而已。

◎**宁用不材以败事，不肯劳心而择材。**

【句意】宁可任用没有才学的人导致失败，而不愿意鞠躬尽瘁地去选拔真正的人才。

◉ **天下未尝无才，患所以求才之道不至。**

【句意】天下不是没有人才，怕的是探求人才的渠道与方法不周至。

◉ **宁用不材以旷职，不肯变例以求人。**

【句意】宁可任用没有才学的人导致旷废职守，而不愿意改变旧例选求人才。

◉ **虽楚有材，晋实用之。**

【句意】虽然楚国有人才，却被晋国使用了。

◉ **任人之道，要在不疑。宁可艰于择人，不可轻任而不信。**

【句意】用人之道，在于信任。宁可选人时多费工夫，也不能任用人而不信任。

◉ **用人之力而忘人之功，不可。**

【句意】只用人而忘记其功劳不奖赏，那是不可以的。

◉ **才微而任重，功薄而赏厚。**

【句意】重任没有才能的人，没有功劳的人得到厚厚的赏赐。

◉ **不才者进，则有才之路塞。**

【句意】任用了没有才能的人，则有才能的人就没有出路了。

◉ **非才而据，咎悔必至。**

【句意】不具备某种才能而担任某种职务，肯定会有差错而悔恨。

◉ **存乎人者，莫良于眸子。**

【句意】观察一个人，没有什么比观察他的眼睛更好的了。

◉ **才大无忠者，用之祸烈也。**

【句意】有大才但无忠心的人，重用他们会招致很大的祸患。

◉ **同事之人，不可不审察也。**

【句意】对于和自己一起做事的人，一定要进行详细的考察。

◉ **德不广不能使人来，量不宏不能使人安。**

【句意】恩德不广博，则不能招揽人才；气量不宏大，则不能安定人才。

◉ **舟覆，乃见善游；马奔，乃见良御。**

【句意】翻了船的时候，才看得出谁是善游的；马狂奔的时候，才看得出谁是本领高强的车把式。比喻识人往往在关键时刻、紧急危难之中。

第三节　不知其思，无以讨之

▷ 居上不宽，为礼不敬。

【句源】子曰：“居上不宽，为礼不敬，临丧不哀，吾何以观之哉？”

【出自】《论语·八佾》。

【句意】身处上层的人要以宽厚仁爱为本，遵从礼节以虔诚恭敬为本。

士为知己者死！“收买人心”是最厉害的管理招数，它能让人心甘情愿地为你卖命，尤其是在中国这样一个历来重视情义的国度。若想让别人为你效命，只需对他付出关怀，让他感激你就行了。很多管理者为了管理下属，想尽了各种办法，却忘记了这个最简单实用的道理。

对下属诚恳、真挚，只有这样才能凝聚坚不可摧的向心力。你的微笑、放下领导的架子、不责备他们的过错，都能使下属随时感受到你传递的温暖，从而去掉包袱，激发工作的最大积极性。

▷ 苟正其身矣，于从政乎何有？不能正其身，如正人何！

【句源】子曰：“苟正其身矣，于从政乎何有？不能正其身，如正人何？”

【出自】《论语·子路》。

【句意】如果自身公正，去从政，当然是好的；如果连自身都不公正，怎么去从政呢？所以说“欲正人，先正己”。

曾经有一位CEO说过这样一段话：对工作有利的，就是对自己有利的。你不重视自己的工作就是不尊敬自己，也绝不可能把工作做好。即使你没有一流的能力，但只要用心去工作，同样会获得人们的尊重；反过来讲，即使你能力无人能及，但没有基本的以身作则的职业精神，也一定会遭到社会的遗弃。

领导者要以身作则，作出表率，才能得到员工最大限度地信服。假如自己不能做榜样，就不要指望能辅正别人了。只有营造人人平等、公平至上的氛围，才能形成由上至下凝聚一心的无敌战斗力。

▷ 除害在于果断，得众在于下人。

【句源】谨在于畏小；智在于治大；除害在于果断；得众在于下人。

【出自】《尉缭子·十二陵》。

【句意】消除祸害在于果敢善断，能得众心在于谦恭待人。

佳句赏析

以德服人，才能使下属凝聚在你的周围，团结一心，勇敢面对挑战。做到以德服人就必须有良好的品质，让下属认同你，愿意接受你的管理。身为领导，要以身作则，充当员工的表率。要求员工勤俭节约的同时，自己却浪费无度、公物私用，这样的管理者又如何让员工信服？

要保持谦虚心。在教导下属时与其摆出一副不可一世的样子，倒不如以谦虚的态度对待下属，这样不仅可以树立良好形象，而且下属受人指挥的感觉也会消失。

▷ 千金可失，贵在人心。

【句源】 千金可失，贵在人心。

【出自】 南朝梁·萧子显《齐书》。

【句意】 宁失千金，却不可失民心。比喻人心之可贵。

佳句赏析

得人心难，失人心易。赢得人心需要点滴付出、日积月累而成，这是用多少钱都买不到的珍宝。一个公司、一个领导若能得到员工的心，那将是一件幸事。无论你是富是贫，是迅速发展还是困难重重，员工的心会始终与你在一起，与你一起打拼或渡过难关。

得心，需要你的真情付出，需要你的善良体贴，只有当你设身处地为员工着想时，员工才会全心全意与你同甘共苦。

▷ 水浊则鱼喁，令苛则民乱。

【句源】 水浊则鱼喁，令苛则民乱，城削则崩，岸削则陂。

【出自】 汉·韩婴《韩诗外传》。

【句意】 水太浑浊了，鱼就会将嘴露出水面；政令过于苛刻了，百姓就会人心不安。

佳句赏析

也许你态度严厉的目的只是为了把工作做好，然而在别人眼里，却是刻薄的表现。你平日连招呼也不跟同事打，跟同事间的唯一接触就是开会或讨论工作，这样怎会赢得人心？出于工作效率考虑，你又向上级反映并制定了一些让同事感到苛刻的规章制度，丝毫没有顾及他们的感受。在他们看来，你只是一个替上级办事、催赶下属做事的冷血同事。

一个眼里只有工作前景、只关心工作成绩的负责人，是无法聚拢人心的，被下属排挤在外是必然的事情。

▷ 渊深而鱼聚之，山深而兽往之。

【句源】渊深而鱼生之，山深而兽往之，人富而仁义附焉。

【出自】汉·司马迁《史记》。

【句意】水深了，鱼就会纷纷聚集；树林茂密，鸟兽就会争相前来。

佳句赏析

法国企业界有一句名言：“爱你的员工吧，他会百倍地爱你的企业。”这一管理学的新观念，已经越来越深入人心，而且被越来越多的企业管理者所接受。实践使他们懂得，没有什么比关心员工、热爱员工更能调动他们的积极性、提高工作效率了。

因此，作为领导，应注意经常观察每个下属的言行、举止、态度、情绪和工作方面的微小变化或波动，并分析可能产生这些情况的原因。在发现下属的某些表现反常后，只要领导能主动创造机会：例如，领导接待日、领导沟通电话等，让他把自己的担心、忧虑和烦恼倾诉出来，问题就解决了一大半。再加上一些分析和引导，并设身处地为他出主意、想办法，就会使其倍感领导的关心和组织的温暖，从而放下思想包袱，消除困惑、疑虑，解除后顾之忧，积极投入工作。当然，表达对同志的关心，应当是真诚的、负责的，虚情假意不行，不负责任更是有害。

领导者关心下属，下属才会以积极的心态和热情来为你工作。

▷ 遇欺诈之人，以诚心感动之；遇暴戾之人，以和气薰蒸之；遇倾邪私曲之人，以名义气节激励之。天下无不入我陶冶矣。

【句源】遇欺诈之人，以诚心感动之；遇暴戾之人，以和气薰蒸之；遇倾邪私曲之人，以名义气节激砺之。天下无不入我陶冶中矣。

【出自】明·洪应明《菜根谭》。

【句意】遇到狡猾欺诈的人，要用赤诚之心来感动他；遇到性情狂暴乖戾的人，要用温和态度来感化他；遇到行为不正、自私自利的人，要用大义气节来激励他。假如能做到这几点，那天下的人都会受我的美德感化。

欣赏对手的长处，尤其在一个团队里，以对手的长处补自己的短处，从而看到自己的不足，以谋求共同进步、共同发展。其实这种心态根本没把欣赏的人当作对手，而是当作共同前进的伙伴，做到欣赏对手，就是如此简单。因为排斥对手对事情没有一点帮助，弄得不好还会两败俱伤。相反，抱着欣赏对手的心态，则能赢得人心。人与人之间肯用真心交流，就会增进了解，消除隔阂。使他人变成你的朋友，把对手当成动力，不是更有利于你的成功吗?

▷ 圣人治天下，体民之情，遂民之欲。

【句源】圣人治天下，体民之情，遂民之欲，而王道备。

【出自】清·戴震《孟子字义疏证》。

【句意】治理国家的人要体察民情，满足人民的欲望。

如果你想让别人喜欢你，就要永远使对方觉得他对你很重要。要知道，使自己成为重要人物，是每一个人的愿望。

在工作中，你可以将一些重要、紧急的事件交给他，说："尽快处理，相信你的能力。"在休闲之余，你不妨请对方帮你一个忙，说："这个东西我不懂，还多亏有你帮忙。"这样不但能使他觉得自己重要，也能使你赢得友谊与合作。

经常夸奖下属，既是一种聪明的鞭策方式，又是一种有效的攻心战略。当下属认识到自己的重要性，认识到公司需要自己、领导重用自己时，定会全心全力为公司效力，最大限度地为公司创造价值。

◉ 三军知在上之人爱我如子之至，则我之爱上也如父之极。

【句意】全军士兵知道将帅爱我像爱他儿子一样爱之至极，那么我们也就会像爱自己父母一样爱将帅之至极。

◎**善用兵者先服其心，次屈其力**。

【句意】善于用兵的人，首先从思想上制伏敌人，然后用实力使其屈服。

◎**不知其思，无以讨之**。

【句意】不知晓他人的内心想法，就没有办法治理他。

◎**征国易，征心难焉**。

【句意】征服国家容易，征服人心困难。

◎**山锐则不高，水狭则不深**。

【句意】山太陡了就不会太高，水面过于狭窄就不会太深。比喻对人要求太过苛刻，就不会得到人心。

◎**尽己而不以尤人，求身而不以责下**。

【句意】事情做不好要尽量在自己身上找原因，不要埋怨他人和下属。

◎**心病终须心药治，解铃还须系铃人**。

【句意】思想上的毛病要用解决思想问题的方法去医治，要想解下铃铛还是要由当初系铃铛的人来解。

第四节　一人投命，足惧千夫

▷ 千人同心，则得千人力；万人异心，则无一人之用。

【句源】千人同心，则得千人力；万人异心，则无一人之用。

【出自】汉·刘向《淮南子·兵略训》。

【句意】如果有一千个人团结一心，那就可以得到一千个人的巨大力量；如果有一万个人，但是却不团结，各有各的心思，那就连一个人的力量也不能使用。

佳句赏析

生活实践告诉我们，当今社会，一个人难以独立成功，只有团结你的朋友、同事，甚至是对手，才有机会实现共赢。

“团结合作”在集体生活和个人成长中十分重要，重视了、搞好了，受益；忽略了、搞砸了，受损。如果一个企业，心不相通，志不相投，战友之间相处，相互看不到优点和长处，只盯着对方的缺点和不足，相互拆台不补台、分心不拧劲，就会形成内耗，工作难做好，企业难发展，个人难进步。反之，如果大家真心相对、真诚合作，就一定能够实现共同进步、共同发展。

众人同心，其利断金；人心不齐，难成大业。

▷ 万人操弓，共射一招，招无不中。

【句源】万人操弓共射一招，招无不中；万物章章，以害一生，生无不伤。

【出自】《吕氏春秋》。

【句意】一万个人手拿弓箭，共射一个目标，肯定有人射中。

佳句赏析

一个企业要在同行中创出一片天地，就应该发挥所有成员的智慧、集体的合力。一方面，上级领导要起带头作用，全身心地投入发展事业中；另一方面，要充分调动员工的积极性，引导员工把建设公司美好未来的强烈愿望转化成实际行动，用自己的双手改变目前的局面。员工的一个点子、一分辛勤、一片赤诚，都可以成为企业发展的坚强后盾。

团队制胜，成就无限。只要我们凝聚了人心，形成了合力，一个声音喊到底，一个思路干到底，就能营造出“众人划桨开大船”的开创新局面景象。

▷ 信赏必罚，其足以战。

【句源】信赏必罚，其足以战。

【出自】战国·韩非《韩非子》。

【句意】有功必赏，有罪必罚，那么军士就可以作战了。

佳句赏析

一名出色的用人大师必定要懂得激励员工，水不激不跃，人不激不奋，不论是物质激励，还是精神激励，一定要肯定员工的成就，并鼓励其赢得更大的成功。同样，激励的另一方面就是要果断采取措施来惩罚有过失的员工，例如淘汰制就是一种很好的负面激励。

优秀的大公司纷纷建立了系统的激励机制，通过物质激励、精神激励、职位晋升激励、海外培训激励等各种行之有效的激励手段与方法，激励员工取得更大的成功，实现职业生涯的梦想。

▷ 单者易折，众则难摧。

【句源】阿豹曰：“汝曹知否？单者易折，众则难摧，戮力一心，然后社稷可固。”

【出自】北齐·魏收《魏书》。

【句意】势孤力单，容易受人欺负；人多气壮，别人不敢欺侮。

佳句赏析

单个人的力量脆弱，容易受挫折；集体的力量强大，不容易被打垮，这是团队力量的直观表现。当今，是一个合作共赢的时代，拥有了高效能团队，也就拥有了知识经济时代的竞争力与战斗力。

有一个团结一心的队伍，有着才华横溢、充满激情、愿意为团队牺牲和奉献的每一个队员，也许企业缺乏市场经验，也许企业缺少战略眼光，也许企业资金不够雄厚，但是每个人都能为着这个团队去投入自己的青春和汗水，有这些就足够了。

▷ 用人之力而忘人之功，不可。

【句源】虞卿为平原君请益地，谓赵王曰：“夫不斗一卒，不顿一戟，而解二国患者平原君之力也。用人之力而忘人之功，不可。”

【出自】西汉·刘向《战国策》。

【句意】只用人而忘记其功劳而不奖赏，那是不可以的。

佳句赏析

用人而不激励，或激励程度与人才的贡献、业绩不相称，都是激励员工的大忌！作为管理者、领导者，切莫摆出让人敬而远之的“臭架子”。不要吝啬于给你的员工一句鼓励的话，不要不屑于与下属吃顿饭，不要为应该给予员工的红包与奖励而犹豫不决或大打折扣，也不要懒于给员工发一封电子邮件以示鼓励……把各种看似小恩小惠的激励方式运用得淋漓尽致，你便能获得员工的忠诚。

激励士气，激发潜能是一门艺术，你必须综合运用物质激励、精神激励、口头激励、书面激励、公开表扬、单独激励、职位晋升、海外培训、薪资增长等众多激励手段，做一名善于激励的用人大师！反之，你若激励无方，漠视员工的辛勤工作与杰出业绩，你肯定会被员工视为“小气”“冷漠”“自私”，甚至是“无耻”的老板。

▷ 土相扶为墙，人相扶为王。

【句源】土相扶为墙，人相扶为王。

【出自】《北齐书·尉景传》。

【句意】泥土相互依靠就可以成墙，人相互帮助就可以称王。

“智者千虑，必有一失；愚者千虑，必有一得。”一个人的能力有限，即使再聪明的人，思考问题时也不可能做到万无一失。更何况在面临困难时，如果仅凭一己之力是无法解决问题的，甚至会在相当长的时间内处于困境中。

生活中，我们要善于学会集中众人的力量和智慧来解决困难。也许朋友作出的现况分析、提出的一个点子都可以使你摆脱困境，解决眼前的难题。

相互扶持，发挥众人的智慧和集体的合力，这是战胜困难和解决问题的根本保证。

▷ 春风得意马蹄疾，一日看尽长安花。

【句源】昔日龌龊不足夸，今朝旷荡恩无涯。春风得意马蹄疾，一日看尽长安花。

【出自】唐·孟郊《登科后》。

【句意】我愉快地骑着马儿奔驰在春风里，一天的时间就把长安城的美景全看完了。

“春风得意”原指读书人在科举考试中获取胜利的得意心情，现在一般形容获得殊荣或事情办成功的那种得意扬扬的情形。

荣誉是众人或组织对个体或群体的崇高评价，是满足人们自尊需要、激发人们奋力进取的重要手段。从人的动机看，人人都具有自我肯定、争取荣誉的需要。对于一些工作表现比较突出、具有代表性的先进员工，给予必要的荣誉奖励，这是很好的精神激励方法。荣誉激励成本低廉，但效果很好。

另外，提升激励是对表现好、素质高的员工的一种肯定，应作为一项管理制度予以实施。

▷ 忧劳可以兴国，逸豫可以亡身。

【句源】忧劳可以兴国，逸豫可以亡身，自然之理也。

【出自】宋·欧阳修《五代史·伶官传序》。

【句意】忧虑操劳可以使国家兴盛发达，追求安逸享乐可以招致自己的灭亡。

随着知识经济时代的到来，当今世界日趋信息化、数字化、网络化。知识更新速度的不断加快，使员工知识结构不合理和知识老化现象日益突出。他们虽然在实践中不断丰富和积累知识，但仍需要对他们采取等级证书学习、进高校深造、出国培训等激励措施，通过这种培训充实他们的知识，培养他们的能力，给他们提供进一步发展的机会，满足他们自我实现的需要。

培训和发展机会激励，形成员工对企业的归属感、认同感，可以进一步满足自尊和自我实现的需要。

▷ 事在人为耳，彼朽骨者何知。

【句源】事在人为耳，彼朽骨者何知。

【出自】明·冯梦龙《东周列国志》。

【句意】事情是靠人去做的，在一定条件下，事情能否做成要看人的主观努力如何。

许多时候的太多事情，都需要人为的努力，才会达到预期的效果。在一定的条件下，事情能否做成要看人的主观努力如何。

刺激下属的主观能动性，最好的方法是鼓励其确定自己的目标。一个人只有不断激发对更高目标的追求，也才能激发其奋发向上的内在动力。每个人实际上除了金钱目标外，还有如权力目标或成就目标等。管理者就是要将每个人内心深处的这种或隐或现的目标挖掘出来，并协助他们制定详细的实施步骤，在随后的工作中引导和帮助他们努力实现目标。当每个人的目标强烈和迫切地需要实现时，他们就对企业的发展产生热切的关注，对工作产生强烈的责任感，平时不用别人监督就能自觉地把工作做好。这种目标激励会产生强大的效果。

◎ **人心齐，泰山移**。

【句意】只要大家一心，就能移动泰山。谓团结力量大。

◎ **牡丹虽好，绿叶扶持**。

【句意】牡丹虽然好看，也需要绿叶扶持。比喻人尽管才能出众，也要靠众人支持。

◎ **天下之务，当与天下共之，岂一人之智所能独了**。

【句意】天下的事情，应当和天下人共同来完成，岂可凭一个人的智力单独完成？

◎ **战者，必本乎率身以励众士**。

【句意】战争：根本一条在于将帅应当身先士卒以激励部属。

◎ **何以聚人，曰财**。

【句意】怎样才能把人们团结起来呢？要靠财物。

◎ **众力并则万钧不足举也，群智用则庶绩不足康也**。

【句意】将众人的力量聚集在一起，即使万钧重的东西也不难举起；充分发挥大家的智慧，那么什么事情都不难做好。

◎ **一人投命，足惧千夫**。

【句意】一个人敢于拼命，足可以使千人感到恐惧。

第五节　位有贵贱，人无贵贱

▷ 事君数，斯辱矣。

【句源】子游曰："事君数，斯辱矣；朋友数，斯疏矣。"

【出自】《论语·里仁》。

【句意】与领导关系过于密切，离招致羞辱就不远了。

每个人都有自己的上级，可是与他们友好相处却不是一件好办的事。一旦在工作上领导犯了某些错误，作为公司的一员，有责任也有义务去提醒他，可是不能过分，劝诫要讲究方法，毕竟他还是你的上级。有的人很够朋友，很正直，对上司的毛病也直言不讳。可是日子久了，他发现：为什么上司不欣赏我呢？怎么连我的兄弟也远离我呢？难道是我做错了吗？如何把握与上级相处的分寸呢？换句话说，就是你怎么做到既向你的上级提醒他的错误，又不让他恼火。“犯上”的关键是把握合适的火候，像做菜一样，“过火”了把菜烧焦了，火太小又犯生。而且要讲究方法，既能提出自己的想法，又不使领导感到受辱。

生存本就不是一件容易的事，所以人们最多的感慨是活着累，做人难，难做人。领导有领导的难处，下属也有下属的难言之隐，最重要的是大家能互相体谅，这样就能避免许多不愉快的发生。

▷ 为君难，为臣不易。

【句源】 人之言曰：“为君难，为臣不易。”如知为君难也，不几乎一言而兴邦乎?

【出自】《论语·子路》。

【句意】 做君主艰难，做臣子也不容易。

常言道，要想公道，打个颠倒。这就要求我们在工作中要善于“换位思考”，学会设身处地站在对方的立场上考虑问题，甚至对方犯错误，也认为他有自己“正当”的想法和理由。善于换位思考，指出对方想法合乎情理的一面，并做同情的理解，既体现出对他人观点的尊重，又可避免两种观点的正面冲突和尖锐对立。当然，设身处地和换位思考并不等于迁就错误，而是为了体察事情的发生、发展，找准问题的原因和对方动机，以利于更有针对性地分析、引导，使对方较为容易地接受自己的观点。如果不试图理解对方，而是一开始就拿出一些大原则和大道理，直截了当地对号入座批评对方，便很难达到比较满意的效果。

▷ 非敢后也，马不进也。

【句源】子曰："孟之反不伐，奔而殿，将入门，策其马，曰：'非敢后也，马不进也！'"

【出自】《论语·雍也》。

【句意】其实不是我勇敢留在后面，而是我的马实在是跑不快啊。

这是一种自谦的说法。自谦在现代生活中非常实用，尤其在同事之间、朋友之间。一个善于与别人相处的人，会避免引起同事之间、朋友之间的摩擦，不表功自己，自谦以免除同事、朋友之间彼此的嫉妒。一个优秀人就应该学会不贪功、不推过。既不让别人嫉妒自己，又不让自己的作用降低分毫，岂不两全其美？

既不会独占功劳也不会推脱过错的人是值得别人尊敬和信任的。在他人的心目中，他就是值得信赖的一棵大树、一座靠山。

▷ 良药苦口利于病，忠言逆耳利于行。

【句源】良药苦口利于病，忠言逆耳利于行。

【出自】《孔子家语·六本》。

【句意】良药吃起来苦口却有利于治病，忠直的话语听起来有些不顺耳却有利于办事情。逆耳：不顺耳，不中听。

敢于指出和弥补上级的失误，但不一定用逆耳之言。上级做决策、订计划、实施指挥，囿于各种限制，难免会出现失误。发现领导失误之后，不能为讨上级欢心，投其所好，助其蔓延；也不能害怕上级不高兴，沉默不语；而应当及时指出，使失误尽快得到纠正，这样才能减少损失。否则，错误的决策、计划蔓延发展，总有一天不仅要祸及组织，而且会祸及自身。当然，指出上级的错误不一定非要用逆耳之言。有些人认为"忠言逆耳利于行，良药苦口利于病"，但是，如果能达到治病的目的，忠言不逆耳、良药不苦口岂不是更好。指出上级的失误，不一定开口就大讲其弊，开口就说人家错了，有时上级不一定承受得了，不妨采取点“以迂为直”的战术，走走迂回路线，这样有可能收到更好的效果。

对上级工作如果有什么好的建议，要及时提出来，提建议时要防止使用胁迫性的口气和方式，胁迫上级接受往往会适得其反。

▷ 位益高而意益下，官益大而心益小。

【句源】位益高而意益下，官益大而心益小。

【出自】唐·李恕《戒子拾遗》。

【句意】地位升高而心意更加谦卑，官位提高而更加小心行事。益下：待人接物更加谨慎谦虚。

人们大都很爱面子，尤其是处于高位的领导，有时尽管明知是自己错了，为了维护自己的面子，往往也会强词夺理，甚至无理纠缠。遇到此情况，除了需要掌握恰当的方式、方法外，还要注意留有余地，给人一个下台的阶梯，以保全对方的面子。因此，做思想工作，忌把话说满、说绝、说死，不讲任何情面，不留一点回旋余地。不然，不仅谈话会充满“火药味”，还会招致他人对自己的敌意，形成难以化解的思想隔阂。留有余地并不等于放弃原则和无条件退让。遇到一些重大的原则问题，当双方观点分歧较大，情绪都比较激动或僵持不下时，一句“要不等我再了解一下情况后再谈”“请你回去再考虑一下，等有机会我们再谈”，不仅可以缓解紧张气氛，还可以给自己留下更多的准备或研究余地。

▷ 居官过久，亦有弊生。

【句源】夫长吏数迁，固非理道，居官过久，亦有弊生。

【出自】汉·班固《汉书·陆贾传》。

【句意】做官时间过长，往往会有弊病产生。居：当，任。

一个人当官当久了，难免有领导的架子，一言一行都有着领导的威风。与下属探讨工作时，他也总以“这件事已经定了”“难道我错了”“不信咱走着瞧”“是你说了算还是我说了算”“你看着办吧”等口气说话。居高临下的气势不仅不能解决问题，也会使下属产生戒备和反感。

工作需要沟通，而沟通的前提必须是平等的。即相互之间虽有职位高低、权利大小、角色主动与被动等差别，但在心理上要保持平等。沟通时体谅对方的心理、受教育程度、观察问题的角度等因素，要在尊重对方的前提下进行沟通。

▷ 忠言有壅而未达，贤才有抑而未用。

【句源】忠言有壅而未达，贤才有抑而未用欤，念之虽勤，行则未至。

【出自】宋·苏轼《应诏论四事书》。

【句意】好的意见因为壅蔽而不能传达，贤明的人才因为受抑制而得不到任用。

沟通不畅的组织势必血脉不通，使机构患上致命的恶疾。而沟通不畅、政策不达的公司或企业，肯定是“官僚主义”横行之所，危哉！没有谁敢忽视沟通的作用，作为一个领导者，你必须广开言路，否则你可能会成为“不知民情”的“昏君”，这不是危言耸听！作为企业家、管理者，你必须致力于组织内沟通渠道的构建。四通八达的沟通渠道在组织内必不可缺，因为“信息就是财富，时间就是生命”。只要不涉及所谓商业机密，你必须让你的员工明晰组织的目标、使命与动态。

◎ **上下不相和，则上非下，下怨上矣。**

【句意】上下互相不了解，主上就会责怪臣下，臣下就会怨恨主上。

◎ **严则下喑，下喑则上聋，聋喑不能相通。**

【句意】太苛严下面的人就成了哑巴，下面的人成了哑巴上面的人就成了聋子，聋子、哑巴思想不能互相沟通。

◎ **礼贤下士。**

【句意】有礼貌地敬重贤人，谦虚地对待有才能的人。

◎ **从谏如流。**

【句意】君王能随时听取别人的规劝。

◎**人主自臧，则众谋不进**。

【句意】君主自以为是，则大家就不进献计策。

◎**义之所在，贱不可忽**。

【句意】只要有道理，不管其地位高低，都要虚心听纳。

◎**位有贵贱，人无贵贱**。

【句意】人的职位有高有低，但没有贵贱之分。

◎**善用兵者，贵乎兵识将意，将识士心**。

【句意】善于用兵的人，最可贵的是将帅和士兵互相了解。

◎**上交不谄，下交不骄**。

【句意】与地位高的人交往不阿谀奉承，与地位低的人交往不骄傲怠慢。

◎**治人不治，反其智**。

【句意】管理别人而未能管理好，应反问自己的知识能力够不够。

◎**当官力争，不为面从**。

【句意】面对上司要敢于坚持正确的意见，而不要当面唯唯诺诺。

◎**为将之道，要在甘苦共众**。

【句意】当将领应遵循的法则，关键在于和大家同甘苦。

◎**不傲才以骄人，不以宠而作威**。

【句意】不能因为自己能力强大就骄傲自大，不能因为自己受宠就到部下那里作威作福。

◎**酒逢知己饮，诗向会人吟**。

【句意】酒要与了解自己的人去喝，诗要向懂得的人去说。

第九章

财富篇

其实，对财富的追求是人类永远的梦想，也是21世纪最热门的话题。“一夜暴富”“年薪百万”已经成为如今许多年轻人的理想和目标，但是我们更为实际的还是摆正心态，树立正确的金钱观。拒绝“天上掉馅饼”的幻想，同时要做好力所能及的简单理财以及养成量入为出的良好消费理念。

第一节　足天下之用，莫先平财

▷ 旱则资舟，水则资车，以待乏时。

【句源】臣闻之，贾人夏则资皮，冬则资絺；旱则资舟，水则资车，以待乏也。

【出自】《国语·越语上》。

【句意】大旱之年收购船只，大水之年抛售船只并收购车辆，待到大旱之年再抛售车辆。

佳句赏析

股票投资是现代家庭的一种理财方式，如何操作才能使自己不赔钱，古人教给了我们一个法则。在股票市场上，当股价涨到高点时，就会回归于贱，投资者就应该视之如粪土沽出；但是当股价跌到底点时，会回升于贵，投资者要趁低吸纳。

什么时候买比买什么更重要，选择买的时机比选择买什么股票更重要。反之，卖的时候也同样要抓住时机。

▷ 年丰多积，岁俭出赈。

【句源】可减绢布，增益谷租；年丰多积，岁俭出赈。

【出自】《魏书·韩麒麟传》。

【句意】丰收之年多积蓄，歉收之年拿出来救济。俭：岁歉。赈：救济。

佳句赏析

大部分人或多或少会碰上一些紧急事件，如丧葬或婚庆、家用电器损坏、失业，等等。所以，个人或家庭应该未雨绸缪，在“丰收之年”存一定的积蓄，为人生所遭受的各种紧急事件提供一个缓冲的余地。

“一折在手，走遍天下都不怕”。有了储蓄，在处理财政危机时，比较能够处于有利的地位。而且，一个成功的储蓄计划让人有掌控大局的满足感，也因此会减轻一个人所面临的压力。与其在困难面前被金钱所折磨，不如早做准备，应对危机。

▷ 理财，常以养民为先。

【句源】户口滋多则赋税自广，故其理财，常以养民为先。

【出自】宋·司马光《资治通鉴》。

【句意】管理财政，常把养活老百姓作为首先考虑的问题。

治理国家，最主要的是把老百姓的吃穿住行作为首要的问题来考虑，并按照一定比例支配钱财；同样，经营小家，也需要按照吃穿住行来分配钱财。做到挣钱有数，花钱有度。

最便捷、可行的就是每家都应该设立自己的理财小账本，其账簿可采用收入、支出、结存的“三栏式”，同时，按家庭经济收入（如工资收入、经营收入、借入款等）、费用支出（如开门七件事、添置衣服等费用）设立明细分类账，并根据发生额进行记录，月末小结，年度做总结。

通过记账，能使家庭成员对自家的经济收、支及其结余情况做到心中有数，又能使家庭成员本着先收后支、量入为出的原则，有计划地、合理地安排开支，节省费用。

▷ 足天下之用，莫先平财。

【句源】足天下之用，莫先平财。

【出自】宋·欧阳修《本论》。

【句意】要使国家和人民费用充足，最重要的是开发财源，理好财政。

有句谚语“国家经济由家庭经济入手，家庭经济由厨房注意起”，家庭要富裕，学会理财很重要。

每个人都希望过好日子，而不仅仅满足由出生开始到死亡为止的基本生活需求。你是否想买一幢或者一套豪华的房子？是否想开辆黑色奔驰驰骋在空旷的马路上？你是否想在周末或节假日去豪华餐厅享受温馨浪漫的晚餐？是否想每年旅游一次？这些都是基本生活需求以外的奢侈想法，但并不是幻想。制定良好的理财规划并认真执行，让你梦想成真。

▷ 治国之实，必本于财用。

【句源】治国之实必本于财用，盖城郭宫室，非财不完；羞服车马，非财不具；百官群吏，非财不养；军旅征戍，非财不给。

【出自】宋·李觏《富国策》。

【句意】治理国家的根本在于理好财用。

治理国家最根本的，在于理好财用，家庭也是一样。尽管男主外、女主内的家庭模式很受一些人推崇，但在现代都市中，还是双薪家庭居多。夫妻共同承担家庭开销，如何管理这双份工资，对治家就显得格外重要。

双薪家庭两份收入会造成一些假象，即总觉得自己的薪水花完后还有别人的，结果，多一份薪水不仅没有增加收入，反而多了一份负担。遇到这种情况，夫妻双方应该彼此控制不良的消费行为。最好开立两种银行账户来处理收支。一个是联合账户，即夫妻两人均可提领的账户，夫妻双方从自己收入中提出等额的钱存入联合账户，用以支付日常的生活支出及各项费用。二是夫妻各自的独立账户，即只有开户者可以使用。开立独立账户的好处是账务清楚，如果有特殊的财务负担，如赡养费等，独立账户也较为方便。

▷ 不言理财者，决不能治平天下。

【句源】不言理财者，决不能治平天下。

【出自】明·李贽《四书评·大学》。

【句意】不讲究理财的人，绝不能治理好国家。

理财不只是国家大事，对小家也一样重要。随着社会的发展，家庭理财已经

不再局限于柴米油盐，如何理好财、当好家，如何使自己有限的财富最大限度地合理消费、保值增值、提高生活品质，确实是一门学问。

钱生钱最快的途径莫过于投资，如果资金雄厚，可以自由地选择各种投资方式，比如房地产；如果资金很少，只要选择正确的投资方式，小资金也能生财。

学会理财，提高你一生中拥有、使用、保护财富资源的有效性；提高你的财富控制力，避免过度债务、破产、依附他人寻求财富安全等问题的产生；提高你个人经济目标的实现力，拥有不再困囿于未来开支的自由感。家庭理财规划有助于你过更好的生活，提高生活品质。

▷ 非义何以主财？

【句源】正何以守位曰仁，何以聚人曰财。理财正辞、禁民为非曰义。

【出自】《周易·系辞下》。

【句意】不是义又怎么能主宰财呢？

如何处理钱财，古代遵循“仁义”。仁义之人，不会为钱财所困扰，使用时既有准则又有节制。与古代相比，现代家庭在处理钱财时却有许多问题，甚至常常因此闹得不可开交。

管理钱财需要夫妻两人协调一致，如对钱的问题有分歧时，要坦诚而实事求是地好好讨论，把不满憋在心里，后果可能不堪设想；解决共同账户或独立账户的问题，只要意见统一，选择哪一种账户都可以，夫妻也可以两人合开第三个账户，用来支付家庭开销；指定一方负责支付账款、记账、处理投资事宜；你的配偶偶尔稍微“挥霍”一下，不要唠叨，双方都应该有自主支配收入的自由；购买贵重物品前要跟家人商量一下；经常讨论两人的目标，最好选在没有经济压力的时候讨论。

▷ 欲自强必先理财。

【句源】然欲自强必先理财，而议者辄指为言利；欲自强必图振作，而议者辄斥为喜事。

【出自】清·李鸿章《李文忠公全集·奏稿》。

【句意】国家要自强，必须首先管理好财用。

佳句赏析

常言道："吃不穷穿不穷，盘算不好一世穷。"说的就是持家理财的重要性。有计划会安排，家庭经济有保障，才能正常地生活工作，否则一切都会受到影响，这是家庭幸福的一个重要保障。

生活有总体设计——家庭应有近期、中期、远期的打算，考虑人的一生不同阶段的消费要求和重点，做好安排，有备无患。

做到收支预算——基本原则：①量入为出，只能开支自己确有把握的收入，而且，应当留有余地，人的需要是没有止境的，只能部分地、适度地、逐渐地满足，要认真考虑安排好吃、穿、住、用、赡养、教育、娱乐、交往、储蓄等生活费用的比例。②优先考虑生存资料消费。③兼顾法律、义务、道德必要开支。④考虑娱乐文化休闲等发展性消费开支。

经典名句

◎ **一日之用，节之必量其出入。**

【句意】每天按照收入的数量决定支出的限度。

◎ **常思度日艰难，自不得不节费用。**

【句意】常想到过日子的艰难，不能不节约开支。

◎ **足天下之用，莫先平财。**

【句意】要使国家和人民费用充足，最重要的开发财源，理好财政。

◎ **富贵者贫贱之基，奢侈者寥落之由。**

【句意】富贵而逸乐则易招贫贱，奢侈而无度则易于沦落。

◎ **治家量入为出，干好事则仗义轻财。**

【句意】治理家庭应收支平衡，干好事就要伸张正义轻视钱财。

◎ **家有千贯，不如日进分文。**

【句意】即使家有千贯线，也不如每日赚取分文。意谓如果平时没有收入，就会坐吃山空。

◎ **日计不足，岁计有馀。**

【句意】每天计划节约着用，就年年有余。

◎ **有钱常记无钱日。**

【句意】富裕的时候要常常记住贫穷的日子。

◉ **会使不在家豪富。**

【句意】懂得计划的人才不管有钱没钱都会使家庭富有。

第二节 一钱之费，亦所宜慎

▷ 竭泽而渔，岂不获得，而明年无鱼。

【句源】竭泽而渔，岂不获得？而明年无鱼；焚薮而田，岂不获得？而明年无兽。

【出自】《吕氏春秋·义赏》。

【句意】使沼泽干涸而去捕鱼，当然不会捕不到，但明年就没鱼了。比喻不能只顾眼前利益，要从长远打算。

佳句赏析

在欧洲，人们对奢侈品的消费已经成为一种习惯，但前提是有那部分可以支配的钱财，很自然地去购买一些相对昂贵的成衣、晚礼服、饰品，等等，而不会把它当成炫耀的资本。而在中国，人们如果花大量的钱购买一种物品，总会觉得它是一种投资。真正有经济实力的人用来投资的是一种生活品质，而不具备经济实力的人投资的却是让自己拥有梦想中生活方式的感觉。

如果年轻人在没有相应经济实力的时候，就去习惯地使用奢侈品，是一件很危险的事情。由俭入奢易，由奢入俭难，如果控制不了对奢侈品的欲望而手边的钱又不够，那就不只是个人问题了，还可能引发社会问题。

▷ 富民之要，在于节俭。

【句源】盖闻治国之道，富民为始；富民之要，在于节俭。

【出自】汉·司马迁《史记·平津侯主父列传》。

【句意】富民的关键，在于节俭。

佳句赏析

现在许多人消费时呈现出一种盲目状态，这种盲目表现在几个方面，一是不会货比三家，对货的品质到底如何心中无底。二是不关注令人眼花缭乱的让利信息，认为多花不了几个钱。三是购物时随着感觉走，促销员说好就买。

不是拒绝消费，而是拒绝浪费；不是勒紧裤腰带省钱，而是用头脑选择更好的消费方式，“只买对的，不买贵的”。消费者自己学会对比分析，学会理性消费。在购物上考虑最多的是消费时机、性价比和使用率。目标是花更少的钱过更像样的生活。

当你的生活逐渐从无序走向理性，从奢侈走向勤俭，你会发现，用新节俭主义把生活重新梳理一遍，生活会变得更美好。

▷ 财有限，费用无穷，当量入为出。

【句源】财有限，费用无穷，当量入为出。

【出自】南北朝·颜之推《颜氏家训》。

【句意】财物是有一定限度的，可是消费却是没有止境的，因此每个家庭都应该计算自己的收入作为支出。量：估量，计算。

根据收入的多少，确定开支的限度，每个家庭的收支都应如此。倘若收支不保持相对平衡，就会挪用老本，坐吃山空。收支平衡需要一个财务计划，不仅要记录家庭的金钱收入，更要记录花费的数目与用途。在这个“账簿”上，你也许会发现自己的财政问题：如果每天的零食节省 2 元，如果外出吃饭的次数减少几次，如果少买一些不实用的奢侈品……如果自己可以理智一些，那么就会减少不必要的开销，不仅保持了收支平衡，而且节省了令你意想不到的金钱“数目”。

时时刻刻都要牢记量入为出，生活将会过得有滋有味。

▷ 节用储备，以备凶灾。

【句源】故古者急耕稼之业，致耒耜之勤，节用储蓄，以备凶灾。

【出自】《后汉书·肃宗孝章帝纪》。

【句意】节省耗用，积蓄财物，以对付自然灾害。

坚持勤俭持家、细水长流的传统派，眼光看得远，生活有保障，任何时候都

没有危机感。但若把钱财看得过重也不是好事。钱这个东西，生不带来，死不带去，何必守着大笔存款却像苦行僧似的克扣自己。而那些拥有时尚消费观念的人，吃光花尽甚至是背着债务过日子，生活根基扎得浅，风险大，要知道人生是未知的，充满了变数，有一天下了岗或者是意料不到的天灾人祸降临头上，那该如何应对呢？

传统观念消费要放开些，与其守着存款毫无乐趣地老下去，还不如趁有生之年多花些钱，多品尝人生的幸福快乐；时尚消费观念者，也应瞻前顾后，适当留一些储蓄，以备紧急之需。

▷ 积之涓涓而泄之浩浩。

【句源】 若不为制，所谓积之涓涓而泄之浩浩，如之何使斯民不贫且滥也？

【出自】 宋·王安石《风俗》。

【句意】 一点一滴地积攒起来是很不容易的，花费起来就像浩荡的大水难以遏制。积：蓄。涓涓：形容水流的细长。泄：排泄。

钱财积聚起来很困难，花费却十分容易。如果没有一定节制，就会出现财政赤字。生活中许多人都有这样的体会，尤其是“单身贵族”，明明没见添置什么东西，可是自己的钱包却在一天天地干瘪，钱以不可思议的速度从自己的掌心里溜掉。怎样才能不让自己的钱溜掉呢？在我们准备消费时，可以事先列出一个购买物品的清单，如果遇上清单以外的东西，那么就要问问自己，买它的原因是它很实用，还是仅仅出于自己对它的喜好；它是否值得买。冲动消费是花钱如流水的最主要原因。

▷ 取之有度，用之有节，则常足。

【句源】 地力之生物有大数，人力之成物有大限。取之有度，用之有节，则常足；取之无度，用之不节，则常不足。

【出自】 宋·司马光《资治通鉴》。

【句意】 有计划地索取，有节制地消费，就会常保富足。

富足，并不是要大家都捂紧钱袋子，变成守财奴，而是提倡适度、健康的消费。“取之有度，用之有节”，并非不“取”不“用”，而是在“取”和“用”的时候要注意“度”和“节”。该花的钱要花，但不要比阔气、讲排场，不能造成浪费，这样才可以做到“常足”。

当想购买什么物品时，先要随手记下来，货比三家，比较各家的价格、赠品情况，并且坚持“能省则省”的原则理性购物。即使你的收入不多，合理的消费也会让你感受到什么是“富足”。

◎ **不足生于无度。**

【句意】财用不足，产生于挥霍无度。

◎ **一钱之费，亦所宜慎。**

【句意】即使一分钱也不该随便乱花。

◎ **钢要加在刀刃上，钱要花在正路上。**

【句意】好钢要用来做刀刃，花钱要花在正确的地方。

◎ **除了割肉疼，就是出钱疼。**

【句意】除了伤害身体感到疼痛外，就是花钱的时候感到心疼。

第三节　以其所有，易其所无

▷ 夫地形者，兵之助也。

【句源】夫地形者，兵之助也。料敌制胜，计险阨远近，上将之道也。知此而用战者必胜，不知此而用战者必败。

【出自】春秋·孙武《孙子兵法·地形篇》。

【句意】论及地形的功能，它在军事上有辅助的作用。

佳句赏析

商场如战场，经商如作战。经商者有如指挥千军万马之将帅。智慧的将帅往往会占据有利的地形，最终取得胜利。作为一个有远见的商人，更应深谙此道。以战略家的眼光，寻找发财致富之地。有些地方物产丰富、民风淳朴、居民热衷于买卖，商业就易于发展。又有些地方地处南北要冲，交通发达，水运便利，货往频繁，经营贸易是最好的选择。

也许你是房地产开发商、货物运营商、山货采购商……地域的选择关乎你经商的成败。知地取胜，择地生财。

▷ 长袖善舞，多钱善贾。

【句源】鄙谚曰："长袖善舞，多钱善贾。"此言多资之易为工也。

【出自】战国·韩非《韩非子·五蠹》。

【句意】袖子长了，跳起舞来就好看；资本雄厚，做起生意才顺手。贾：做买卖。

佳句赏析

中国有句俗话叫"巧妇难为无米之炊"。作为一名商人，无论你有多么强的经营能力，但如果没有钱供你运用支配，想成为富有者，可谓白日做梦。因此，若要经商致富，首先就要有足够的资本。资本雄厚，做起生意来才不会有后顾之忧，才会顺手。

经商要有钱，也要有使用钱财的能力，尤其在资金周转困难时，如何使用现有的资金来获取利润，是对商人的一个考验。在商界里，运用资金要做到无息币，即指货币不能滞压，货币欲其行如流水，货币和商品流通了，买卖就活了。

有资金，有效地使用资金，才能使利润滚滚而来。

▷ 为富不仁，为仁不富。

【句源】阳虎曰："为富不仁矣，为仁不富矣。"

【出自】战国·孟轲《孟子·滕文公上》。

【句意】富人唯利是图，没有仁爱；心地善良，为别人着想便不能发财致富。

古今中外，“富”从来都与“仁”并肩而行。人们为了追求最大利润可以不择手段：偷工减料者有之、以次充好者有之、缺斤少两者有之，而此类商人（以下简称奸商）也以他们的这些“经营技巧”屡屡得手、赚得盆满钵满、羡煞旁人。而某些忠厚诚实的商人（以下简称诚商）尽管勤勤勉勉、兢兢业业却获利甚微、举步维艰。

奸商凭着手段在短时间内获得了顾客的信任，但日久见人心，顾客在吃了几次亏之后，自然会对其重新评价，遂而另择他人，奸商终将尝到“失道寡助”的苦果。

富与仁相辅相成，为富不仁，不能长久发财；为仁不富，一时很难打开市场；既富且仁，事业常青，钱财滚滚而来。

▷ 天下熙熙，皆为利来；天下壤壤，皆为利往。

【句源】天下熙熙皆为利来，天下攘攘皆为利往。夫千乘之王，万家之侯，百室之君，尚犹患贫，而况匹夫。

【出自】汉·司马迁《史记·货殖列传》。

【句意】天下人为了利益蜂拥而至，为了利益各奔东西。熙熙、壤壤，形容人来人往，喧闹纷杂。壤，通“攘”。

向往物质富裕，追求美好生活，这是人之常情，是人类特有的本性之一。这种特有的本性激励着人类不断地奋发图强、积极向上，不断地战胜自我、超越自我，不断地创造财富、积累财富，不断地为改变自身的处境而奋斗不息。

平心而论，为利而来、为利而往既然是人之常情，那么，只要自己的所作所为合乎法律要求、合乎道德规范、合乎人之伦常，即不伤天害理、不触犯法律，追求财富便是一件天经地义、无可厚非的事情。

既然合情合理、合法有节地追求财富是天经地义、无可厚非的事情，那么，怎样才能迅速地实现自己的目标，拥有自己梦寐以求的财富呢？套用司马迁的观点，就是要努力经商。他认为，最快速便捷的途径，便是从事商业活动，因为经商是最快捷的致富途径。

▷ 贪买三元，廉买五元。

【句源】贪买三元，廉买五元。
【出自】汉·司马迁《史记·货殖列传》。
【句意】贪图重利的商人只能获利30%，而薄利多销的商人却可获利50%。

佳句赏析

生意人不但要有长远的眼光，更要有精细的打算，如何在有限的时间内获取最大的利益，是商人智谋与能力的体现。在竞争激烈的市场中，为促进顾客的购买欲，以刺激产供销环节的周转、挖掘产品的潜在效能，使企业立于不败之地；为使新产品尽快进入市场，扩大影响，提高知名度与应用频率，建立市场信誉和威信；为争夺同类产品的顾客，促进本企业产品覆盖率、辐射率、市场占据率的提高等因素，商人常常采用“薄利多销”的策略方针。“薄利”就是降价，降价就能“多销”，“多销”就能增加总收益。需注意的是，只有需求富有弹性的商品才能“薄利多销”，否则适得其反。

▷ 富无经业，则货无常主。

【句源】富无经业，则货无常主，能者辐辏，不肖者瓦解。
【出自】汉·司马迁《史记·货殖列传》。
【句意】致富没有固定的职业，财货没有固定的主人。

佳句赏析

无论你是从事房地产开发，还是从事计算机技术；无论你是从事图书策划，还是从事外卖专送；无论你是从事媒体宣传，还是从事营销代理。只要你有创业的智慧和能力，有对市场的宏观把握和远见卓识，从事经商一定会财源滚滚。

无论你是上班的白领，还是无所事事的闲人；无论你是家世显赫的贵族，还是普普通通的农民；无论你是身强体壮的健康人，还是身心备受煎熬的残疾人。只要你有创富的欲望，有创富的决心和毅力，都可以成为财富的主人。

发财，没有要求一定要从事某种职业，三百六十行，行行出状元；在财富面前人人平等，即使你身份低，一样可以成为财富的主人。

▷ 无财作力，少有斗智，既饶争时，此其大经也。

【句源】是以无财作力，少有斗智，既饶争时，此其大经也。

【出自】汉·司马迁《史记·货殖列传》。

【句意】在没有财力的时候，应该努力创造财富；有了一些财富后，就要靠财富来经营；财富多了，就要努力争取赚钱的机会，这才是发财的常理。

在我们大多数人的一生中，并不是没有创富的机会，而是我们没有为机会做好充分的准备。经商致富，但是如何经商才能创造更多的财富呢？这需要一个过程。

当没有任何资产的时候，应该凭着自己的勤奋劳动去赚取人生的第一桶金；当小有资产后，就学一些专业知识，凭借自己的智能尽快拓宽生意渠道，以增加自己的财富；当有足够的资产时，运用货物供求的时机，抓住有利时机致富。

如果在品尝到一丝甜头后就沾沾自喜，知足常乐，将钱花费在其他与生意无关的地方，苦心经营的财富就如昙花一现，很快就消失了。

◎ **以其所有，易其所无。**

【句意】用自己所有的，交换自己没有的。

◎ **万物通则万物运，万物运则万物贱。**

【句意】货物流通，就可调剂有无，而使价格趋平。

◎ **少或不足则重，有余或多则轻。**

【句意】货物少或不能满足需要价格就贵，货物多或超过需求价格就便宜。

◎ **多而贱，少而贵。**

【句意】东西多价格就便宜，东西少价格就贵。

◎ **良贾不为折阅不市。**

【句意】精明的商人不会因为有时亏本而不做生意。

◎ **用贫求富，农不如工，工不如商。**

【句意】转贫为富，农业不如工业，工业又不如商业。

◎ **白圭乐观时变，故人弃我取，人取我与。**

【句意】白圭经商时善于观察行情变化，在别人卖出时就取纳，别人需要时就卖出。

◎ **宝货难售。**

【句意】贵重的货物难以卖出去。

◎ **天下之利无不赡，而山海之货无不富也。**

【句意】天下的利没人会不想要得到它，因此，山中和海上出产的货物就无不富有。比喻商人善于经营容易获取利益的事物。

◎ **商旅不行，利润难得。**

【句意】商贩不做生意，就难以获得利润。

◎ **物以稀为贵。**

【句意】东西因稀少而显得珍贵。

◎ **一解市头语，便无邻里情。**

【句意】一懂得了如何做买卖，就连邻里之间的情分都不管了，只管一味赚钱。

◎ **商办者必处处打算，并使货美价廉。**

【句意】做生意的人必须处处精打细算，并使货物精美廉价。

◎ **今日之竞争，不在腕力而在脑力，不在沙场而在市场。**

【句意】今日的竞争，不在武力而在智慧，不在战场而在市场。

◎ **稽古之世，民以农为本；越今之时，国以商为本。**

【句意】古代以农业为本，现代则以商业为本。

◎ **不怕不识货，就怕货比货。**

【句意】不怕你不识货物的好坏，就怕你把货物进行比较。

◎ **世上死生皆为利，不到乌江不肯休。**

【句意】世上的人生生死死都是为谋利，不达目的，誓不罢休。

◎ **不将辛苦意，难得世人财。**

【句意】不舍辛茹苦，就不会赚到别人的钱。

◎ **人无利己，谁肯早起。**

【句意】人们起早贪黑地做事，都是为了谋利。

◎ **货真价实，童叟无欺。**

【句意】货物真实价钱实惠，连小孩老头都不欺骗。形容买卖公平。

◎ **货尽而后知不足，是不知量也；事已而后知货之不余，是不知节也。**

【句意】货卖完了才知道不足，是由于不懂得计量；事情结束了才知道有余，是由于不懂得调节。

◎ **让客三分理，不说满口话。**

【句意】（无论客人是否有理）对客人都要礼让三分，而且不说脏话。

◎ **有货货到，没货话到。**

【句意】有货就发货，没货就先把话说到。

◎ **不说乡土话，不欺外地客。**

【句意】不说家乡话，不欺负外地客人。

◎ **不怕货卖不掉，就怕话没说到。**

【句意】不怕货卖不掉，就怕没有把话说到位。

◎ **经商要知商，知商会经商。**

【句意】经商要了解商业之道，了解商业之道才会更好地经商。

◎ **经商不懂行，瞎子撞南墙。**

【句意】经商而不懂行情，犹如瞎子撞在南墙上。

◎ **不懂生意经，买卖做不通。**

【句意】不懂做生意的学问，买卖就不能做得很精通。

◎ **要经商，走四方。**

【句意】从事经商，就得走遍四方。

◎ **十年能学个秀才，十年难学个买卖。**

【句意】十年苦读可以成为一个秀才，但十年买卖却难成为一个商人。

◎ **贸易岂无学问，经营内自有文章。**

【句意】贸易岂能没有学问，经营中自有文章。

◎ **百样生意百样做。**

【句意】百种生意有百种做法。

第四节　有财贵善用，须要约己周人

▷ 君子爱财，取之有道。

【句源】君子爱财，取之有道。贞妇爱色，纳之以礼。

【出自】《增广贤文》。

【句意】君子爱财，自有他得钱的方法。

钱，在人类生活中是不可缺少的东西，它可以使你得到想要的东西，可以使你风光无限，可以使你手眼通天。所以，人人都爱钱，即使君子也不例外。然而，钱既是天使也是魔鬼，它可以让你成为它的奴隶，可以使你忘乎所以、胡作非为，可以让你沦为阶下囚。钱可以使人趾高气扬，却不能买去内心的空虚；钱可以换来美女的微笑，却不能买到忠贞的爱情；钱可以使人拥有豪华的别墅，却不能买到温暖的家庭；钱可以使人食客临门，却不能买到纯洁的友谊。

钱既然是人类生活所不可缺少的，那么就得取之有道。然而，取的方法却因事而异，因人而别。用劳动、汗水、诚实、信用所得到的“财”是正道；用盗窃、抢劫、敲诈等犯罪行为所得到的“财”是邪道；用权力、淫威等手段得到的“财”是腐道。我们提倡用走正道的方法获取“财”，打击邪道上获“财”的人，警惕腐道上敛“财”的人。

▷ 饭疏食，饮水，曲肱而枕之，乐亦在其中矣。

【句源】子曰：“饭疏食，饮水，曲肱而枕之，乐亦在其中矣。不义而富且贵，于我如浮云。”

【出自】《论语·述而》。

【句意】吃粗粮，喝淡水，弯起胳膊当枕头，乐在其中。

佳句赏析

契诃夫说过：“金钱并不就是幸福，一个人即使贫穷也能幸福。”

金钱并不是唯一能够满足心灵的东西，虽然它能为心灵的满足提供多种手段和工具，但在现实生活中，你却不能只顾享受金钱而不去享受生活。享受金钱只能让自己早日堕落，而享受生活却能够使自己不断品尝人生的幸福。享受金钱会使自己被金钱的恶魔无情地纠缠，于是自己的生活主题只有“金钱”两字，整天为金钱所困惑，为金钱而难受，为金钱而痛苦，生活便会沦为围绕一张钞票而上演的闹剧。享受生活的人则不在于自己有多少金钱，多可以过，少一样可以过，问题是自己处处能够感悟到生活。享受金钱的人最后会被金钱妖魔化，绝对没有好下场。享受生活的人会感觉人生是无限美好的，于是越活越有味道。

生活原本可以平平淡淡，平平淡淡才是生活的本质。放松心情，享受平淡的生活，平淡之中蕴含着生活的真谛。

▷ 贫而无谄，富而无骄。

【句源】子贡曰："贫而无谄，富而无骄，何如？"
【出自】《论语·学而》。
【句意】贫穷却不谄媚，富贵却不骄奢。

一个人能做到"贫贱不能移，富贵不能淫"是非常难得的。即使贫穷也不向上谄媚，不做溜须拍马之事；即使富有也不奢侈花费，不以买名牌轿车为身份的象征，不以花费上万元吃一顿佳肴为地位的高贵，倒不如节省钱财做一些慈善事业。

对于金钱的态度，西方有一句谚语说得很好："不要做金钱的奴隶，要做金钱的主人。"有钱是好事，只要适当使用，对人对己都有好处。不要仇富，也不要以穷为荣。

▷ 有钱可使鬼，无钱鬼揶揄。

【句源】有钱可使鬼，无钱鬼揶揄。
【出自】民谣
【句意】只要有钱，鬼神也能够听你使唤；若没有钱，鬼神也会嘲弄你。

在拜金者的眼中，金钱到了无所不能的地步。认为金钱可以解决一切问题恐怕不现实，但是认识到金钱能够提供更好的机会和更多的安全性，帮助我们更好地实现梦想，无疑是非常重要的。

不管你是否愿意承认，但是金钱确实可以改变很多东西。金钱可以改变别人在你心目中的形象，可以改变你现在的生活状况，可以改变你原有的兴趣爱好。有了钱，你可以更加充分地表达自己的意愿，使自己获得理想的生活，更轻松地实现自己的目标。

爱钱，并不可怕，可怕的是过度爱钱，丧失了自我。

▷ 凡商贾，志在利耳。

【句源】女曰："凡商贾之志在利耳。妾有术知物价。适视舟中物，并无少息。”

【出自】清·蒲松龄《聊斋志异》。

【句意】金钱是商人追求的最高目标。

佳句赏析

商人追求利益、追求金钱，无可厚非。经商的本质就是要获取利润，如果无利可得，还会有人经商吗？但是双眼只盯住金钱，其他事物一概视而不见，只能是“为富不仁”。而且，很多人已经用他们的亲身经历告诉我们，切记“有所得就有所失，而有所失就有所得”的古训。钱没有了还可以再赚，天下自有赚不完的钱和商业机会，所以为何不在金钱与利益面前大度一些呢？更何况，更大的商业机会正在等着你去把握呢！

不要太在乎金钱与利益得失，“塞翁失马，焉知非福”。

经典名句

◉ **技显莫敌禄厚，堕志也。**

【句意】才技突出不能抵挡报酬的丰厚，金钱销蚀人的志向。

◉ **有财贵善用，须要约己周人。**

【句意】有了钱财要会使用，对自己要节俭，对别人要周济。

◉ **百万金银财宝，不以带进棺材。**

【句意】纵然有百万黄金、金银财宝，（百年之后）也不可能带进棺材里。

◉ **人为财死，鸟为食亡。**

【句意】人是为钱财而死，鸟类是为食物而死。比喻为了追求金钱，连生命都可以不要。

◉ **一兔在野，百人逐之；一金在野，百人竞之。**

【句意】在野外有一只兔子，一百个人去追逐它；在野外有一枚金币，一百个人去争夺它。

◉ **世上若要人情好，赊去物件莫取钱。**

【句意】如果你想得到好人缘，把东西给别人而不要钱。

◉ **人无横财不富，马无夜草不肥。**

【句意】人如果没有不正当途径的钱是不可能富裕的，正像马如果不吃夜晚加餐的草不会膘肥一样。

◎**来得不明，去得糊涂**。

【句意】（金钱）来得不明不白，花费得也糊里糊涂。

◎**有钱难买一身安**。

【句意】即使有再多的钱也难以买到一生平安。

◎**钱财如粪土，仁义值千金**。

【句意】钱财没有什么重要的，价值千金的是仁义和道德。

◎**积金千两，不如明解经书**。

【句意】积攒黄金千两，也不如通晓四书五经。

◎**求财恨不得，财多害自己**。

【句意】寻求财富的时候总嫌少，但钱多也会害人。

◎**知足常足，终身不辱**。

【句意】知足者常乐，终身不因金钱受侮辱。

◎**贫穷自在，富贵多忧**。

【句意】人穷可以活得自在，钱财多了忧虑也多，发愁的事并不少。

◎**黄金未为贵，安乐值钱多**。

【句意】黄金没什么可贵的，安静快乐的生活才最重要。

◎**有钱道真语，无钱语不真**。

【句意】有钱人说真话（有人相信），贫穷人说话别人怀疑（不相信）。

第十章

情感篇

人类的情感是复杂而神秘的。虽然儒家用三纲五常来将之教条化，但是子女对父母的尊敬之情，父母对子女的爱护之情，兄弟姐妹间的深情厚谊，亲密恋人间的爱慕之情，夫妻之间的相濡以沫，这许多的情感更多的是源自自然，源自人类的天性，否则怎会有“真情实感”这一说呢？

第一节　父母之心，人皆有之

▷ 君子之于子，爱之而勿面，使之而勿貌，导之以道而勿强。

【句源】 临事而栗者，鲜不济矣。君子之于子也，爱而勿面也，使而勿貌也，导之以道而勿强也。

【出自】《曾子·子思子》。

【句意】 君子对于自己的子女，喜爱他们而不表现在脸上，使唤他们也不必用好脸色慰劳，用道理诱导他们而不强制压服。

现实生活中，常常听到一些父母抱怨孩子“不听话”，其中有孩子的责任，但主要是父母在孩子的心目中没有威信。所谓“威信”，就是威望和信誉。威信的一个重要特点就是意志和服从。父母的威信主要表现在：孩子尊重、爱戴、信赖父母；父母对孩子提出的要求，孩子能自愿地毫不勉强地接受。

实践证明：如果父母没有威信，尽管态度认真，教育严肃，但孩子仍然当作耳边风；相反，如果父母有威信，不用讲多少道理，孩子也能令行禁止。由此可见，要搞好家庭教育，必须努力建立和维护父母的威信。父母的威信是对子女进行教育的基础。

▷ 日远迈兮思予心，恋所生兮泪流襟。

【句源】 日远迈兮思予心，恋所生兮泪流襟。

【出自】 三国魏·嵇康《思亲》。

【句意】 离家时间越长，越是思念亲人。禁：止。

佳句赏析

很多时候，我们总是忘记身边有着最珍贵的东西，而且在没有失去的时候，总是不能自觉的想起来，所以就有这么一句话，“总是要在失去之后才知道珍惜”。

当我们离开家，在外读书、工作时才知道家的温暖，感到父母对我们无微不至的照顾，格外地思念父母。当想念他们时，可以拿起你手中的笔，想想他们对你说的每一句话，想想你们在一起的日子，写一封家书。父母要的不是很好的文采，而是你平安幸福的信息。只要是你亲笔写的信，不论是怎样的文采，不论用怎样的辞藻，只要是你的思念之情，父母都会很开心的。

▷ 父子不信，则家道不睦。

【句源】 故君臣不信，则国政不安；父子不信，则家道不睦；兄弟不信，则其情不亲；朋友不信，则其交易绝。

【出自】 唐·《臣轨·诚信章》。

【句意】 父子相互猜忌，家庭就会不和睦。

佳句赏析

众所周知，在传统中国社会，家庭或家族乃是一切社会关系的核心与基础，其他社会关系可以说都是家庭关系的拟制与扩展。因为家庭关系紧密和情深意浓，更有“父子一气”和“兄弟同气”的说法，所以特别强调彼此之间“相敬断爱”的亲情；但是，古来的圣人晓得就家庭关系而言，尽管亲情浓郁，但由于私人空间逼仄与经济资源匮乏，却也容易导致家庭成员利益上的纠葛和摩擦，从而产生冲突和分家之类的事端。所以为了维持“家道之睦”，还必须用伦理和礼义来节制——所谓“礼发乎情，而止于义。”而其中，“信”被作为最重要的一条提出来。

和睦的家庭都是相同的，要想拥有一个幸福美满的家，彼此就要有一种相互信任、相互关心的态度。否则没有诚信，则道德沦丧，人伦不再，社会不存。

▷ 羊有跪乳之恩，鸦有反哺之义。

【句源】 羊有跪乳之恩，鸦有反哺之义。

【出自】《增广贤文》。

【句意】 小羊羔在吃奶时，会跪在妈妈的脚下，以谢父母的生养之恩；乌鸦在小时候，母鸦会捕虫子给小乌鸦吃，等到小乌鸦长大后，会捕虫子给母鸦吃。

佳句赏析

动物尚且知恩必报，何况于人！天底下最难酬报的恩情莫过于父母的养育之恩，因为这是任何一个人倾其一生都报答不尽的。当我们遇到困难，能倾注所有一切来帮助我们的人，是父母；当我们受到委屈，能耐心听我们哭诉的人，是父母；当我们犯错误时，能毫不犹豫地原谅我们的人，是父母；当我们取得成功，会衷心为我们庆祝，与我们分享喜悦的，是父母……

感恩父母，我们不需要作出多伟大的事业。用一句关爱的话语，一个亲热的动作，或任何一个微小的进步就可以表达我们对父母的爱与孝心！

▷ 打是疼，骂是爱。

【句源】打是疼，骂是爱。
【出自】《醒世姻缘注》。
【句意】有时候的打骂，实际上是疼爱。

佳句赏析

有人说："懂得骂孩子的父母，同时也最懂得夸奖孩子。"这句话一点儿也不错。爱孩子是需要技巧的，并不是高兴就抱一抱，不高兴就揍一揍，应该多了解孩子，体察孩子的心，并配合孩子的生活方式教导他们。

另外，斥责确实是教育孩子的一种方法。我国民间有句俗话："不骂，孩子就不晓得厉害。"但是怎样责骂却大有学问。因为简单、粗暴的斥责不但不能使孩子心服，感受到父母对他们的关怀，反而易引起孩子的反抗。这种叛逆心理一旦形成就会造成父母和子女间的隔阂和冲突。

▷ 当家才知柴米贵，养儿方报父母恩。

【句源】当家才知柴米贵，养儿方报父母恩。
【出自】清·史襄哉《中华谚海》。
【句意】当家的人才知柴米可贵，抚养孩子的人才会报答父母对自己的恩情。

佳句赏析

人们有亲身的体验后，才真正懂得某一事理。曾经的玩世不恭、放浪形骸、不屑一顾，只有当我们真正成家立业，真正为人父母时，才会感受到“原来，爸爸妈妈为我付出了这么多”。

我们一天天在成长，可父母却在一天天苍老，拿什么报答他们的养育之恩？父母不需要太多的钱财，他们的要求特别简单，有可能是一个温暖的电话，还可能是一晚上体贴的谈话……总之，孝心是父母最大的安慰与最好的补品。

◉ **父母之心，人皆有之。**

【句意】父母关心子女的心情，人人都有。

◉ **儿行千里母担忧。**

【句意】儿女出门远，做母亲的总是放心不下。形容母爱真挚深情。

◉ **只愁不养，不愁不长。**

【句意】只担心不生孩子，不担心孩子长不大。

◉ **儿孙自有儿孙福，莫为儿孙作远忧。**

【句意】做长辈的不必为儿孙想太多，有些事要靠他们自己去做。

◉ **养儿防老，积谷防饥。**

【句意】抚养儿女是防备年老，积存谷子是防备饥荒。

◉ **恨铁不成钢。**

【句意】比喻对所期望的人不争气感到焦急不满。

◉ **暗中时滴思亲泪，只恐思儿泪更多。**

【句意】自己常暗地里因思念自己的母亲而流泪，但只恐怕母亲思念自己的泪水会流得更多。

◉ **一间茅屋何所值，父母之乡去不得。**

【句意】这一间破旧的茅屋能值几个钱，但这是父母生我养我的地方，所以我才舍不得离开。

◉ **父母常失，在不能已于媚子。**

【句意】父母通常的过失，在于自己情不自禁地溺爱迁就子女。

◉ **慈父之爱子，非为报也。**

【句意】父亲疼爱孩子，不是为求孩子的报答。

◉ **为人子，止于孝；为人父，止于慈。**

【句意】做人子的，要做到孝顺；做人父的，要做到慈爱。

◉ **无父何怙，无母何恃。**

【句意】没有父亲，谁来保护我？没有母亲，谁来照顾我？

◉ **知子莫若父。**

【句意】没有人比父亲更了解自己儿子。

第二节　四海之内，皆兄弟也

▷ 兄弟阋于墙，外御其侮。

【句源】兄弟阋于墙，外御其侮。

【出自】《诗经·小雅·常棣》。

【句意】兄弟们虽然在家里争吵，但能一致抵御外人的欺侮。阋：争吵。墙：门屏。

佳句赏析

兄弟不是什么酒肉朋友，毕竟是同一血缘而出，犹如结在一根藤上的瓜，开在一个植株上的花。在生活的细节上，一些摩擦和分歧在所难免。但在面临“重大问题”时还是会紧密团结在一起。就如两兄弟在家院里斗得很厉害，可是外面来了强盗，兄弟俩立刻停止斗殴，同心协力，去抵御强盗。

如果一人受到欺负，另一人就会挺身而出；如果一人受到挫折，另一人就会倾注全力；如果一人生病在床，另一人就会呵护备至。在困难之时，方显兄弟情义。

▷ 本是同根生，相煎何太急？

【句源】煮豆燃豆萁，豆在釜中泣。本是同根生，相煎何太急。

【出自】三国魏·曹植《七步诗》。

【句意】本来我们在同一条根上生长出来，你为什么要这样紧紧逼迫呢？

佳句赏析

封建时代这种兄弟之间的争权夺利、自相残杀现象是社会制度的必然结果，在那种权力即一切的社会制度下，不择手段地争夺权力似乎是很正常的。那么在现代社会，兄弟之间的情感是否能经得住考验呢？

继承父母留下的丰厚家产、遇见一位漂亮的女孩、成为合作生意的大股东……面对这些关乎自己利益的情况时，你会把兄弟踩在脚下独揽一切吗？你会不顾手足之情与兄弟反目成仇吗？既是一奶同胞又何必骨肉相残，即使有再大的隔阂，也不要做亲者痛、仇者快的事情。

▷ 落地为兄弟，何必骨肉亲？

【句源】落地为兄弟，何必骨肉亲！得欢当作乐，斗酒聚比邻。

【出自】晋·陶渊明《杂诗》。

【句意】人生下来就是兄弟，又何必一定是同胞骨肉才算是最亲的呢？

如今我们可能已很难体验兄弟亲情了。这不仅是因为独生子女渐多，从无这类实感，还因为现代化的物质文明也加深了人与人之间的隔阂。佛说，前世500次的回眸才换得今生的擦肩而过。来自不同省份、不同民族、不同生活环境的人，能够相识便是一种缘分。若说缘分把彼此拉在一起，那么真挚使彼此的心更加紧紧相连。

既然我们都生在这片大地上，那又何必在乎是否是骨肉之亲、血缘之情呢？来到这个世界上的都应该成为兄弟。愿我们在同一个屋檐下，如手足，如兄弟，暖和地挤在一起迎来每个清晨的第一缕阳光，追逐嬉闹着送走每一个晚霞。

▷ 娣姒者，多争之地也。

【句源】娣姒者，多争之地也，使骨肉居之，亦不若各归四海，感霜露而相思，伫日月之相望也。

【出自】南北朝·颜之推《颜氏家训》。

【句意】妯娌之间，纠纷最多。

妯娌是一个极为特殊的关系，如果处理不好，就会成为整个大家庭的不和谐音符。两人过于亲密，就会产生许多问题，如比较婆婆最疼谁，或总觉得自己为家庭付出的最多，承担更多的责任。万一两个人的性格不合，那就如同火上浇油。

妯娌，只要保持一定距离，多忍让对方一些，真心关心对方，也可以像亲姐妹一样相处，彼此说些小秘密，谈谈自己的苦恼，一起逛街购物。

▷ 兄之所贵者，友也；弟之所贵者，恭也。

【句源】兄之所贵者，友也。弟之所贵也，恭也。夫之所贵也，和也。

【出自】宋・朱熹《家训》。

【句意】当兄长所珍贵的是“友”，爱护弟弟。当弟弟所珍贵的是“恭”，尊敬兄长。

佳句赏析

有道是家和万事兴。家庭是社会的细胞，家庭和睦是事业成功的基础。兄弟之间要友爱、互相帮助、彼此谦恭、和睦相处，不能因为一些小事而大动干戈、反目成仇。

“友”“恭”是兄弟姐妹之间团结的根基，如果连自己的同胞手足都不友爱、不团结，谈何友爱、团结其他人呢？

▷ 柳下笙歌庭院，花间姊妹秋千。

【句源】柳下笙歌庭院，花间姊妹秋千。记得春楼当日事，写向红窗夜月前。

【出自】宋・晏几道《破阵子》。

【句意】在庭院的柳树下一起弹琴唱歌，在花丛中姐妹几人一起荡秋千。

佳句赏析

也许你们是心心相印的好朋友，也许你们的爱好几乎一样，走在一起像一对姐妹花，羡煞旁人。在生活中彼此互相帮助、互相安慰，对于你来说，孤单从不属于自己，因为在你生活的每分每秒之中，都有姐妹陪伴在你的身边，因此姐妹是最大的财富。

生活中，即使再好的姐妹也有冷战的时候，如果因为赌气、好胜，与自己的姐妹一刀两断，再好的事物都不能弥补心灵的伤痕。

“退一步，海阔天空；忍一时，风平浪静。”姐妹情深需要你的呵护。

▷ 小时是兄弟，长大各乡里。

【句源】小时是兄弟，长大各乡里。

【出自】《增广贤文》。

【句意】过去在一起，长大后却各奔东西。

佳句赏析

日子一天天过去，花开花落，曾经的打闹与玩耍都被封存在记忆里。随着各自的成长，原来的生活也发生了变化。也许我们在不同的地方上学，在不同的地方工作，又在不同的地方安家。不管距离有多远，只要你心中有兄弟，常常挂念他，兄弟之情就永远都不会改变。

“哥，你要注意不要抽太多的烟。”“弟，虽然在工作中要做出成绩，但也要照顾自己的身体。”“哥，放长假时我过去看你。”“弟，你有什么困难就告诉我，不要一个人撑。”

兄弟之间的深情就在那朴素的言语中流淌。

经典名句

◎ **棠棣之华，鄂不韦华。**

【句意】棠棣花开灿烂，是靠花托的相互连接支持。喻兄弟之情。

◎ **四海之内，皆兄弟也。**

【句意】普天之下，到处都是兄弟。

◎ **兄弟不睦，则子侄不爱。**

【句意】兄弟不和睦，子侄们就不会互相爱护。

◎ **兄道友，弟道恭，兄弟睦，孝在中。**

【句意】做哥哥的讲友爱，做弟弟的知道恭敬，兄弟和睦，孝就在其中了。

◎ **故人故情怀故宴，相望相思不相见。**

【句意】（我）思念着过去的朋友、昔日的感情，以及往日的聚宴，朋友们遥遥相望、彼此怀念，却不得相见。

◎ **请君试问东流水，别意与之谁短长。**

【句意】请你问问滚滚向东的流水，到底是它长还是我对你依依惜别的情谊长。

◎ **浮云游子意，落日故人情。**

【句意】空中那漂浮不定的浮云，宛如你这行踪不定的游子；迟迟不去的落日深切地依恋着大地，就像我这位老朋友对你依依难舍的离情。

◉ **有情不管别离久，情在相逢终有期。**

【句意】只要友情常在，就不要害怕离久别长；只要友情坚定，总会有相逢的一天。

◉ **世间最难得者兄弟。**

【句意】世间最难得的就是兄弟。

◉ **兄弟和顺家必昌。**

【句意】兄弟相处和睦，家庭就会昌盛、兴旺。

◉ **千朵桃花一树生。**

【句意】一千朵桃花都是一树所生。比喻兄弟姐妹都是一母所生。

◉ **兄弟既翕，谓之花萼相辉；兄弟联芳，谓之棠棣竞秀。**

【句意】兄弟和睦友爱，谓之花萼相辉；兄弟都才华横溢流芳于世，称作棣华竞秀。

◉ **患难相顾，似鹡鸰之在原；兄弟分离，如雁行之折翼。**

【句意】兄弟间患难与共、彼此顾恤，喻为鹡鸰在原；手足分离，则如同飞雁被折断了翅膀一样。

◉ **虽曰安宁之日，不如友生；其实凡今之人，莫如兄弟。**

【句意】虽然说安宁的日子，兄弟不如朋友亲密，但在世上却没有什么比得上兄弟之间情谊的深重。

◉ **兄弟和，其中自乐。**

【句意】兄弟友爱，其中自有和乐。

第三节　相思之甚，寸阴若岁

▷ 静女其姝，俟我于城隅。爱而不见，搔首踟蹰。

【句源】静女其姝，俟我于城隅。爱而不见，搔首踟蹰。静女其娈，贻我彤管。彤管有炜，说怿女美。

【出自】《诗经·静女》。

【句意】娴静的女孩真美丽，她正在城脚边等我相见；心仪的人儿怎不出现，害我焦急踱步一直挠头。静者，闲雅之意。城隅：幽僻之处。

女孩因初感爱恋而害羞不语，所以在与男子相见时偷偷地躲起来。看见男子

为她着急的模样，心中十分高兴；而男孩在看见女孩后，也喜不自胜。小小把戏，使两人共同品尝到爱情的甜蜜。

其实，恋爱需要情趣，需要有新鲜血液将其激活。无论男女，如果过于死板和强硬，过于严肃和不苟言笑，就会把喜欢你的人、爱慕你的人、欣赏你的人，统统赶跑。恋爱时，我们可以为对方买一件心仪的礼物、一起外出旅游、一起制作具有意义的东西、一起读一本书……

情趣是恋爱的调节剂，走在爱情的路上，随时撒种随时开花，将这一长途点缀得花香弥漫。

▷ 士之耽兮，犹可说也。女之耽兮，不可说也！

【句源】桑之未落，其叶沃若。于嗟鸠兮，无食桑葚！于嗟女兮，无与士耽！士之耽兮，犹可说也。女之耽兮，不可说也！

【出自】《诗经·氓》。

【句意】男子沉溺于爱情中，还可以摆脱；女子沉溺于爱情中，就无法自拔了。士：男子通称。耽：沉溺。说：通“脱”。

爱情对于男人只是生命中的一段插曲，对于女人则是生命之全部。用这句话来概括上述诗句的含义再贴切不过了。

恋爱时，女人总是将自己陷进去，死心塌地地爱着那个人，似乎为他而活。男人却将他的心放在工作上，认为只有工作挣钱才是巩固爱情的基础。

由于爱情的诱惑，女人放弃了自由、理智、自我，每天都在关心他是否吃饭、心情怎样、有没有不舒服，而男人却忽视这些，把它们看成是理所应当。

其实，男人考虑的是大方向，女人在意的是小的方面。关注点不同，爱情的摆置也就不同。不管你有多么在意，但过分地沉迷于情欲，会让人受到各种约束，你也会担心失去爱情，而做出平时不会做出的行为，所以要注意“度”，不要陷得太深。

▷ 山无陵，江水为竭，冬雷震震，夏雨雪，天地合，乃敢与君绝！

【句源】上邪！我欲与君相知，长命无绝衰。山无陵，江水为竭，冬雷震震，夏雨雪，天地合，乃敢与君绝

【出自】《乐府民歌·上邪》。

【句意】山没有了棱角，天与地合而为一，冬天打雷，夏天下雪，只有到了那时才与你分开。

佳句赏析

在热恋的阶段，情人间大都有了山盟海誓。本句诗就是一位痴情女子所说出的爱情誓言，在艺术上很见匠心。她用人世间绝不可能发生的事情来比喻爱情中断或消失的不可能性，与现代人用“海枯石烂、地老天荒、永不变心”来盟誓是一样的，把主人公生死不渝的爱情强调得无以复加，以至于把“与君绝”的可能从根本上排除。这种独特的抒情方式准确地表达了热恋中人特有的绝对化心理。

对爱人发表誓言，本是一种浪漫的行为，但把握不准度就会造成“排他性”。无故猜疑、干涉对方的人身自由、心胸狭窄、自我封闭，不但给自己带来烦恼，也不利于爱情的健康发展。

▷ 花红易衰似郎意，水流无限似侬愁。

【句源】山桃红花满上头，蜀江春水拍山流。花红易衰似郎意，水流无限似侬愁。

【出自】唐·刘禹锡《竹枝词》。

【句意】美好的花容易凋谢就像情郎对我的爱意，而我对你的浓浓情愁就像滔滔不绝的流水源源不断。

佳句赏析

一个“红”字，说明鲜花盛开，正如小伙子那颗热烈的心，让人高兴；但小伙子的爱情是否也像这红花一样易谢呢？女子对他既相恋，又担心，这一缕淡淡的情愁就像绕山流淌的蜀江水一样，无尽无休。一个巧妙的比喻刻画出了少女的心绪不宁，并将这份敏感脆弱的相思之苦淋漓尽致地抒发出来。

情人相思夜漫长，情人相思忧虑多。当我们沉浸在浓浓的爱意中，相信也同那位女子一样对“他”有诸多担忧：他还在爱我吗，他对我的爱有多深，会不会有一天突然离开……其实，“天下本无事，庸人自扰之”，何必徒增忧虑的苦涩，倒不如让我们在思念时多一份爱意、多一份甜蜜。

▷ 身无彩凤双飞翼，心有灵犀一点通。

【句源】昨夜星辰昨夜风，画楼西畔桂堂东。身无彩凤双飞翼，心有灵犀一点通。

【出自】唐·李商隐《无题》。

【句意】身上没有彩凤那双可以飞翔的翅膀，心灵却像犀牛角一样，有一点白线可以相通。

这句诗真真切切地告诉了相爱的人：即使离得再远，心有灵犀，彼此思念，也不会影响情感。是的，虽然两人住在不同的城市，但内心的交流已经让彼此感受到“虽在天涯，却犹在咫尺”。

当你想拿电话时，对方的电话已经打来；当他沉默不语时，你会知道他在想什么；当他会心一笑时，你便读懂他的内心。甚至，不用言说，你就会在第一时间感觉到他的快乐与忧伤。

在某一瞬间，两个人不约而同地做了同一件事，这样的默契足以让双方忘掉思念的痛苦，在心有灵犀的基础上体会相思的幸福。

▷ 含情欲语独无处，传与琵琶心自知。

【句源】含情欲语独无处，传与琵琶心自知。黄金杆拨春风手，弹看飞鸿劝胡酒。

【出自】宋·王安石《明妃曲》。

【句意】我想把内心的话讲出来，却偏偏没有地方可说。自己内心明白，只有通过琵琶才能抒发出来。

恋爱就是两个人交往谈心的过程，如果缺少必要的沟通，即使双方天天见面也只是痛苦。这一诗句就为我们展现了这样一幅场景：一位少女无处倾诉自己的情感，只好借琵琶来进行宣泄。

谈心，就是把自己的心里话讲给她/他听，和她/他进行心与心的交流，其间注意听对方的心里话，并作出相应的回答。或者，寻找两人的共同爱好，增加说话的内容。

对恋爱的人而言，只有相互交流才能提升爱情的温度，也才能品尝到爱情的美妙。否则，孤独一人，寄情于物，实在可悲。

▷ 天涯地角有穷时，只有相思无尽处。

【句源】无情不似多情苦，一寸还成千万缕。天涯地角有穷时，只有相思无尽处。

【出自】宋·晏殊《玉楼春》。

【句意】无论天涯地角有多远，总有穷尽时，只有相思无止无尽，绵绵不绝。

世间上有一种情感叫思念，这种情感是不能沾染的，一旦碰上便会如影随形，无穷无尽！就如本诗的主人公，抒发了对爱人相思无穷尽的感慨。

思念一个人，心房就像长满了衰草，风一拂过，簌簌作响。当电话响起时，总是会心慌意乱，看见来电显示后，却是深深的失落；当看见朋友成双成对地出现在自己面前时，心头的悲凉之意更加浓厚。

▷ 系春心情短柳丝长，隔花阴人远天涯近。

【句源】蝶粉轻沾飞絮雪，燕泥香惹落花尘。系春心情短柳丝长，隔花阴人远天涯近。香消了六朝金粉，清减了三楚精神。

【出自】元·王实甫《西厢记》。

【句意】彼此渴望对方的情思比柳丝还长，虽然与心上人只隔了一道花荫，但却觉得比天涯还远。

热恋的感觉真明亮，关了灯两只眼睛还在发着光；热恋的感觉真心慌，一夜不见比过一百年还漫长；热恋的感觉真痛苦，近在咫尺却犹如远在天涯。

许多处于热恋中的人，都和张生与崔莺莺一样，一日不见如隔三秋。彼此的思念如源源不断的流水，彼此的牵挂如飞飘的风筝挣不脱细细的长绳……总之，热恋的心情急切而又甜蜜，热恋的人陶醉、全无理智。正因为两人相爱，才会陷入这份美丽的幸福图圄，令人羡慕。

▷ 色不迷人人自迷，情人眼里出西施。

【句源】色不迷人人自迷，情人眼里出西施，有缘千里来相会，三笑徒然当一痴。

【出自】清·黄增《集杭州俗语诗》。

【句意】如果男女之间产生了爱慕之情，即使一方的容貌不美丽，也会变得如同美女一样令另一方喜欢。

佳句赏析

“你在我眼中是最美，每一个微笑都让我沉醉”这句歌词用来形容恋爱的人真的是恰到好处。不管你有什么不足，在对方的眼里都很完美，正所谓“色不迷人人自迷，情人眼里出西施”。

那么什么是“情人眼里出西施”呢？就是一方乱发脾气，另一方叫它有性格；一方意气用事，另一方叫它当机立断；一方优柔寡断，另一方叫它三思而行；一方骄傲自满，另一方叫它对自己有信心。无论他怎么做，都有正当理由，明明不一定对，却认为是很对；明明是缺点，非要说成是优点。

恋爱的人没有理智，情感的因素决定了人们的审美观，在自己眼中对方无一处不完美。

经典名句

◉ **无缘对面不相逢，有缘千里能相会。**

【句意】两个人如果无缘分即使面对面也不认识，如果有缘分即使是相隔千里最终也能相会。

◉ **不是冤家不聚头。**

【句意】冤家往往会碰在一起。

◉ **痴虫儿自吐柔丝缚万遭。**

【句意】蚕虫吐丝把自己捆缚起来，比喻盲目追求爱情反而会束缚自己。

◉ **相思之甚，寸阴若岁。**

【句意】人在极度相思时，真是度日如年。

◉ **情人怨遥夜，竟夕起相思。**

【句意】有情人总怨恨夜太漫长，因为整个晚上都会不断地生发相思之念。

◉ **相思不解说，明月照空房。**

【句意】相思之苦是难能用语言说清楚的，此时只是感受到了明月照着空房的凄凉。

◉ **日夜调鸣琴，相思此何极。**

【句意】在寒夜沉沉之中调理琴韵，思念之情哪有尽头呢？

◉ **千万恨，恨极在天涯。**

【句意】我心中有无数的恨事，最可恨的是伊人远在天涯。

◉ **愿我如星君如月，夜夜流光相皎洁。**

【句意】愿我如天上的星星，你如天上的明月，彼此的皎洁亮光能长相随，互相映照。

◉ **相思，除是何醉里，暂忘却。**

【句意】相思之情，只有在酒醉的时候才能暂时忘却。

◉ **心中事，眼中泪，意中人。**

【句意】心事重重，伤心落泪，一心只是想念意中人。可见思念之深。

◉ **三百六十病，唯有相思苦。**

【句意】三百六十种病，两地相思是最痛苦的。

◉ **相思相望不相亲，天为谁春？**

【句意】相爱恋却不能相聚合，老天爷是为谁送来美好春光呢？

◉ **自与情人和泪别，至今愁看雨中花。**

【句意】自从和情人含泪分别之后，到现在看见雨中的花还触起愁思。

◉ **人生恩爱原无价。**

【句意】男女之间恩爱的情感是无价之宝。

◉ **昏以为期，明星皙皙。**

【句意】（恋人）相约在黄昏，情意绵绵，启明星高悬天空、闪闪生辉。

◉ **凤兮凤兮归故乡，遨游四海求其凰。**

【句意】凤鸟啊凤鸟回到了家乡，行踪无定，游览天下只为寻求心中的凰鸟。比喻对恋人的热切追求。

◉ **相思本是无凭语，莫向花笺费泪行。**

【句意】相思本来就是无法用语言来表达的，不要再向信纸伤心落泪了。

◉ **月上柳梢头，人约黄昏后。**

【句意】佳人相约，在月上柳梢头之时，黄昏之后。

第四节　琴瑟在御，莫不静好

▷ 执子之手，与子偕老。

【句源】死生契阔，与子成说。执子之手，与子偕老。

【出自】《诗经·邶风·击鼓》。

【句意】与你的双手交相执握，伴着你一起垂垂老去。

这是一种古老而坚定的承诺，是浪漫而美丽的传说。

曾以为所有的爱情都一定要惊天地、泣鬼神；曾以为所有的爱情都有花前月下，海誓山盟；曾以为所有的爱情都留有残缺才是最美……然而，真正恋爱才感悟到，爱情是生活中的平平淡淡，是与心爱之人相互扶持，渡过生活中的一次次难关，直至相伴终老。

虽然两人不能一起浪迹天涯，但至少可以享有每个美丽的清晨和黄昏。并且，当你哭泣时，他可以陪你伤心，倾听你诉说，为你抚平凌乱的头发，告诉你明天依旧阳光灿烂；当你笑容明媚时，他会静静地站在一旁，微笑地看着你如同阳光一般的灿烂……

执子之手，与子偕老，与你一起享受当下的幸福。

▷ 夫婚姻，祸福之阶也。

【句源】夫婚姻，祸福之阶也。由之利内则福，利外则取祸。

【出自】《国语·周语中》。

【句意】婚姻事关人生的祸福。

这一慧见深中人生肯綮，即便是当代也应如此对待婚姻，否则，只会是自陷祸患之中。

“婚姻大事，非同儿戏。”婚姻不仅需要爱情，更需要双方的冷静与理智。草率的决策可能使当事人失掉美满的婚姻，也让幸福的爱情和温馨的家庭离自己越来越远。缺少三思而行的草率婚姻没有牢固的基石，缺少美满，注定失败。

为结婚而结婚更是悲剧。为金钱、权势而出卖爱情，是人生之耻辱。谁对婚姻采取短期行为，得到的必定是痛苦的回报。灵与肉的结合、天长地久的心理准备才会有幸福美满的婚姻。

▷ 早知潮有信，嫁与弄潮儿。

【句源】嫁得瞿塘贾，朝朝误妾期。早知潮有信，嫁与弄潮儿。

【出自】唐·李益《江南曲》。

【句意】早知道潮水那么守信用，当初就应该嫁给赶潮讨生活的少年。

在外经商的丈夫久久没有回来，少妇次次盼望却每每失望，心中的幽怨与寂寞越积越重，于是发出“嫁与弄潮儿”的痴语。虽是痴语，也是苦语，写出了思妇怨怅之极的心理状态。

少妇的这种埋怨我们可以理解，可换一个角度想，这种苦语也暗含着对丈夫的不信任。其实，人人都想拥有美满幸福的婚姻，但维系婚姻不仅需要爱情的温度，更需要彼此的信任。

婚姻就像手中的沙子，抓得越紧，漏得越快，学会放手顺其自然，学会信任与等待，也就学会了如何去爱，如何保护婚姻。信任是婚姻的基石，特别是在如今这个充满诱惑的社会，给他（她）空间就等于自己心灵上的宽阔，爱他（她）就要信任他（她）。

▷ 思君如满月，夜夜减清辉。

【句源】自君之出矣，不复理残机。思君如满月，夜夜减清辉。

【出自】唐·张九龄《赋得自君之出矣》。

【句意】思念你就像那十五的月亮，夜夜都在减弱其清朗的光辉。

思念是刀是剑，它能使人消瘦。难道不是吗？你看她日思夜想，容颜都憔悴了，宛如那团团圆月，逐渐减弱清辉，变成了缺月。

在现实生活中，我们也曾看见甚至亲身经历过。当爱人因某种原因不得不暂别离开时，你终日茶不思、饭不想，仿佛整个心都随他一起远去，其消瘦之快日日可见。内心无比强烈地期盼着他能尽早回来，了却这份相思之苦。

可你知道，他不愿看见你消瘦、憔悴，快乐、幸福、健康才是他对你的期望。所以，在他不能陪伴你的日子里，要照顾好自己，既为自己的身体着想，也为他解除后顾之忧。

▷ 做买卖不着，只一时；讨老婆不着，是一世。

【句源】做买卖不着，只一时；讨老婆不着，是一世。

【出自】明·冯梦龙《喻世明言》。

【句意】做生意不如意，只不过影响一时的生活；娶的老婆不如意，则影响人的一生。

婚姻问题是“终身大事”，它将影响人的一辈子。现在年轻人找对象最容易犯的错误是“唯形象论”，希望娶个“闭月羞花”的老婆，听不进任何人的提醒或规劝，沉醉于“罗曼蒂克”式的、虚幻的爱情梦境，轻率选择，不考察对方有无“劣迹恶习”，只为对方的美丽外表所欺，轻信对方的“甜言蜜语”就草率作出决定。

俗话说：“男怕入错行，女怕嫁错郎。”一个女孩仅仅因为对方的英俊潇洒、家世殷实、才华出众，就义无反顾地嫁给他。生活后才发现，彼此性格不合，没有共同的兴趣爱好。

有些人事后悔之不及而大发感慨：“热恋中的人智商最低”“不会选择时选择了，会选择时却没有选择的权利了！”“半途而废”的婚姻，对谁而言都是痛苦的。因此，选择对象时必须持十分严肃、慎重的态度，努力做到“只准成功，不许失败”！

▷ 如今七事皆更变，柴米油盐酱醋茶。

【句源】书画琴棋诗酒花，当年件件不离他。如今七事皆更变，柴米油盐酱醋茶。

【出自】清·张灿《手书单》。

【句意】曾经七种浪漫情怀（书画琴棋诗酒花）都已消失，取而代之的是生活中的柴米油盐酱醋茶。

有家的男人常喜欢用这首诗来形容婚前与婚后生活的截然不同。而一般结了婚的女人，更爱用这首诗来感叹自己婚后生活的平淡与乏味。

现实生活中，我们总感觉自己手中的那份爱，有些平淡而无味，也总喜欢独处的时候，凝望着那窗处繁华的都市与匆匆人流发呆。是的，或许在现实的奔波中，渐渐泯灭了原本爱的激情，而让我们产生丝丝迷惑。

但其实当我们真正用心思考爱时，会发现所谓的爱，一半是平淡一半是和谐。平淡的爱，或许少了承诺与誓言，但多了责任与良知。当两个因爱而结合走在一起的人彼此相握，打开自己的掌心，哪怕双手空空一无所有，没有承诺也没有誓言，只要能感触到那为彼此而变得粗糙不再细嫩的手，也就寻找到了真爱的影子。

▷ 夫妇和而后家道成。

【句源】阴阳和而后雨泽降，夫妇和而后家道成。
【出自】清·程允升《幼学琼林·夫妇》。
【句意】夫妇之间关系融洽，家道就会兴旺。

佳句赏析

如果夫妇感情不和，双方势必都没有幸福感，也自然会对生活丧失希望，他们在各自的工作中就难以干出优良业绩。如果他们有孩子，则更影响了下一代的身心健康，对家庭和社会都有严重的损害。儒家更是宣称，想要治天下，先要把自己的家庭管理好，“一屋不扫，何以扫天下”。而夫妇和睦正是好家庭的基本条件之一。

偶尔说些小笑话，为对方做一个拿手好菜，出去游玩一天……都可以增进夫妻感情，使感情更加甜蜜、恩爱，家庭更加温馨。

◎ **夫和妇顺，方是齐家景象。**

【句意】夫妻和睦，才是家庭美好的景象。

◎ **琴瑟在御，莫不静好。**

【句意】在琴瑟演奏优美的旋律中，叙说夫妻间生活的和乐，就如琴瑟齐鸣般的和谐、平静、美好。

◎ **其新孔嘉，其旧如之何？**

【句意】她新婚时非常美好，现在时间久了会怎样呢？

◎ **男婚女嫁，理之自然。**

【句意】儿女成家，符合事物的规律。

◎ **婚姻者，居室之大伦也。**

【句意】婚姻是人生的大事。

◎ **得贤内助，非细事也**。

【句意】娶到一位有贤德的妻子并不是小事情啊。

◎ **好姻缘配偶，望天长地久**。

【句意】好姻缘的夫妻希望彼此能永远在一起。

◎ **良缘由夙缔，佳偶自天成**。

【句意】美好的婚姻是早就由老天安排好了的。

◎ **千里姻缘一线牵**。

【句意】姻缘不论远近，凭一条线就会连起来。

◎ **凡议发婚姻……勿苟慕其富贵**。

【句意】凡是商议婚姻之事，不要羡慕别人的富贵。

◎ **婚姻论财，究也夫妇之道丧**。

【句意】缔结婚姻时从钱财着眼考虑，探究起来，夫妇关系的真义就丧失了。

◎ **以色事人者，色衰而爱弛，爱弛则恩绝**。

【句意】单靠姿色来吸引人的，当美貌随着时间而消逝，爱情就会削弱，夫妻的恩爱也会断绝。

◎ **鸟有并翼飞，兽有比肩行**。

【句意】鸟儿有并翼而飞，兽类有比肩而行。

◎ **人离皆复会，君独无反期**。

【句意】别人的离别都能再相见，唯独你的归期是那么遥远。

◎ **莫骂酉时妻，一夜受孤凄**。

【句意】不要晚上骂妻子，（否则）一夜都会无人照料你。

◎ **夫妇和而后家道成**。

【句意】夫妇和睦协调，家道方算有成。

◎ **一夜夫妻百夜恩，百夜夫妻百载情**。

【句意】结为夫妻以后，恩爱的感情将历久而愈深。

◎ **贫贱之交不可忘，糟糠之妻不下堂**。

【句意】贫困时结交的知心朋友不可遗忘，与自己同甘苦共患难的妻子不可遗弃。

◎ **一日夫妻，百世姻缘**。

【句意】结为夫妻是百世修来的缘分。比喻夫妻缘分得来不易，要恩爱珍惜。

[1]（汉）许慎．说文解字［M］．北京：中华书局，2013.

[2] 许长荣，石颖川．最美丽的民俗与中国文化［M］．北京：新世界出版社，2008.

[3]（清）刘树屏．澄衷蒙学堂字课图说（全四册）［M］．北京：中国文史出版社，2014.

[4] 南怀瑾．历史的经验［M］．上海：复旦大学出版社，2012.

[5] 林语堂．吾国与吾民［M］．南京：江苏文艺出版社，2010.

[6] 李逸安．三字经 百家姓 千字文 弟子规［M］．北京：中华书局，2009.

[7] 范曾．国学开讲［M］．北京：中信出版社，2014.

[8] 启功．启功谈中国名画［M］．北京：中华书局，2012.

[9] 陈静，燕泥．图说中国文化［M］．长春：吉林人民出版社，2009.

[10]（清）李渔．觉世名言［M］．西安：三秦出版社，2012.

[11] 王涵．名人名言录［M］．上海：上海人民出版社，2009.

[12] 鲁美．名人名言录——青少年成长智慧书［M］．济南：山东美术出版社，2009.

[13] 沈秀涛．国学名句故事会：庄子、老子、论语、孟子（全四册）［M］．成都：天地出版社，2009.

[14] 吴礼权．中国经典名句鉴赏［M］．长春：吉林教育出版社，2010.

[15] 雅瑟，青萍．中华词源［M］．北京：新世界出版社，2011.

[16] 邵珠磊．中华上下五千年［M］．北京：童趣出版有限公司，2014.

[17] 赵荣波：古代兵法名句赏析［M］．武汉：湖北辞书出版社，2007.

[18] 魏强．诸子百家名句赏析［M］．武汉：崇文书局，2007.

[19]《国学典藏书系》丛书编委会．国学典藏书系：成语故事［M］．长春：吉林出版集团有限责任公司，2010.

[20] 孙文华．中华成语千句文［M］．南昌：二十一世纪出版社，2013.